Schalom Ben-Chorin:
Paulus
Der Völkerapostel in jüdischer Sicht

Deutscher
Taschenbuch
Verlag

dtv

Von Schalom Ben-Chorin
sind im Deutschen Taschenbuch Verlag erschienen:
Bruder Jesus (1253)
Paulus (1550)
Mutter Mirjam (1784)
Die Heimkehr; Kassettenausgabe der drei obengenannten Bände (5996)

Um den Essay ›Jesus und Paulus in jüdischer Sicht‹ erweiterte Taschenbuchausgabe
1. Auflage Juni 1980
6. Auflage April 1988: 35. bis 40. Tausend
Deutscher Taschenbuch Verlag GmbH & Co. KG, München

ISBN 3-471-77135-2

Umschlaggestaltung: Celestino Piatti
Gesamtherstellung: C. H. Beck'sche Buchdruckerei, Nördlingen
Printed in Germany · ISBN 3-423-01550-0

Das Buch

»Es gibt hier keinen Unterschied zwischen Juden und anderen Völkern. Sie haben alle denselben Herrn«, schreibt Paulus in seinem Brief an die Römer. Dieser Gedanke – die Überwindung traditioneller und nationaler Vorbehalte zugunsten des gemeinsamen Glaubens an den »Gott aller Menschen« – bestimmte das Lebenswerk dieses bei weitem bedeutendsten Apostels, der die Theologie aller späteren Jahrhunderte nachhaltig beeinflußte. Schalom Ben-Chorin, Schüler und Freund von Martin Buber, stellt den Völkerapostel in diesem Buch aus jüdischer Sicht dar. Er zeigt ihn als Wanderer und Vermittler zwischen zwei Welten, der hellenistisch-römischen und der jüdischen. Doch mit der Verkündigung seines gesetzesfreien Evangeliums entfernte sich Paulus so weit vom Judentum, daß er von diesem nicht mehr akzeptiert werden konnte. – Zusammen mit ›Bruder Jesus‹ und ›Mutter Mirjam‹ gehört ›Paulus‹ zu Ben-Chorins Trilogie ›Die Heimkehr‹, mit der der Autor die tragenden Gestalten des Neuen Testaments sozusagen ins Judentum heimholen und damit einen Beitrag zum »Abbau der Fremdheit zwischen Juden und Christen durch den lebendigen Dialog« leisten will.

Der Autor

Schalom Ben-Chorin wurde 1913 in München geboren und studierte dort Literaturgeschichte und vergleichende Religionswissenschaft. Nach mehrfachen Verhaftungen durch die Gestapo emigrierte er 1935 nach Jerusalem. Als Dichter und theologischer Denker gehört Ben-Chorin zu den maßgebenden Vorkämpfern eines besseren Verhältnisses zwischen Juden und Christen, zwischen Israelis und Deutschen. Für sein Wirken im Dienste der Wissenschaft und der Völkerverständigung wurden ihm viele hohe Auszeichnungen verliehen, unter anderem der Leo-Baeck-Preis (1959), die Buber-Rosenzweig-Medaille (1982), das Große Bundesverdienstkreuz (1983) und der Bayerische Verdienstorden (1986). Die Universität Stuttgart verlieh Schalom Ben-Chorin 1986 die Professorenwürde.

Inhalt

Vorbemerkung zur Taschenbuchausgabe

Unverändert geht die Neuausgabe meines vor zehn Jahren erschienenen Paulus-Buches nun wieder in die Welt, obwohl in diesem Jahrzehnt die Paulus-Forschung durch wesentliche neue Beiträge angereichert wurde. Die spezifisch jüdische Sicht meines Paulus-Buches aber bleibt dennoch im Sinne einer notwendigen Ergänzung der Darstellungen von christlicher Seite aktuell.

Mein Paulus-Buch ist sozusagen die Fortsetzung meines Buches ›Bruder Jesus. Der Nazarener in jüdischer Sicht‹.

Deshalb schien es mir angebracht, dieser Neuausgabe meinen Essay ›Jesus und Paulus in jüdischer Sicht‹ als Anhang beizugeben. Der Essay ist ursprünglich im Jahrbuch des Schwedisch-Theologischen Instituts, Jerusalem (Leiden und Köln 1976) erschienen und wurde als Vorlesung an dem Institut in Jerusalem, an deutschen Universitäten und Akademien gehalten.

Das Buch über Paulus stellt den zweiten Band meiner Trilogie ›Die Heimkehr‹ dar, die mit dem Buch ›Mutter Mirjam. Maria in jüdischer Sicht‹ abgeschlossen wird. Das Anliegen dieser drei Bände ist die Heimkehr der tragenden Gestalten des Neuen Testaments in ihr jüdisches Volk, aus dem sie stammen. Das Ziel aber bleibt der Abbau der Fremdheit zwischen Juden und Christen durch den lebendigen Dialog.

Herrn Jürgen Habermann, Wissenschaftlicher Assistent am Institut für Neutestamentliche Theologie der Universität München, Fachbereich Evangelische Theologie, danke ich für die Durchsicht und Korrektur dieser Ausgabe.

Jerusalem, im Herbst 1979 Schalom Ben-Chorin

1
Problematisches Bekenntnis

In der Geschichte der Leben-Jesu-Forschung ist es eine bekannte Erscheinung, daß Autoren, die ein Buch über Jesus geschrieben haben, sich nach einiger Zeit gedrängt fühlen, ein Buch über Paulus folgen zu lassen. Zahlreiche Beispiele wären dafür anzuführen. Diese Erscheinung ist nicht zufällig, denn Paulus ist sicher der kräftigste und wirksamste Zeuge Jesu gewesen, obwohl er ihn vermutlich nicht persönlich, »im Fleische«, gekannt hat.

Älteste Zeugnisse der entscheidenden Elemente in der Botschaft von Jesus finden sich bei Paulus. So ist das 15. Kapitel im 1. Korintherbrief das älteste Zeugnis von der Auferstehung Jesu.

Wie immer wir zu Paulus stehen, wir müssen uns mit ihm befassen, wenn wir die Gestalt Jesu in den Blick bekommen wollen. Die Christologie des Paulus hat wie nichts anderes den kerygmatischen Christus geformt. Ob wir nun, mit Bultmann und seiner Schule, fasziniert auf diesen kerygmatischen Christus blicken, den erhöhten Herrn der frühchristlichen Predigt, oder ob wir mit allen Vorbehalten, aller Resignation und Selbstbeschränkung Elemente des historischen Jesus ermitteln wollen, wir müssen uns mit Paulus auseinandersetzen. Diese Auseinandersetzung mit Paulus, mit Blick auf Jesus, ist ganz im Sinne des Paulus, der sein Ego vernichten wollte, um nur noch Christus in sich walten und wirken zu lassen.

Es ist ihm nicht gelungen. Wir sehen in diesem Ringen um die Imitatio Christi die Eigenpersönlichkeit des Paulus klar im Lichte seiner brieflichen Selbstzeugnisse einerseits und im Lichte der Apostelgeschichte des Lukas andererseits. Es gab Forscher, wie Leo Baeck und Günther Bornkamm, die die Apostelgeschichte nur als historische Belletristik gelten lassen wollten. Mir aber scheint, daß durch die Erzählung des Lukas die Gestalt des Paulus so deutlich wird, daß wir sie, freilich nur skizzenhaft, nachzeichnen können. Dabei ist es unwesentlich, ob dieses oder jenes Detail genau der historischen Wirklichkeit entspricht oder nicht.

Der Pilatus-Frage »Was ist Wahrheit?« möchte ich die verwandte Frage entgegenstellen »Was ist Wirklichkeit?«.

Ich glaube, diese Frage ist eine jüdische Frage, während das Infragestellen der Wahrheit eine heidnische Haltung darstellt.

Was ist Wirklichkeit? Bestimmt nicht nur das äußere Geschehen, das der fleißige Historiker registrieren und rekonstruieren kann. Wirklichkeit ist mehr als dies, denn die emotionellen Kräfte, die seelischen Triebkräfte, die latent gegebenen Stimmungen handelnder und leidender Menschen sind nicht minder Realität als die äußere Wirklichkeit. Sie bestimmen und verwandeln sie, determinieren das Geschehen, das ohne diese innere Wirklichkeit eine Anhäufung von Sinnlosigkeit und Zufall wäre. Oft aber vermag der Historiker um so weniger, je genauer er ist, diesen inneren Kern der Wirklichkeit zu erfassen.

Das Leben des Schaul aus Tarsus, den die Welt unter dem Namen des Apostels Paulus kennt, ist ein großartiges Beispiel für die Überwertigkeit innerer Wirklichkeit.

Ein Erlebnis, die Vision vor Damaskus, hat diesen Menschen gewandelt, neu geboren, mit Kräften ausgestattet, die den Sieg des Schwachen über alle Gegebenheiten äußerer Realität bewerkstelligten. Was aber vor Damaskus in Paulus vorgegangen ist, entzieht sich dem Blick des Historikers. Wenn wir die Berichte der Apostelgeschichte diesbezüglich nur als historische Belletristik ansehen oder als Legende, dann entschwindet uns die Gestalt des Paulus.

Mir ist diese Gestalt nicht entschwunden; ja, sie ist mir im Laufe meines Lebens immer näher und näher gekommen durch bestimmte Parallelen, die sich aus Herkunft und Schicksal ergeben. (Diese Bemerkung darf nicht mißverstanden werden im Sinne einer verfehlten Größenordnung: Wenn Paulus sich selbst auch als ein Nichts bezeichnet, so kennen wir doch kein größeres Beispiel eines jüdischen Menschenlebens, das vom Ringen um die rechte Gotteserkenntnis ausgefüllt war. Das gilt auch für den, der die Entscheidungen des Paulus nicht nachvollziehen kann. Dazu rechne ich mich, des Abstandes wohl bewußt, der mich Leiden und Größe des Paulus von ihm trennen.)

Schon bei der Arbeit an meinem Buch ›Bruder Jesus. Der Nazarener in jüdischer Sicht‹ (1967) reifte der Entschluß, auch Paulus in ähnlicher Weise zur Darstellung zu bringen. Gemeint ist hier: Paulus, den Juden, den Pharisäer, den jüdischen Apokalyptiker, den jüdisch-hellenistischen Mystiker, aus einer jüdischen Sicht zur Darstellung zu bringen.

Es gibt ein wissenschaftliches Dogma, das vor allem unter aufgeklärten Juden sehr verbreitet ist, aber heute auch unter

Christen zahlreiche Anhänger findet: Jesus war und blieb Jude; Paulus vollzog den Schritt vom Judentum zum Christentum. Paulus also ist der Stifter des Christentums, nicht Jesus von Nazareth.

Ich glaube das nicht. Daß Jesus als Jude geboren wurde, lebte, lehrte, litt und starb, unterliegt keinem Zweifel, und kein einsichtiger Leser des Neuen Testaments kann das bezweifeln.

Anders liegt es bei Paulus, wo man geneigt sein könnte, seinen Bruch mit dem Gesetz und seine Hinwendung zu den Heiden, den Völkern, den Gojim, als den Schritt aus der Synagoge in die Ekklesia zu verstehen.

Paulus aber ist Jude gewesen und geblieben. Das hat ihn nicht daran gehindert, seine Botschaft in die Völkerwelt zu tragen. In seiner Argumentation, in seiner Theologie und insbesondere auch in seiner Christologie, seiner Lehre vom Messias, ist er *jüdischer* Theologe geblieben. Die Entwicklung der heidenchristlichen Kirche, die auf Paulus zurückgeht, hat nun sein Bild besonders verdunkelt und entstellt. Von den sogenannten paulinischen Briefen ist weniges ganz echt, und in der Apostelgeschichte des Lukas, Leitfaden für jede Darstellung Pauli, haben wir bereits eine heidenchristliche Interpretation des Pharisäers Schaul aus Tarsus, der im Lehrhause des Rabban Gamaliel in Jerusalem die Thora studiert hat.

Die besondere Affinität zu der Gestalt des Paulus erwuchs mir primär aus seinem Leiden am Gesetz. Wer nicht den Versuch gemacht hat, sein Leben unter das Gesetz Israels zu stellen, die Bräuche und Vorschriften der rabbinischen Tradition einzuhalten und zu praktizieren, der wird Paulus nie verstehen können. Christliche Theologen von Augustinus über Luther bis zu Karl Barth und weiter haben diese Situation nie erlebt. Ich habe sie erlebt. Ich habe versucht, das Gesetz in seiner orthodoxen Interpretation auf mich zu nehmen, ohne darin das Genügen zu finden, jenen Frieden, den Paulus die Rechtfertigung vor Gott nennt.

Die Wege des Glaubens führten mich nicht nach Damaskus, sondern nach Jerusalem. Dies gilt nicht nur in einem äußeren Sinne, sondern eben im Sinne der inneren Realität, von der ich gesprochen habe. Jerusalem steht hier als Chiffre für die prophetische Botschaft der reinen Gotteserkenntnis, die mehr und mehr Kult und Opfer hinter sich ließ und zu jener »Verwirklichung Gottes zwischen den Menschen« vorstieß, die im Frühwerke Martin Bubers dominiert und auch für mich das Zentrum des Glaubens wurde.

Paulus war ein Diaspora-Jude. Ich bin es auch. Er kam von der Diaspora nach Jerusalem, um hier im Judentum zuzunehmen, wie er es ausdrückt. Dasselbe darf ich von mir bekennen, der ich nun schon den größeren Teil meines Lebens in Jerusalem zugebracht habe. Trotzdem bleiben Elemente der Kindheit und Jugend formende Kräfte für das ganze Leben. Das habe ich, aus dem deutschen Sprachraum und Kulturkreis kommend, oft schmerzlich erfahren. (Fernformung erschwert Integration, führt zur Entfremdung in der späteren Umgebung.) Paulus kam aus dem hellenistischen Kulturkreis, wurde von hier aus geformt, und wir sehen deutlich seine Schwierigkeiten mit seiner jüdischen Umwelt in Jerusalem, insbesondere mit den Kreisen, die diese hellenistische Komponente nicht kannten.

Die Sprache, in der ich denke und schreibe, ist meine deutsche Muttersprache geblieben. Die Sprache, in der Paulus schrieb, ist seine griechische Muttersprache geblieben, freilich nicht das Griechisch der Griechen, sondern das der hellenistischen Juden. Aber es war Griechisch.

Schicksal und Umstände haben es bedingt, daß ich jüdische Inhalte ein Leben lang in deutscher Sprache formuliert habe, wobei immer eine Diskrepanz zwischen der Terminologie und der Sache besteht, denn jüdische Inhalte können wahrscheinlich in unmißverständlicher Nahtlosigkeit nur hebräisch ausgedrückt werden. Jede Darstellung jüdischer Inhalte in anderen Sprachen trägt den Keim des Mißverständnisses in sich.

Genau das macht Schicksal und Tragik in der Missionstätigkeit des Paulus aus. Er predigt jüdische Inhalte in griechischer Sprache und wird dadurch notwendig mißverstanden, denn seine Hörer assoziieren mit den Begriffen etwas anderes als der Redner. (Auch das habe ich erlebt, oft und oft.) Paulus beginnt auf seinen Reisen in den Synagogen, aber er findet seine Zuhörer und seine Zustimmung vorwiegend unter den Griechen.

Das ist dem größten Botschafter des Judentums in unserer Zeit, Martin Buber, nicht anders ergangen. Es waren zwar nicht die Griechen, aber die Deutschen und die Holländer, die Amerikaner und die Franzosen, die Schotten und die Skandinavier, die seine Botschaft begieriger aufgriffen als die Juden in Israel. Im Bewußtsein von Abstand und Relation kann ich hier wiederum auf die eigene Erfahrung zurückkommen. Es ist mir nicht anders ergangen. Die »Griechen«, gemeint sind hier die

Nichtjuden, praktisch sogar die Christen, waren anredbarer als die jüdischen Mitbürger, die offenbar dieses Wortes weniger bedurften.

Oft wurde ich daher auf vielen Reisen in Vortragssälen und Studentengemeinden, bei Tagungen und Podiumsgesprächen an den Apostel Paulus erinnert, der, ein Pharisäer von Pharisäern, ein Hebräer aus dem Stamme Benjamin, ein brennender Jude, dessen Liebe bis zur Selbstverfluchung um Israels willen führte (Röm. 9,3), seine Mitarbeiter und Gefolgsleute und seinen Hörerkreis und seine Leser (seiner Briefe) vorwiegend unter Nichtjuden fand.

Es ist nicht unbescheiden, wenn hier diese Parallelen gezogen werden. Sie sagen nichts über Größe und Wert aus, sie sprechen nur von Situation und Schicksal.

Situation und Schicksal aber brachten mir die Gestalt des Paulus so nahe, daß ich glaube, ihn aus einer Perspektive sehen zu können und sehen zu müssen, die nicht die Perspektive christlicher Theologen sein kann.

Schicksal und Situation, existentielle Parallelen aber können nicht einen Augenblick darüber hinwegtäuschen, daß mich bei aller Nähe und Verbundenheit, die hier angedeutet wurde, das Entscheidende von Paulus trennt. Wer kein Damaskus-Erlebnis hatte, wer nicht von dem himmlischen Licht des Auferstandenen geblendet wurde, bleibt in notwendiger Distanz zu Paulus.

Das gilt vor allem von dem Juden, der zwar das Ringen des Paulus um das Gesetz miterlebt hat, aber keine Auflösung des Gesetzes durch Christologie kennt. Diese Grenze darf nicht überschritten werden.

Paulus war von jüdischer Seite in neuerer Zeit einem weiteren, wie mir scheint, tragischen Mißverständnis ausgesetzt. Martin Buber hat in seinem Buche ›Zwei Glaubensweisen‹ (1950) zwei Typen in der Verhaltensweise des gläubigen Menschen unterschieden: »Es stehen einander zwei, und letztlich nur zwei, Glaubensweisen gegenüber. Wohl gibt es eine große Mannigfaltigkeit von Inhalten des Glaubens, aber ihn selbst kennen wir nur in zweierlei Grundformen.«

Diese zwei Glaubensweisen oder Grundformen des Glaubens bezeichnete Buber mit einem hebräischen und einem griechischen Wort: Emuna und Pistis.

Emuna ist der Akt reinen Vertrauens, ohne daß ich mein Vertrauen zulänglich begründen könnte. Das Vertrauen in Gott, die erste Art der zwei Glaubensweisen, gleicht der Liebe, die auch nicht begründet wird, sondern in sich selbst gründet. Emuna ist also Glaube als Vertrauensakt.

Die zweite Form gläubigen Verhaltens, die zweite Glaubensweise, die Pistis, besteht darin, daß ich einen Sachverhalt als wahr anerkenne, ebenfalls ohne dies zulänglich begründen zu können.

Diese Unterscheidung bedeutet eine wichtige Erkenntnis für Religionspsychologie, Religionsgeschichte und für die Theologie.

Buber sah nun, mit vollem Recht, in Jesus von Nazareth den weithin sichtbaren Repräsentanten der hebräischen Emuna, der Glaubensweise des schlechthinnigen Vertrauens. Jesus, der gehorsam bis zum Ende war, der in der Stunde der Todesangst beten kann: »Aber nicht mein, sondern dein Wille geschehe«, ist tatsächlich, wenn auch keineswegs isoliert, der Vertreter der biblisch-jüdischen Glaubensweise, der Emuna.

Hingegen kann ich nicht zustimmen, wenn Buber nun in Paulus den Repräsentanten der Pistis sah, eines Glaubens, »daß«, der sich auf bestimmte Theologumena stützt. In dieser Frage neige ich mehr zu der Auffassung Albert Schweitzers, der in seinem Buch über die Mystik des Apostels Paulus nachzuweisen suchte, daß Paulus in der jüdischen, nicht in der griechischen Gedankenwelt wurzelt.

Buber hingegen konnte die paulinische Glaubenslehre nur mit einem randhaften Judentum in Verbindung sehen, das eben ein hellenistisches war, wie er im Vorwort zu den ›Zwei Glaubensweisen‹ betont.

Freilich war das Judentum des Paulus ein hellenistisches, ein Diaspora-Judentum, aber wir dürfen nicht vergessen, daß seine Aussagen über den Glauben in seinen Briefen von einem pharisäisch geschulten Juden stammen, der längst die Anfänge seiner judaistischen Bildung in der hellenistischen Diaspora hinter sich gelassen und in Jerusalem die Quellen des hebräischen Lehrgutes für sein eigenes Denken erschlossen hatte. Vor allem aber darf man die Aussagen des Paulus nicht abgelöst von seinem Damaskus-Erlebnis sehen. Wenn Paulus etwa im 1. Korintherbrief, im 15. Kapitel, scheinbar ganz dialektisch argumentiert: »Ist aber Christus nicht auferstanden, so ist unsere Predigt vergeblich, so ist auch euer Glaube vergeblich ...«, so könnte man daraus folgern, daß hier der Glaube »daß« in reinster Form geboten wird. Der Prediger und seine Gemeinde glauben, *daß* Christus auferstanden ist. Sie können das nicht zulänglich beweisen, aber sie glauben das. Wenn dieser Sachverhalt sich als Irrtum erweisen sollte, dann ist dieser ganze Glaube vergeblich, und die Menschen, die diesen falschen Glauben hatten, »sind die elendsten unter allen Menschen«.

Nun kann aber diese Rede vom rechten und falschen Glauben nicht von der Existenz des Paulus gelöst werden, die von seinem Damaskus-Erlebnis geprägt wurde. Es ist nicht ein Akt intellektueller Entscheidung oder ein Willensakt, der hier als Glaube angeboten wird, sondern es ist das Zeugnis von einem prägenden Erlebnis. Für das subjektive Bewußtsein des Paulus war Jesus von Nazareth der Auferstandene, der ihn »Saulus-Paulus« angeredet hatte, so daß der Glaube hier (ganz im Sinne Bubers) dialogisches Geschehen ist, Antwort auf Offenbarung. So gesehen trägt auch der Glaube des Paulus den Charakter der Emuna, des Vertrauens. Seit Damaskus vertraut er seinem Herrn, den er im blendenden Lichte geschaut und dessen Stimme er gehört hat.

Der Glaube im Sinne der Emuna als Vertrauensakt ist der Zwillingsbruder der Liebe. So ist es kein Zufall, daß Paulus den Preis der Liebe geschrieben hat (1. Kor. 13): »Nun aber bleiben Glaube, Hoffnung, Liebe, diese drei; aber die Liebe ist die größte unter ihnen.« (13,13) Ist nicht gerade in diesem Kontext, in dieser Korrelation, das Wesen des Glaubens im Sinne der Emuna gegeben, selbst wenn der griechisch schreibende Paulus den Ausdruck Pistis benützt? (Hier haben wir wieder die Tragik der jüdischen Inhalte in fremdsprachigem Gewande. Griechisch muß man von Pistis sprechen, so wie man in deutscher Sprache von Glauben sprechen muß, wobei sich sofort die falsche Assoziation einstellt: Glauben ist nur ein Fürwahrhalten, rangmäßig weniger als Wissen. »Du glaubst, aber du weißt es nicht.« Das hebräische Wort »Emuna« läßt diese Assoziation und Relation nicht zu, zumindest nicht im biblischen Sprachgebrauch, wo es mit fest-, beständig- und treu-sein zusammenhängt.)

Buber warf dem Christentum vor, daß es sich entgegen der Intention Jesu für die zweite, deformierte Form des Glaubens entschieden habe. Viele Kritiker haben darauf hingewiesen, daß dieser Vorwurf theologiegeschichtlich zweifelhaft sei. Mir scheint, daß die Entwicklung des Christentums auf weite Strekken hin tatsächlich von der Pistis, im Sinne der Interpretation Bubers, geprägt wurde. Nur so kann man die dogmatischen Streitereien und Haarspaltereien verstehen. Diskussionen um die Zwei-Naturen-Lehre Christi, um die unbefleckte Empfängnis, um das innertrinitarische Gespräch, um hier nur einige Kontroverspunkte herauszugreifen.

Aber der Jude Paulus hat damit eigentlich nichts zu tun, wenn man sich auch immer und immer wieder auf ihn berufen hat. (Man hat sich hier ja auch auf Jesus berufen, der diese Diskussionen überhaupt nicht verstanden hätte, da sie seinem jüdischen Glauben und Denken völlig konträr und wesensfremd waren.)

Tragik des Paulus: *notwendig* mißverstanden worden zu sein. Er meinte Emuna und sagte Pistis, und seine Hörer verstanden *nur* »Pistis«, konnten durch diese Vokabel nicht hindurchblikken und nicht Emuna lesen, wo Pistis stand. Hier handelt es sich um Mißverständnis bei richtigem Verstehen. Diese Paradoxie ist mit der Existenz des Diaspora-Juden gegeben.

Der hier vorliegende Versuch über Paulus geht natürlich vom Neuen Testament aus, insbesondere von der Apostelgeschichte des Lukas, den Briefen des Paulus und solchen, die aus dem Umkreise Pauli stammen. Hier und dort wurde auch ein apokryphes Schriftwerk, wie die Paulus-Akten, zu Rate gezogen. Hinzu kommt, daß ausgesprochen und unausgesprochen Aussagen des Paulus und über ihn im Lichte der jüdischen Tradition seiner Zeit verstanden werden, wobei nicht nur das Judentum im Lande Israel, sondern auch das in der hellenistischen Diaspora berücksichtigt werden muß.

Die Literatur über Paulus ist außerordentlich umfangreich. Natürlich wurde hier von der neueren und neuesten Forschung Gebrauch gemacht, jedoch habe ich im Text hauptsächlich jüdische Autoren angeführt, die über Paulus in neuerer Zeit geschrieben haben. Für diese Wahl war keine konfessionelle Bindung ausschlaggebend, sondern die Bemühung, den Apostel in jüdischer Sicht zu sehen.

Paulus als der erste und größte Lehrer der Kirche hat viele und wesentliche Darstellungen durch die christliche Theologie erfahren. Paulus als Jude und Lehrer (oder Irrlehrer) im Judentum hat hingegen nur sehr wenige Interpreten gefunden.

Man kann heute von einer Heimholung Jesu in sein jüdisches Volk sprechen. Wenngleich sich dieser Akt der Heimholung heute noch auf relativ kleine akademische und literarische Kreise beschränkt, so ist doch die Tendenz in der Schicht des hebräischen Humanismus spürbar, die Kluft zwischen Jesus und seinem Volke zu schließen.

In Bezug auf Paulus ist das noch nicht der Fall, so daß wir hier weit weniger an Literatur vorlegen können. Für die jüdische Sicht Pauli wurden nur einige wenige Deutungsversuche jüdischer Autoren wesentlich, die hier naturgemäß primär zu Rate gezogen wurden: Leo Baeck, ›Der Glaube des Paulus‹ (enthalten in: ›Paulus, die Pharisäer und das Neue Testament‹) (1961); Martin Buber, ›Zwei Glaubensweisen‹ (1950); Samuel Sandmel, ›The Genius of Paul‹ (1958); Hans-Joachim Schoeps, ›Paulus, Die Theologie des Apostels im Lichte der jüdischen Religionsgeschichte‹ (1959); und vor allem: Joseph Klausner, ›Von Jesus zu Paulus‹ (1950).

Natürlich gibt es auch von jüdischen Forschern Spezialarbeiten über bestimmte Aspekte der paulinischen Theologie, insbesondere in Auseinandersetzung mit dem Rabbinismus und dem hellenistischen Judentum.

Der Grundtenor bleibt aber: Paulus, der abgefallene Jude, der den Weg zu den Gojim, zu den Heidenvölkern genommen hat. Ich glaube aber, daß sogar der Weg des Paulus in die Völkerwelt von seiner Liebe zu Israel diktiert war. Paulus schreibt im Römerbrief: »Ich will euch, liebe Brüder, nicht verhehlen, dieses Geheimnis, auf daß ihr euch nicht auf eigene Klugheit verlaßt: Blindheit ist Israel zum Teil widerfahren, so lange bis die Fülle der Heiden eingegangen ist, und alsdann wird das ganze Israel gerettet werden, wie geschrieben steht: ›es wird kommen aus Zion der Erlöser, der da abwende das gottlose Wesen von Jakob. Und dies ist mein Bund mit ihnen, wenn ich ihre Sünden wegnehmen werde.‹ ...« (Röm. 11,25–27)

Man muß hier darauf achten, daß Paulus dies in der Situation einer eschatologischen Nah-Erwartung schreibt. Nur ein Teil Israels wurde mit Blindheit gegenüber dem Heil, das in Christus angeboten wird, geschlagen. Nur ein Teil, denn die Urgemeinde ist judenchristlich. In der Heilsökonomie, die der Apokalyptiker Paulus erkennt, ist der Heilsblindheit der jüdischen Majorität eine klare Frist gesetzt: »bis die Fülle der Heiden (in die Gemeinde Christi) eingegangen ist«. Dann wird das ganze Israel gerettet werden, dann findet die Auferstehung Israels statt, die Paulus »Leben von den Toten« genannt hat.

Jetzt verstehen wir die brennende Ungeduld, diese jüdische Hast, mit der Paulus durch die Völkerwelt jagt, um das Evangelium zu verkündigen. Je mehr Heiden er bekehrt, desto näher rückt die Stunde der Rettung Israels. Die Heiden werden Bundesgenossen Israels, und Paulus warnt sie davor, sich zu überheben, sich Israel überlegen zu dünken. Diesen Impuls muß man erkennen, um Paulus, den Juden, zu verstehen.

Was Theologen und Historiker oft in diesen Zusammenhängen nicht sahen und erkannten, spürte der Dichter. Paulus, den Juden, in seiner tragischen Liebe zu Israel hat Franz Werfel in seiner dramatischen Legende ›Paulus unter den Juden‹ (1926) gezeichnet. Werfel läßt seinen Paulus sagen: »Mein Volk! Meine Väter! Kalt und mühsam ist euer Blick. Vor eurem Antlitz wird mein Wort immer stummer. Ach, warum seid ihr nicht wach? Warum ich?? Oh, wärest du wach, mein Israel, und nicht *ich*!!«

Werfel, der Paulus sehr nahestand, hat den Apostel als den Juden gesehen, der um sein eigenes Volk wirbt. Paulus war nicht wie die späteren Täuflinge, die eine Secessio Judaica vollzogen haben, sich von ihrem Wurzelgrund gelöst hatten. (Erst in neuerer Zeit, insbesondere heute im Staate Israel, gibt es wieder den judenchristlichen Typus, der die Verbindung mit dem eigenen Volke in Synthese mit dem Christusglauben anstrebt.)

Die Frage freilich bleibt offen, wer nun wirklich wach gewesen ist: Paulus oder seine jüdischen, seine innerjüdischen Gegner.

Nur ein Banause könnte übersehen, daß Paulus durch sein Damaskus-Erlebnis in eine Wachheit, Überwachheit versetzt wurde, die ihm für den ganzen Rest seines Lebens Kräfte zuwachsen ließ, die geradezu einmalig sind. Dieser schwache Mensch, offenbar krank, wird nun zu Leistungen befähigt, die später ganze Organisationen nicht mehr bewältigten. Nur ein Philister kann da noch von Halluzination sprechen. Wirklichkeit ist, was wirkt. Daß das Damaskus-Erlebnis in Paulus und durch ihn gewirkt hat, kann nicht bestritten werden.

Aber andererseits hat derselbe Paulus in der unmittelbaren Erwartung der machtvollen Wiederkunft seines Herrn vergeblich gewartet. Er ging so weit, anzunehmen, daß einige aus seiner Generation nicht mehr sterben würden, denn bereits vorher sei mit der Parusie zu rechnen. (1. Kor. 15,51) Hier irrte Paulus, wie wohl auch Jesus in der eschatologischen Nah-Erwartung irrte. Inzwischen ist, worauf zum Beispiel Schoeps so nachdrücklich hinweist, eine Parusie-Verzögerung von fast zweitausend Jahren eingetreten. Keine Erlösung ist in der Welt zu verspüren.

Wer war nun wach: Paulus oder seine innerjüdischen Gegner?

Mit Paulus selbst müssen wir hier von einem Geheimnis Gottes sprechen. Wenn wir vom Judentum her (wie auch vom Christentum her) Gott als den Herrn der Geschichte bekennen, wobei Geschichte und Heilsgeschichte immer wieder ineinander übergehen, so können wir die durch Paulus so kraftvoll vorangetriebene Ausbreitung des Evangeliums in der Völkerwelt nicht als etwas Zufälliges beiseite schieben.

Aus derselben Erkenntnis heraus aber können wir auch nicht übersehen, daß jener neue Äon des Messias, der die Epoche des Gesetzes für Paulus abgelöst hat, nicht damals und nicht heute angebrochen ist. Wäre er angebrochen, wie hätten dann fast zweitausend Jahre nach Anbruch dieser Heilszeit Auschwitz, Vietnam, Biafra und die Bedrohung der ganzen Welt durch die Atombombe Raum in der Welt finden können?

Was für eine Art von Heil ist das, das dem Unheil nicht wehren kann? Ist das nicht eine Introversion des Heils, verständlich nur aus dem Damaskus-Erlebnis des Paulus? Wem *innerlich* widerfahren ist, was ihm dort zuteil wurde, für den versinkt vielleicht alles Grauen dieser Welt ins Wesenlose. Wer sich ganz in der Liebe Gottes geborgen weiß, für den, aber auch nur für den, gilt: »Furcht ist nicht in der Liebe«. (1. Joh. 4,18)

Die Millionen Menschen in unserer heutigen Welt der Bedrohungen wissen aber auch noch zweitausend Jahre nach der Predigt des Paulus nichts von einer solchen Geborgenheit. Eine Erlösung, die nur für Visionäre und Mystiker erlebbar ist, ist für das Judentum keine Erlösung. Auch Paulus glaubte an das Ende einer dämonisierten Welt und den sichtbaren Sieg der Liebe über die Sünde. Nichts davon hat sich ereignet.

Raubt das dem Paulus etwas von seiner Größe? Das sei ferne. Wer aus Liebe irrt – bleibt. Noch sein Irrtum adelt ihn. Was Paulus bekannte, als er von der Liebe sprach, bleibt wahr. Die Dreieinigkeit von Glaube, Hoffnung und Liebe hat die Dauerkraft der Kategorien, die mit Ewigkeit imprägniert sind.

Der Glaube des Paulus war der Glaube Israels: Gott, der sich den Vätern offenbart hat, der seinem Bundesvolke durch Mose die Thora gegeben hat, der es durch die Propheten zurechtwies, wird sein Volk nicht verstoßen, sondern erlösen.

Die Hoffnung des Paulus war die Hoffnung Israels: die Hoffnung auf baldige Ankunft des Messias, woraus in der Version des Paulus (und der Urgemeinde) eine Wiederkunft wurde. Aber ist eine Wiederkunft nicht auch eine Ankunft? So bleibt die Hoffnung des Paulus die Hoffnung Israels.

Die Liebe des Paulus war die Liebe zu Israel und zu allen Menschen, die im Ebenbilde Gottes geschaffen sind, von ihrem Schöpfer abfallen und zu ihm zurückgeführt werden sollen. So war auch die Liebe des Paulus die Liebe Israels.

Und der Irrtum des Paulus? Auch sein Irrtum ist der Irrtum Israels, ein Irrtum, der aus Glaube, Hoffnung und Liebe sich immer wieder ereignet hat.

Hat nicht relativ kurze Zeit nach Paulus Rabbi Akiba in Bar-Kochba den Messias gesehen (um 130 n. Chr.), und haben nicht führende Rabbinen der ganzen jüdischen Welt in Sabbatai Zevi (Mitte des 17. Jahrhunderts) den Messias erhofft und bereits das *Ende des Gesetzes* und den Anbruch des neuen Äons gefeiert? So ist auch der Irrtum des Paulus eingebettet in die Tragik des Judentums, das die Unerlöstheit dieser Welt immer gespürt hat und sich aus ihr heraus in das Reich Gottes sehnte.

Nach dem unsterblichen Zeugnis des Paulus ist die Liebe die größte Kraft, größer noch als Glaube und Hoffnung, größer nach als Weisheit und Weissagung, größer noch als Caritas und Martyrium. Die Liebe höret nimmer auf, auch nicht vor der Person des Paulus. Was immer durch sein Wort seinem Volk an Schmerz und Unrecht zugefügt wurde, die Liebe stellt sich schützend vor Paulus, denn er hat geliebt.

Der Antagonismus zwischen Paulus und dem Judentum kann nicht aufgehoben werden. Er gehört zu den Urkonflikten der Religions- und Geistesgeschichte, die durchgehalten werden müssen. Paulus selbst hat das erkannt, wenn er sagte: »Wir sehen jetzt wie durch einen Spiegel in rätselhaftem Bilde, dann aber von Angesicht zu Angesicht; jetzt ist Stückwerk mein Erkennen, dann aber werde ich erkennen, so wie auch ich erkannt bin.«

Erst »dann«, wenn sich das Dunkel dieser Welt lichtet, wird der Konflikt zwischen Paulus und Israel zu Ende sein, wird er aufgehoben in der Liebe, in der Liebe Gottes.

2
Die Auferstehung des Jesus von Nazareth

Die Auferstehung des Jesus von Nazareth ereignete sich nicht in Jerusalem, sondern vor Damaskus.

So frappierend dieser Satz wirkt, so ist er doch im Lichte der Religionsgeschichte und der Geschichte haltbar, denn nur die Vision des Auferstandenen, die dem Paulus auf seinem Wege nach Damaskus unmittelbar vor Betreten der Stadt widerfahren ist, wurde wirklich geschichtsmächtig.

Paulus selbst spricht im 1. Korintherbrief (15,8–9) davon, daß ihm der auferstandene Herr zuletzt erschienen sei, und bezeichnet sich in diesem Zusammenhang als »unzeitige Geburt«, was soviel wie Fehlgeburt oder Nachgeburt bedeuten mag. Er fügt hinzu, daß er der Geringste unter den Aposteln ist, nicht wert, ein Apostel zu heißen, denn er hat die Gemeinde Jesu vorher bitter verfolgt.

Wenn Paulus sich im Zusammenhang mit seiner Berufung zum Apostolat als unzeitige Geburt bezeichnet, so ist damit aber zugleich auch gesagt, daß er im Akt dieser Begegnung mit dem Auferstandenen neu geboren wurde, seine eigene Auferstehung erlebt hat.

Dieser Auffassung gibt Paulus im Galaterbrief (1,12–16) klaren Ausdruck: »Denn ich habe es (das Evangelium) von keinem Menschen empfangen, noch gelernt, sondern durch eine Offenbarung Jesu Christi. Denn ihr habt ja wohl gehört von meinem Wandel vormals im Judentum, wie ich über die Maßen die Gemeinde Gottes verfolgte und sie zu zerstören suchte und nahm zu im Judentum weit über viele meiner Gefährten und in meinem Volk und eiferte über die Maßen für die väterlichen Satzungen. Da es aber Gott wohlgefiel, der mich von meiner Mutter Leib an hat ausgesondert und berufen durch seine Gnade, *daß er seinen Sohn offenbarte in mir,* damit ich ihn durchs Evangelium verkündigen sollte unter den Heiden ...«

Offenbar vergleicht sich Paulus hier mit Jeremia, dem Propheten, der vom Mutterleibe her ausgesondert und auch zum Sprecher gegenüber den Völkern bestellt ist (Jer. 1,5); aber das Wesentliche scheint mir, daß er sich als Ort der Theophanie empfindet, wo sich der Sohn Gottes offenbart, so daß sich tatsächlich die Auferstehung Christi in der Person des Paulus (nochmals) vollzieht.

Die Stelle im 1. Korintherbrief, an die wir erinnerten, faßt das von Paulus verkündigte Evangelium in die Hauptpunkte zusammen: daß Christus gestorben ist für unsere Sünden, nach der Schrift; und daß er begraben ist; und daß er auferstanden ist am dritten Tage nach der Schrift; und daß er gesehen worden ist von Kephas (Petrus) und danach von den Zwölfen (Aposteln).

Paulus fügt hinzu, daß danach mehr als fünfhundert Brüder den Auferstandenen auf einmal gesehen haben, von denen die meisten noch lebten, als dieser Brief geschrieben wurde, sicher drei Jahrzehnte nach dem Ereignis. Schließlich vermerkt Paulus, daß der auferstandene Jesus danach von Jakobus (dem leiblichen Bruder Jesu) und danach (wieder?) von allen Aposteln gesehen wurde.

Nun aber kommt (1. Kor. 15,8) der entscheidende Satz: »Als letztem von allen ist er auch von mir als einer unzeitigen Geburt gesehen worden.«

Die Auferstehung Jesu selbst hat niemand gesehen, auch nicht nach den Texten des Neuen Testamentes. Gott hat ihn, nach dieser Glaubensurkunde, auferweckt, und die erstaunten Frauen und Jünger sahen sich dem leeren Grabe gegenüber. Dann kommt es zu jenen Erscheinungen, an die Paulus erinnert, die aber oft nicht ohne weiteres von den Betroffenen identifiziert werden konnten, obwohl es sich um Menschen handelte, die Jesus von Nazareth persönlich nahegestanden haben.

Wir wollen nicht auf die Frage eingehen, wieweit es sich hier um geschichtliche Berichte, um parapsychologische Phänomene oder um das Kerygma handelt, das Verkündigungsgut in der Predigt der Urgemeinde, wobei ja auch bei diesem Kerygma der Sitz im Leben zu eruieren wäre.

Rückblickend aber läßt sich sagen, daß, was immer sich auch in Jerusalem und Galiläa nach dem Kreuzestode des Jesus von Nazareth im Kreise der Seinen ereignet haben mag, Episode geblieben wäre im Sinne jener Rede des Gamaliel vor dem Synedrion, auf die wir noch eingehen werden, wenn nicht die Erscheinung des Auferstandenen dem Paulus vor Damaskus zuteil geworden wäre.

Wir wissen von keinem anderen Falle solcher Erscheinung, die derartig umwälzend gewirkt hätte. Gewiß ist auch der Apostel Thomas durch die Erscheinung des Auferstandenen von einem Agnostiker zu einem Gläubigen geworden, aber nur die

Bekehrung des Paulus vor Damaskus hat die große weltgeschichtliche Konsequenz gehabt.

Am Ende des Markus-Evangeliums wird berichtet, daß die elf Apostel zu Tische saßen und sich ihnen der Auferstandene offenbarte und ihnen den Taufbefehl übertrug: »Geht hin in alle Welt und predigt das Evangelium aller Kreatur.« (Mark. 16,15) Etwas eingeschränkter findet sich der Befehl am Ende des Matthäus-Evangeliums: »Darum gehet hin und lehret alle Völker und taufet sie im Namen des Vaters und des Sohnes und des Heiligen Geistes.« (Matth. 28,19) (Es ist für unsere Betrachtung hier nicht wesentlich, daß diese Stelle in ältesten Handschriften, vor dem Konzil von Nicäa 325, wie Professor Pines von der Hebräischen Universität in Jerusalem nachwies, fehlt.)

Der Aussendungsbefehl, der an die Jünger – nach den Synoptikern – ergeht, wurde existentiell erst von Paulus vor Damaskus gehört. Er ist es, der den Weg in die Völkerwelt antritt, um das Evangelium in den hellenistischen Kulturkreis hinauszutragen, wozu er prädestiniert ist, nicht die für diese Aufgabe völlig ungeeigneten Fischer aus Galiläa.

Paulus selbst spricht nur verhalten von dem Erlebnis vor Damaskus, das seinem Leben eine neue Wende gegeben hat und zugleich ein neues Kapitel in der Weltgeschichte einleitet, ja – um mit Paulus selbst zu sprechen – einen neuen Äon, ein neues Weltzeitalter.

Wir müssen dieses Ereignis auf die Zeit zwischen 33 und 35 ansetzen. Eine genaue Datierung ist nicht möglich. Paulus selbst haben wir uns dabei als jungen Mann vorzustellen, Mitte der Zwanzig, höchstens Anfang Dreißig.

Die Verhaltenheit des Paulus hat, soweit ich sehe, drei Gründe: eine gewisse Keuschheit läßt diesen Mystiker über seine mystischen Erlebnisse schweigen. Er geht ja (2. Kor. 12,3–6) in einer Beschreibung seiner Paradies-Visionen so weit, in einer Art Selbstironie von sich in dritter Person als einem Menschen zu reden, den er kennt, aber nicht allzu genau, und gleichzeitig zu betonen, daß die himmlischen Stimmen, die dieser Mensch in der Entrückung vernimmt, ihm Unaussprechliches mitteilen. Wir kennen aus anderen »ekstatischen Konfessionen« (Buber) dieses Bewußtsein der Diskrepanz zwischen dem Ereignis und seiner Darstellung durch den Visionär. Nur ein relativ naiver Mensch, wie der Prophet Mohammed, war von solchen Skrupeln freier und konnte daher im Koran hemmungsloser von mystischen Erlebnissen sprechen. Paulus war ein Intellektueller, hatte die typischen Hemmungen eines Intellektuellen, flüchtete daher lieber in Exegese, Bibelauslegung und Apokalyptik, statt sich autobiographisch in dieser religiösen Intimsphäre zu verbreiten.

Der zweite Grund für seine Zurückhaltung ist situationsbedingt. Die Gemeinden in Korinth und Galatien, an die er schreibt, kannten sicher die Geschichte seiner Bekehrung genau. Wahrscheinlich hatte er in seinen Predigten und im seelsorgerischen Gespräch dieses entscheidende Erlebnis immer und immer wieder erwähnt.

Endlich dürfen wir den zeitlichen Abstand zwischen der Abfassung der Briefe und dem Ereignis der Bekehrung des Paulus nicht übersehen. Die Briefe stammen aus den letzten fünfzehn Jahren der uns erkennbaren (sehr lückenhaften) Biographie des Paulus. Es ist also ein jahrzehntelanger Abstand zwischen Ereignis und Epistel gegeben, so daß der Briefschreiber sich nicht unmittelbar genötigt fühlen konnte, das Ereignis als solches hier zu beschreiben.

Eine Beschreibung dieses Erlebnisses vor Damaskus, an dem jede Darstellung des Paulus einsetzen muß, haben wir nur in der Sekundärquelle zum Leben des Apostels, in der Apostelgeschichte des Lukas. Wenn der Verfasser der Apostelgeschichte wohl auch zeitweise ein Reisebegleiter Pauli war, so war er bei dem Ereignis vor Damaskus nicht zugegen und stützt sich hier vermutlich auf literarische Quellen, die ihm vorlagen, auf Gemeindetraditionen und vielleicht auch auf Berichte des Paulus selbst, worüber wir aber nichts wissen.

Auf jeden Fall ist sich Lukas, dieser begnadete Erzähler, dem wir die epischen Meisterwerke des Neuen Testaments verdanken, der ungeheuren Bedeutung des Damaskus-Erlebnisses bewußt, denn es wird dreimal in der Apostelgeschichte beschrieben, wobei die Berichte allerdings nicht völlig übereinstimmen. Was an dokumentarischem Wert so vermindert werden mag, wird allerdings andererseits dadurch wiederum aufgewogen, daß uns hier durch diese dreimalige Darstellung die konstitutionelle Bedeutung des Ereignisses faßbar gemacht wird.

Es gibt Kritiker und Forscher, die glauben, daß Lukas oder die spätere Redaktion der Apostelgeschichte einfach fahrlässig gehandelt haben und nicht darauf achteten, die drei Berichte (Apg. 9,3–19; 22,3–21; 26,4–18) zur völligen Übereinstimmung zu bringen. Nach zwei Berichten (Apg. 9 und 22) z.B. hören die Begleiter des Paulus die himmlische Stimme und sehen nichts, nach dem dritten Bericht (Apg. 26,14) sehen sie das himmlische Licht und hören nichts. Nach den zwei Berichten gibt sich Jesus nur als solcher zu erkennen, nach dem dritten fügt er das Wort hinzu: »Es wird dir schwerfallen, wider den Stachel zu löcken.«

Ich glaube nicht an die Unachtsamkeit des Lukas oder seiner Tradenten, sondern ich glaube vielmehr an ihre Gewissenhaftigkeit. Was immer an Überlieferungsgut, mag es auch legendär überkrustet gewesen sein, von diesem Fundamentalereignis in den Gemeinden von Damaskus bis Jerusalem und Rom sich erhalten hatte, wurde hier konserviert. Auch der antike Mensch merkte solche Widersprüche, die jedem Schulkind beim Lesen auffallen.

Die Apostelgeschichte berichtet im Erzählerstil einer Aggadah, einer Legende, zunächst im 9. Kapitel den Vorgang als solchen und wiederholt ihn zweimal in sogenannten Redestükken, in der hebräischen Rede des gefangenen Paulus in Jerusalem und in seiner Rede vor dem römischen Prokurator Festus, dem letzten jüdischen König Agrippa und seiner Schwester Berenice. (Apg. 22 und 26)

Die anschaulichste Darstellung ist natürlich die erzählende, ja man kann fast annehmen, daß die Schlußredaktion der Apostelgeschichte davon ausging, daß der Leser diese Darstellung im 9. Kapitel bereits kennt, wenn er die Selbstzeugnisse in den Reden Pauli liest. Es würde sich dabei um einen ähnlichen Vorgang handeln wie im Deuteronomium, wo in den Reden des Mose Ereignisse rekapituliert werden, die bereits im 2., 3. und 4. Buche des Pentateuch erwähnt wurden.

Das Damaskus-Ereignis in der ersten Darstellung der Apostelgeschichte lautet folgendermaßen: »Saulus aber schnaubte noch mit Drohen und Morden wider die Jünger des Herrn und ging zum Hohenpriester und bat ihn um Briefe nach Damaskus an die Synagogen, auf daß, wenn er etliche von der neuen Lehre fände, Männer und Frauen, er sie gebunden führte nach Jerusalem. Und als er auf dem Wege war und nahe an Damaskus kam, umleuchtete ihn plötzlich ein Licht vom Himmel; und er fiel auf die Erde und hörte eine Stimme, die sprach zu ihm: Saul, Saul, was verfolgst du mich? Er aber sprach: Herr, wer bist du? Der Herr sprach: Ich bin Jesus, den du verfolgst. Stehe auf und gehe in die Stadt; da wird man dir sagen, was du tun sollst. Die Männer aber, die seine Gefährten waren, standen und waren erstarrt; denn sie hörten die Stimme, aber sahen niemand. Saulus aber richtete sich auf von der Erde; und als er seine Augen auftat, sah er nichts. Sie nahmen ihn aber bei der Hand und führten ihn nach Damaskus; und er war drei Tage nicht sehend und aß nicht und trank nicht.«

Man muß sich die Situation vergegenwärtigen, aus der heraus diese blitzartige Bekehrung geschieht, wenngleich hier keine psychologische Auflösung des Geschehens geplant wird.

Mit Recht hat Hans-Joachim Schoeps in seinem Buch über Paulus (1959) betont: »Wer verstehen will, was im Leben des Apostels hier geschehen ist und welche Folgen das Geschehnis für sein Leben gehabt hat, muß den *Realgehalt* dieser Begegnung, wie Briefe und Acta sie bezeugen, schon in vollem Umfang voraussetzen.«

Schoeps unterscheidet zwischen einer religionsgeschichtlichen Betrachtungs- und Urteilsweise und einer (christlich-) theologischen. Vom christlichen Theologen wird vorausgesetzt, daß er mit seiner Existenz der Existenz des Paulus gleichzeitig zu werden sucht, also mit Paulus an Jesus als den erschienenen und wiederauferstandenen Sohn Gottes glaubt. Vom Religionswissenschaftler wird nur erwartet, daß er den Glauben des Paulus an den erschienenen Sohn Gottes als das faktische Ergebnis seiner Begegnung mit dem gekreuzigten und erhöhten Jesus von Nazareth anerkennt. Er soll also des Paulus Glauben glauben. (Schoeps, S. 47/48)

Was erwartet man nun aber von einem jüdischen Autor, der über Paulus schreibt? Obwohl Schoeps ja selbst Jude und jüdischer Theologe ist, zieht er sich hier mehr auf die Position des zünftigen Religionswissenschaftlers zurück. Ich möchte die übergangene Frage hier nachholen und versuchen, das Erlebnis des Paulus aus seiner jüdischen Situation heraus verständlich zu machen. Dabei glaube auch ich selbstverständlich des Paulus Glauben. Es muß außer Zweifel stehen, daß sich hier etwas ereignet hat, was den Menschen, was den Juden Paulus im Kern seiner Existenz getroffen und verwandelt hat. Durch diese Wandlung wachsen diesem an sich schwachen Menschen, der seine Schwäche immer wieder betont, ungeahnte Kräfte zu, die zu weltgeschichtlichen Veränderungen führen.

Es ist von entscheidender Bedeutung, wenn in einem Parallelbericht (Apg. 26,14) ausdrücklich betont wird, daß der auferstandene Jesus zu Paulus vor Damaskus in hebräischer Sprache spricht. Dieser Umstand sollte uns hellhörig machen, so daß wir nicht einfach, wie das viele Autoren tun, von dem Juden Saulus sprechen, wenn wir an sein Vorleben bis zum Damaskus-Erlebnis denken, und dann von dem Christen Paulus. Der Auftrag in Form der den ganzen Menschen heischenden Frage: »Schaul, Schaul, warum verfolgst du mich?« ergeht an den hellenistischen Diaspora-Juden aus Tarsus vor der syrischen Stadt Damaskus in der hebräischen Sprache Jerusalems, denn dort im Lehrhause des Rabban Gamliel (Gamaliel) hat Schaul aus Tarsus, der den römischen Zunamen Paulus, der Kleine, führt, seine wahre geistige Formung erlangt.

Wir werden später sehen, daß in Reaktion auf das pharisäische Erb- und Lehrgut der Jerusalemer Tradition die Theologie des Paulus entsteht, eine wahrhaft dialektische Theologie, in ständiger Auseinandersetzung mit dem Lehrgut, das ihm in den Jerusalemer Studienjahren zuteil wurde.

Es bleibt an der Oberfläche des Geschehens, wenn man annimmt, daß der Paulus nach dem Damaskus-Erlebnis nun ein »Christ« ist, während er vorher ein Jude war. Er bleibt ein Jude und kämpft als Jude für einen jüdischen Universalismus, ein größeres Israel, das durch die Heilstat Jesu bereits gegeben ist und nun durch Paulus in der geschichtlichen Materie sichtbar gemacht werden soll.

Dieselbe Leidenschaft, mit der Paulus gegen die Jünger Jesu angekämpft hat, vielleicht, um die Attraktion, die dieser »Weg« für ihn selbst darstellte, in sich abzutöten, wendet er nun auf, um das Evangelium auszubreiten, wobei er sehr bald erkennt, daß es seine spezifische Aufgabe sein muß, zu den Nichtjuden zu gehen.

Hierfür mögen zwei Motive ausschlaggebend gewesen sein. Die Vergangenheit des Paulus belastet ihn noch auf Jahre hinaus im jüdischen Kreise, während er den »Griechen«, den Nichtjuden, unbefangener gegenübertreten konnte.

Als Diaspora-Jude sprach er aber auch, wenn auch mit gewissen Einschränkungen, eine gemeinsame Sprache mit den für die Bekehrung reifen Kreisen der hellenistischen Welt.

Der Kurzbericht in der Apostelgeschichte bringt das Damaskus-Erlebnis in Beziehung zu dem »Schnauben« des Paulus gegen die Gemeinde Jesu. Wir wissen darüber nicht allzuviel, aber es gibt doch eine Szene, die schlaglichtartig die Situation beleuchtet, die Steinigung des Diakon Stephanus. Stephanus, ein hellenistischer Jude, den wir uns sehr gut als Diskussionspartner des Paulus in Jerusalem vorstellen können, wird von der Urgemeinde als einer der sieben Armenpfleger bestellt, tritt aber auch nach außen hin als Propagandist der jesuanischen Sekte auf, wird vor das Synedrion gebracht und von falschen Zeugen der Lästerung von Tempel und Thora bezichtigt (Apg. 6,13ff.). In einem Schnellverfahren wird Stephanus gesteinigt, wobei es nicht klar ist, ob es sich hier um Lynchjustiz oder ein Femeverfahren handelte. An sich hatten die Juden um diese Zeit bekanntlich keine peinliche Gerichtsbarkeit mehr in Jerusalem. Die Überstellung Jesu an Pontius Pilatus ist ja der schlagende Beweis dafür. Stephanus aber wird, nach dem Bericht der Apostelgeschichte, gesteinigt. Vor seinem Tode hält er eine lange Rede, die bestimmt so nicht gehalten werden konnte, die aber zu den größten Zeugnissen einer juden-christlichen Zusammenfassung des Evangeliums gehört.

Schließlich wird berichtet, daß die erregte Menge Stephanus zur Steinigung abführt, und weiter (Apg. 7,57ff.): »Und die Zeugen legten ab ihre Kleider zu den Füßen eines Jünglings, der hieß Saulus, und steinigten Stephanus ... Saulus aber hatte Wohlgefallen an seinem Tode.«

Der Brauch, der hier beschrieben wird, ist uns aus dem Traktat Sanhedrin im Talmud bekannt und spricht wiederum gegen eine Lynchjustiz. Nach dieser talmudischen Vorschrift müssen die Zeugen die ersten Steine auf den zum Tode Verurteilten werfen, der auf Grund ihres Zeugnisses schuldig gesprochen wurde. Diese Vorschrift will die Zeugen zu besonderer Vorsicht mahnen und ihnen die Schwere ihrer Verantwortung besonders eindrücklich machen.

Die Zeugen legen nun die Oberkleider ab, um die Steinigung auszuführen, und es ist Saulus (alias Paulus), der diese Kleider unterdessen bewacht. Manche Interpreten meinen, daß er als junger Schriftgelehrter, ordinierter Rabbiner, bei dieser Hinrichtung die jüdischen Behörden vertreten habe, aber all das wird in den Text hineingelesen.

Wesentlich scheint hingegen, daß hier eine Klimax erreicht ist, daß der sensible junge Saul, der zwar dem energischen Durchgreifen der Behörden in übertriebener Loyalität dient, im Unterbewußtsein durch dieses Stephanus-Erlebnis bereits für das Damaskus-Erlebnis vorbereitet wird. (Die Loyalität gegenüber Behörden bleibt dem Revolutionär Paulus sein Leben lang erhalten: »Jedermann sei untertan der Obrigkeit« schärft er bekanntlich noch im Römerbrief den Gemeinden ein – welch ein Wort aus dem Munde des größten Umstürzlers aller Zeiten!)

Es ist merkwürdig, daß das Stephanus-Erlebnis bei Paulus

kaum eine Rolle spielt, aber hier setzt das Gesetz der Kompensation ein. Da es von Stephanus ausdrücklich heißt, daß er mit dem Gebetsruf »Herr Jesus, nimm meinen Geist auf« verschieden ist, was durchaus glaubhaft scheint, so ist Stephanus in dem auferstandenen Jesus mit enthalten. Nur Apg. 22,20 streift Paulus in der ihm in den Mund gelegten Rede das Stephanus-Erlebnis noch einmal.

Stephanus wird weiterhin bei Paulus wohl in der Reihe der Jünger Jesu gesehen, gegen die er als eine Art Inquisitor vorging. Er bezichtigt sich allgemein dieser Haltung später mehrmals.

Nunmehr aber will Paulus seine Aktivität auch auf die jüdische Diaspora ausdehnen und läßt sich Briefe vom Hohenpriester Kaiphas ausstellen, um auch in Damaskus seine Ketzerjagd durchzuführen. Natürlich geht er nicht allein auf diese Außenarbeit im Dienste der Jerusalemer zentralen Behörden, sondern wird begleitet von einigen Helfern, die dann aber rätselhafterweise völlig verschwinden.

Daß gerade Damaskus ein Zentrum der neuen Ketzerei sein sollte, kann nicht verwundern, wissen wir doch aus dem sogenannten ›Damaskus-Bund‹, einer Schrift, die innerlich mit den Rollenfunden von Qumran verwandt ist, daß es in Damaskus eine jüdische Emigrantenkolonie gab, die mit der Sekte vom Toten Meer in Verbindung und in Opposition zu den Tempelbehörden in Jerusalem stand. Das war natürlich ein idealer Nährboden für neue Sektierereien. Hinzu kamen jene Randproselyten und Halbproselyten, die sich in Damaskus wie anderswo in der hellenistisch-jüdischen Diaspora gebildet hatten, eine Peripherie um die jüdischen Gemeinden darstellend. Vor allem dominierten hier die Frauen, weil es für sie das Problem der Beschneidung nicht gab, das für viele Männer ein Hindernis war, sich dem Judentum anzuschließen, dessen ethischer Monotheismus an sich bejaht wurde.

Auch diese Proselyten und Proselytinnen waren natürlich für die neue Botschaft aus Jerusalem anfällig, steckten dann aber die Juden selbst an, woraus das harte Wort im Talmud gegen die Proselyten zu verstehen ist: »Proselyten sind wie ein Aussatz für Israel.« (Jebamoth 47b)

Natürlich waren die Jerusalemer Behörden für Damaskus formal nicht ohne weiteres zuständig, jedoch gab es dort sicher Bewohner Judäas, die nur vorübergehend in Damaskus Aufenthalt hatten und daher doch der Jurisdiktion des Synedrion unterstanden; vor allem aber anerkannte auch das Diaspora-Judentum die geistliche Zentralgewalt des Hohenpriesters in Jerusalem, mehr oder minder freiwillig.

Paulus selbst unterzieht sich später mehrmals der so ungemein schmerzhaften Geißelung der neununddreißig Hiebe, die das Synedrion über ihn verhängte, obwohl er als römischer Bürger, der er war, die Unzuständigkeit der Jerusalemer Tempelbehörde hätte anführen können.

Auch wenn einzelne Juden und Juden-Christen diese Autorität nicht anerkannten, hätten sie sich in den Gemeinden nicht halten können, und so ist also die Aktion des Paulus durchaus glaubhaft und denkbar.

Bekanntlich ist es nicht zur Ausführung seiner Pläne gekommen. Das Damaskus-Erlebnis hat alles verändert.

Worum handelte es sich bei diesem Erlebnis?

Die rationalistische Auffassung im 19. Jahrhundert tendierte dazu, aufgrund der spärlichen Angaben, die wir über das Erlebnis vor Damaskus einerseits und ein Leiden des Paulus andererseits, seinen »Pfahl im Fleische« (2. Kor. 12,7), besitzen, hier von einem epileptischen Anfall zu sprechen.

War Paulus Epileptiker? Unter den Autoren, die diese Frage bejahend beantworten, sei hier Joseph Klausner genannt, der in seinem bedeutenden Buch ›Von Jesus zu Paulus‹ (hebräische Ausgabe 1939; deutsche Ausgabe 1950) den Apostel in die Reihe der großen Epileptiker rückt, »die in ihrem Leben Großes als Politiker leisteten, wie Cäsar, Peter der Große, Napoleon, und Männer von starkem Willen und beinahe mystischem Glauben an sich selbst waren, oder die durch eine mystische Religiosität hervorragten und diese vielfach vertieften, wie Augustinus, Mohammed, Savonarola, Jakob Böhme, oder die in der Philosophie und Literatur Gewaltiges schufen, wie Pascal, Rousseau, Dostojewskij; diese lange Liste erklärt uns auch ... die doppelte Tätigkeit des Paulus: auf der einen Seite ist er der Ideologe eines einzigartigen mystischen Glaubens, und auf der anderen Seite ist er der große Organisator einer neuen Kirche, die unmöglich hätte geschaffen und eingerichtet werden können ohne das reiche, besondere Talent eines Politikers, der um die Wirklichkeit weiß und ›die Zeit für jegliches Ding‹ kennt.« (Klausner, S. 312)

Joseph Klausner, der als Professor an der Hebräischen Universität in Jerusalem wirkte, war ein typischer Vertreter jenes hebräischen Humanismus, der von der Aufklärung des 19. Jahrhunderts herkam. Er kam aus dem russisch-jüdischen Kulturkreis, der Einfluß Dostojewskijs war bei ihm offensichtlich, und die Schilderungen autobiographischer Art, die Dostojewskij in seinem Roman ›Der Idiot‹ von epileptischen Anfällen und Zuständen gibt, waren für Klausner so faszinierend, daß er sie auf das Damaskus-Erlebnis des Paulus nur allzuleicht übertrug.

Hinzu kam, daß in seinen Jerusalemer Jahren Klausner auch der Welt des Islam nähertrat, den Koran, auch durch freundschaftlichen Umgang mit arabistischen Gelehrten der Hebräischen Universität, besser kennenlernte und so zu der Gestalt des Epileptikers und Visionärs von weltgeschichtlicher Bedeutung, Mohammed, ein neues Verhältnis gewann. Man könnte also sagen, daß bei Klausner Paulus im Schatten von Dostojewskij und Mohammed stand. Die Sicht Klausners ist aber deshalb von so großer Bedeutung geworden, weil sich das jüdische Paulus-Bild in den letzten Jahrzehnten sehr stark an seinem Buche orientierte, das ebenso wie das vorangegangene über Jesus von Nazareth bahnbrechend gewirkt hat, zumal es sich hier um Erstlingswerke innerhalb der neuhebräischen wissenschaftlichen Literatur handelt.

Andere jüdische Historiker übernahmen das Urteil Klausners mehr oder weniger ungeprüft. Der Widerspruch kam von seiten eines Jerusalemer Arztes, Dr. Arthur Stern, der auf dem Neurologen-Kongreß in Jerusalem (12. 10. 1955) ein medizinisches Referat ›Zum Problem der Epilepsie des Paulus‹ hielt, das später in ›Psychiatria et neurologia‹ (Basel 1957. Vol. 133, No. 5) erschienen ist.

Es entbehrt nicht eines gewissen Reizes, sich vorzustellen, daß nach fast genau eintausendneunhundert Jahren ein Jerusalemer Nervenarzt den Fall eines Jerusalemer »Patienten« im Fachkreise behandelt. Arthur Stern lehnt die These von der Epilepsie des Paulus ab und erklärt: »Paulus war offenbar kein Epileptiker. Wenn überhaupt, so ist nur von einem einmaligen Anfall die Rede, und das wäre für Epilepsie eine Seltenheit.

Die Visionen des Paulus haben mit epileptischer Aura oder Äquivalent nichts zu tun. Sie sind ebenso wie seine suggestiv geheilte dreitätige Blindheit offenbar psychogener Natur.

Andere Äußerungen des Paulus über seine Erkrankung (›Dorn im Fleische‹, ›unzeitige Geburt‹, ›Ausspeien vor der Krankheit‹, der ›Satans-Engel, der ihn mit Fäusten schlägt‹) scheinen anzudeuten, daß Paulus seine Krankheit, seine Schwäche nicht nur gekannt, sondern sich ihrer sogar *gerühmt* und sie in den Vordergrund gestellt hat. Die Diagnose Epilepsie ist unbewiesen und höchst zweifelhaft, vielmehr deutet alles auf eine *psychogene Natur des Leidens bei einem körperlich schwachen, neuropathischen* und ekstatischen Menschen, dessen einmalige Größe als Religionsstifter dadurch nicht berührt wird.«

Das Ausspeien vor der Krankheit, das hier erwähnt wird, geht auf eine Äußerung des Paulus (Gal. 4,14–15) zurück, wo er es den Galatern hoch anrechnet, daß sie nicht vor ihm ausgespien haben, daß sie ihn wie einen Engel Gottes aufgenommen haben, ja wie den Herrn Jesus Christus selbst, und bereit gewesen waren, sich die Augen für ihn auszureißen.

Warum hätten sie denn vor ihm ausspeien sollen? Das führen manche auf die Epilepsie zurück, da bei dieser »heiligen Krankheit« beschwörend ausgespuckt wurde, um so den Dämon abzuwehren, der in den Besessenen gefahren schien. Die Galater aber focht die Bresthaftigkeit Pauli nicht an. (Mehr wissen wir nicht. Es wäre durchaus denkbar, daß auch in einem anderen Zusammenhang vom Ausspucken die Rede sein könnte. Der merkwürdige Hinweis auf die Augen legt die Vermutung einer Augenkrankheit nahe, die auch im Zusammenhang mit der dreitätigen Erblindung des Paulus nach dem Damaskus-Erlebnis angeführt wurde.)

Ohne in die Jerusalemer Diskussion zwischen dem Historiker Klausner und dem Neurologen Stern eingreifen zu wollen, muß jedoch diesen Optimisten des 19. und beginnenden 20. Jahrhunderts, die in ihrer Wissenschaftsgläubigkeit ebenso naiv sind wie frühere Generationen es in ihrer religiösen Gläubigkeit waren, die Dürftigkeit des Materials vor Augen geführt werden, das uns in der Apostelgeschichte und in den wenigen Briefstellen des Paulus selbst vorliegt. Vor allem aber müssen wir uns vergegenwärtigen, daß für den antiken Menschen, auch und gerade dieser Epoche, der Ruf aus der Transzendenz eine potentielle Realität darstellt, so daß die Frage nach Pathologie oder Psychopathologie in diesem Zusammenhange nicht gestellt wurde.

Hier gilt, was Otto Michel im Zusammenhang von ›Zur Methodik der Forschung‹ (›Studies on the Jewish Background of the New Testament‹, 1969) bemerkte: »Wir stehen aber auch im Bereich des Hellenismus, der das Denken und die Kultur, die Lebensformen und die geistige Entwicklung sowohl des Judentums wie auch des Christentums in verschiedenen Schattierungen bestimmt, und die Durchdringung aller Lebens- und Denkformen durch diesen Hellenismus muß bis ins kleinste beachtet werden, vor allem im Hinblick auf die Diaspora des Judentums.«

Für das hellenistische Denken waren Göttererscheinungen nichts Zweifelhaftes. Engel und Dämonen treten viel stärker in den Lebensbereich des einzelnen, als dies in früheren Epochen der hebräischen Glaubensgeschichte bezeugt wird, wo diese Erscheinungen allerdings auch durchaus als jeweils möglich angesehen wurden. Sowohl für Paulus wie für seine Umgebung, seine jüdische und seine griechische, seine christliche und antichristliche, seine römische und nabatäische, waren Phänomene der beschriebenen Art an sich nicht fraglich. Wenn wir heute mit ganz anderen Maßstäben an Berichte dieser Zeit herangehen, kann es nur allzu leicht zu groben Mißverständnissen kommen, wo wir meinen, »wissenschaftlich exakt« zu interpretieren.

Ich neige daher dazu, das Damaskus-Erlebnis des Paulus so stehen zu lassen, wie es in der Apostelgeschichte steht. Freilich ist es klar, daß es sich hier um eine legendäre Ausschmückung handelt, wobei es überaus fraglich sein muß, ob die Umgebung Pauli mehr gesehen und gehört hat als einen zu Boden stürzenden lallenden Mann, der sich dann, nach diesem Schock, geblendet erhob, in der Helle des Mittags von Dunkelheit umgeben.

Was vor Damaskus vor sich gegangen ist, bleibt letztlich das Geheimnis der Seele des Paulus. Offenbarungen solcher Art sind ein dialogisches Geschehen, das die Welt ausschließt. Die Erblindung ist daher von einer inneren Logik bestimmt. Das himmlische Licht verdunkelt die Außenwelt. Man möchte hinzufügen: Die himmlische Stimme läßt die Stimmen der Welt nur noch wie einen unwesentlichen »Background Noise« im Umkreise des Ekstatikers vernehmbar werden.

Am Realgehalt solcher Erlebnisse zweifelte in der Zeit, um die es hier geht, niemand; ja ganz im Gegenteil, es ist eine Zeit, in der weite Kreise in synkretistischen Mysterien den Kontakt mit höheren Welten suchten. Die traditionellen Götter der Antike schwiegen bereits weithin. Die römische Staatsreligion war zum leeren Zeremoniell erstarrt. Orientalische Kulte des Mithras, der Isis und des Osiris sowie die griechischen Mysterien, etwa die eleusinischen, gewannen an Boden. Man schloß sich einer oder mehreren solcher Gemeinschaften an, unterstellte sich der Leitung eines Mysterien-Meisters und suchte so den Kontakt mit dem Jenseits. Erschien nun ein echter Ekstatiker wie Paulus, der offenbar ohne jede Vorbereitung, überwältigt von einem Erlebnis der Begegnung mit der Ewigkeit, in den Kreis von Menschen trat, die von einem Kontakthunger gegenüber der Transzendenz erfüllt waren, so wurde er nicht nur ernst genommen, sondern mußte schon durch sein Erlebnis suggestiv wirken.

Tatsächlich, soweit wir dem Bericht der Apostelgeschichte hier folgen dürfen, verbreitet sich auch die Kunde von dem Erlebnis des Paulus sehr rasch in der judenchristlichen Kolonie von Damaskus. Der Bericht, der nun folgt, ist legendär stark übermalt. Offenbarung folgt auf Offenbarung, wobei es eben als selbstverständlich gilt, daß der betende Mensch himmlische Weisungen erhält. Gebet wird in diesen Erzählungen um Paulus, Ananias (und in den anschließenden Kapiteln über Petrus und den Römer Cornelius) als dialogischer Prozeß aufgefaßt. Engel und Erscheinungen antworten den Betern, die darüber nicht einmal sonderlich erstaunt sind.

Führen wir die Berichte hier auf ein nüchternes Maß zurück, wobei wir dem Apostel selbst folgen, der ja die Tugend der Nüchternheit seinen Gemeinden einschärft, so ergibt sich, daß ein gewisser Chanan (Ananias) in Damaskus, ein bewährtes Mitglied der juden-christlichen Gemeinde, mit Heilung und Taufe des Paulus beauftragt wurde. Paulus hatte in der sogenannten geraden Gasse bei einem Judas Quartier genommen. (Alles spielt sich nur unter Juden ab, und Paulus wird in dieser ganzen Erzählung immer »Saul aus Tarsus« genannt, also mit seinem hebräischen Namen und gemäß seinem Herkunftsort.) Chanan (Ananias) hat ernsthafte Bedenken, sich zu dem engagierten Christenfeind zu begeben, um mit ihm Kontakt aufzunehmen, tut es aber schließlich doch. Er redet Paulus als »lieber Bruder Schaul« an, legt ihm die Hände auf und heilt ihn so von seiner Blindheit. Dieses Heilen durch Handauflegen galt als das echte Zeichen der Jüngerschaft Jesu (Mark. 16,18). Anschließend läßt Paulus sich taufen. Wir müssen uns diese Taufe so vorstellen wie etwa die Taufe des äthiopischen Ministers durch Philippus. Der Taufende stieg zusammen mit dem Täufling ins Wasser und tauchte den Novizen unter. (Nichts ist verkehrter, als sich die Taufe ähnlich wie die heutige kirchliche Taufe vorzustellen. Im jüdischen Ritualbad der Mikwa hingegen, wo dieses Untertauchen heute noch stattfindet, hat sich das Taufritual der Urgemeinde erhalten und wird bei *Übertritten zum Judentum* noch vollzogen. Allerdings taucht nach jüdischem Brauche der Proselyt *allein* unter. Die Hilfe durch einen Eingeweihten stammt aus heidnischen Mysterienkulten.)

Die weiteren Stationen im Leben des Paulus sind nicht ganz klar. Sicher ist, daß er sich einige Zeit nun in Damaskus aufhielt und sofort in heftige Diskussionen mit hellenistischen Juden (und wohl auch Proselyten) verwickelt wurde, die er nach dem freilich einseitigen Zeugnis der Apostelgeschichte in diesen Disputationen in die Enge trieb, die Messianität Jesu aus der Schrift erweisend. Leider ist uns hier nichts von der Beweisführung des Paulus und seiner Gegner überliefert, jedoch können wir uns aus den Briefen, auch aus denen, die nicht von Paulus selbst stammen, sondern aus seinem Jüngerkreise, ein ungefähres Bild von der Methode des Paulus machen. Es begegnen sich hier rabbinisches Lehrgut, erworben in der Schule des Gamaliel, und hellenistisch-jüdisches im Sinne Philos von Alexandria, wobei vor allem eine allegorische Deutung alttestamentlicher Texte zur Anwendung kam.

Nach der Apostelgeschichte ist Paulus sehr bald nach Jerusalem zurückgekehrt, nach seinen Selbstzeugnissen aber nicht. Sicher scheint nur, daß die Stimmung in der Stadt allmählich für ihn so bedrohlich wurde, daß er sie fluchtartig verlassen mußte. In einem Korb wurde er über die Stadtmauer gehievt, eine Szene, die in der byzantinischen Kunst z. B. im Dom von Monreale zur Darstellung gelangte.

Nach einer verbreiteten Vorstellung, die sprichwörtlichen Charakter angenommen hat, wurde aus dem Saulus ein Paulus.

Wann wurde aus dem Saulus ein Paulus? Doch offenbar in und nach dem Damaskus-Erlebnis. Aber das ist nicht so. Der Name hat mit dieser Wandlung nichts zu tun. In der Vision wird Paulus von Jesus hebräisch als Schaul angeredet, und in Damaskus wird dem Ananias die Botschaft gebracht, daß Schaul aus Tarsus angekommen ist. Ananias redet den Gast als »Bruder Schaul« an. Es ist also keineswegs so, daß hier aus dem Saulus ein Paulus geworden ist, sondern gerade *in* dieser Vision und unmittelbar *nach* ihr wird Paulus mit seinem hebräischen Namen Schaul angeredet, unter dem er auch vorher auftrat.

In seinen Briefen aber bezeichnet er sich als Paulus. Die Vermutung, daß er sich aus Freundschaft für einen bekehrten vornehmen Römer später Paulus genannt hat, ist nicht einleuchtend. Ganz nebenbei wird (Apg. 13,9) erwähnt: »Saulus aber, der auch Paulus heißt«, und offenbar sah man in diesem Doppelnamen nichts Exzeptionelles. Bei Juden der Diaspora war es üblich und ist es heute noch üblich, daß sie *zwei* Namen führen, einen für das bürgerliche Leben und einen für den internen jüdischen synagogalen Gebrauch.

Bedenkt man fernerhin, daß die Familie des Paulus zwar in Tarsus in Kilikien ansässig war, aber nach einer Notiz des Hieronymus aus Gischala (Gusch-Chalav) in Galiläa stammte, so ist es selbstverständlich, daß der Sohn einer solchen Familie einen hebräischen Namen hatte. Bedenkt man andererseits, daß er bereits römisches Bürgerrecht seit seiner Geburt besaß (sein Vater hatte als freigelassener Kriegsgefangener das römische Bürgerrecht erwerben können und es dem Sohn vererbt), so war ein griechisch-lateinischer Name ebenso selbstverständlich. Man wählte dabei Namen, die klanglich aufeinander abgestimmt waren, was auch heute noch oder wieder der Fall ist. (In Israel haben viele Einwanderer aus Europa und Amerika ihre westlichen Namen in lautlicher Angleichung hebraisiert, so daß aus einem Georg ein Giora, aus einem Hans ein Chanan, aus einem Karl ein Kar-el wurde.)

Während zwischen Schaul (Saul oder Saulus) und Paulus (griechisch: Paulos) eine klangliche Verbindung besteht, besteht keine inhaltliche Verbindung. Schaul ist der Erbetene und der Name des ersten Königs in Israel, der wie Paulus aus dem Stamme Benjamin kam. Paulus hingegen heißt »der Kleine«, was manche Forscher zu der Annahme verleitet hat, daß der Apostel in seinem Zuge zur Selbsterniedrigung sich so genannt haben könnte, da er sich als den Kleinsten, den Geringsten unter den Aposteln, sah. Da der Name Paulus oder Paulos aber landläufig war, hat diese Annahme eigentlich kaum eine Begründung.

Auf jeden Fall wird aus dem Saulus kein Paulus, sondern diesbezüglich bleibt der Mann, was er vorher bereits war, der keineswegs originelle Träger eines Doppelnamens nach Art der Diaspora-Juden. In diesem Doppelnamen aber kündigt sich die Problematik jüdischer Existenz in der Diaspora an, für die Paulus ein bleibendes Exempel geworden ist.

3
Israel und die Diaspora
(Jesus und Paulus)

Wenn auch aus dem Saulus kein Paulus wurde, so wurde doch durch das Damaskus-Erlebnis aus dem fanatischen Gegner Jesu der hingebungsvollste Verkünder seines Namens. Wir haben versucht zu zeigen, wie in diesem Damaskus-Erlebnis die Auferstehung Jesu in der Seele des Paulus sich vollzog und zu einer Auferstehung des Paulus führte, der nun als ein Gewandelter seinen Missionsweg in die Welt antrat.

Aber bei aller Wandlung blieb Paulus doch, was er durch Herkunft und Milieu bereits ursprünglich war: ein hellenistischer Diaspora-Jude, der seine entscheidenden Lehrjahre in Jerusalem verbracht hatte.

Inhalt und Auftrag seines Lebens sind für Paulus an den Namen Jesu geknüpft. Es gibt keinen anderen Namen mehr für ihn im Himmel und auf Erden, der mit diesem Namen gleichgesetzt werden könnte. In diesem Namen ist alles beschlossen, was er, Paulus, ist und zu verkündigen hat, was die Welt benötigt und was ihr Schicksal entscheidet. Aus allen menschlichen Zusammenhängen wird dieser Name Jesu in kosmischer Überhöhung herausgegriffen und zu einem heiligen Namen und Heilsnamen gemacht.

Gerade diese Überhöhung aber führt zu einer Entmenschlichung Jesu bei Paulus, und es bleibt von dem wirklichen Jesus, den seine Jünger »im Fleische kannten«, herzlich wenig übrig. Es ist bekannt, daß Paulus nur sehr wenige und unzureichend bezeugte Worte Jesu anführt, z. B. 1. Kor. 7,10, wo der Frau das Recht auf Scheidung strittig gemacht wird, oder 1. Kor. 9,14, wo von der Bezahlung der Evangelisten die Rede ist. Vielleicht darf man noch 1. Thess. 4,15 heranziehen, wo davon die Rede ist, daß manche aus der Generation des Paulus nicht entschlafen werden, die Rückkehr Jesu erleben werden.

Es kommt nicht darauf an, hier und dort mit philologischer Akribie noch ein mehr oder minder gesichertes Logion zu eruieren. Leben und Lehre des Jesus von Nazareth spielen, so merkwürdig das klingen mag, in Leben und Lehre des Paulus nur eine ganz geringe Rolle. Die Gestalt des Auferstandenen, die ihm in himmlischen Lichte vor Damaskus erschienen ist, hat die viel bescheidenere Gestalt des Jesus von Nazareth in den Schatten gerückt. Paulus verkündigte den auferstandenen Christus, den Messias Israels und den Heiland der Welt, aber mit dem Rabbi von Nazareth hat er herzlich wenig zu schaffen.

Hier zeigt sich in einem extremen Fall das problematische Verhältnis von Israel und der Diaspora, ein Problem, das wir heute wieder neu in den Blick bekommen.

Jesus von Nazareth war ein typischer Vertreter des Palästina-Judentums. Heute würden wir sagen: er war ein »Sabre«. Er sprach Hebräisch oder Aramäisch, was ja immerhin ein hebräischer Dialekt ist. Die Quelle seiner Bildung war die hebräische Bibel. Er wandte sich an die Juden mit nationaler Ausschließlichkeit und schärfte seinen Jüngern ein, nicht auf der Heiden Straße zu gehen und die Städte der Samaritaner zu meiden. Er sagte stolz: »Das Heil kommt von den Juden« (Joh. 4,22) und wußte sich nur zu den verlorenen Schafen aus dem Hause Israel gesandt. Der Titulus auf seinem Kreuze lautete: INRI, was ihn als König der Juden kennzeichnen sollte. Dieser Anspruch ist es, diese nationale Ambition, die sein Schicksal besiegelt hat.

Wie ganz anders stellt sich die Gestalt des Paulus dar, der von sich sagt, daß er den Juden ein Jude und den Griechen ein Grieche geworden sei, um allen alles sein zu können. (1. Kor. 9,20ff.) Das ist die typische Haltung des Diaspora-Juden, des Bindestrich-Juden, des Bürgers zweier Welten – wenn es nicht drei wären: die jüdische, die hellenistische und die römische. Paulus bekennt sich stolz als ein Hebräer, abstammend von Hebräern, aus dem Stamme Benjamin, aber er legt dieses Bekenntnis in griechischer Sprache ab. Zugleich betont er in entscheidenden Augenblicken seines Lebens, daß er ein römischer Bürger ist. Er spielt mit einem Stolze, der an ehemalige »deutsche Staatsbürger jüdischen Glaubens« oder heutige jüdische Amerikaner erinnert, gegenüber einem römischen Hauptmann, der das römische Bürgerrecht für Geld erworben hatte, aus, daß er, Paulus, als römischer Bürger geboren ist.

Paulus, so sagten wir, sprach und schrieb griechisch. Aber was für ein Griechisch? Es war das sogenannte Koine-Griechisch, ein Kolonial-Griechisch mit spezifisch jüdischer Färbung.

Dieses Sprachproblem verfolgt ihn sein ganzes Leben lang. Er muß jüdische Inhalte in einer Sprache wiedergeben, die zu diesen Inhalten in einer gewissen dialektischen Spannung steht, wobei er die Sprache nicht einmal mit letzter Meisterschaft zu handhaben vermag.

Dieses Sprachenproblem führte zu Mißverständnissen, die heute noch nicht aufgehört haben. Paulus sah sich genötigt, seine Briefe, seine Sendschreiben an die von ihm gegründeten oder geleiteten Gemeinden zu diktieren. Wahrscheinlich war er gar nicht in der Lage, ein so umfangreiches Werk wie den Römerbrief ohne einen griechischen Sekretär allein zu schreiben. Aber das heißt nicht, daß er nun in der hebräischen und aramäischen Sprache völlig zu Hause gewesen wäre. (Wer heute in Israel lebt, der kennt dieses Problem der Sprachenlosigkeit von Menschen, die die Sprache ihrer Herkunftsländer nur fehlerhaft, veraltet, mit Dialektwendungen durchsetzt beherrschen, ohne die neue Sprache, in diesem Falle wiederum das Hebräische, wirklich so vollkommen erlernt zu haben, daß sie sich ihres ganzen Nuancenreichtums bedienen können.)

Wir werden später am Beispiel des Begriffes »Gesetz« (Nomos) diese Sprachproblematik des Galuth-Juden Paulus an zentraler Stelle aufzeigen.

Ein hebräischer Inhalt wird in unzureichendem Griechisch einem griechischen Hörerkreise vermittelt, der die Worte anders auffassen muß, als der Sprecher oder Schreiber meint.

Nichts von dieser Spannung war bei Jesus gegeben. Er redete zu seinesgleichen in der Sprache seines Volkes und konnte von sich sagen, daß er inmitten seines Volkes lebte.

Seine Jünger und Nachfolger waren Juden, ebenso wie seine Widersacher und Feinde. Bekanntlich spricht Jesus in den entscheidenden Stunden seiner Passion noch zu Kaiphas, aber gegenüber Pilatus schweigt er. Er hatte keine gemeinsame Sprache mit dem Römer.

Paulus hatte mit allen eine gemeinsame Sprache: mit Juden, Griechen, Römern. Er ging auf die Mentalität aller ein. Das geht so weit, daß er in seiner Areopag-Rede in Athen einen griechischen Dichter zitiert (Apg. 17,28). Man stelle sich das bei Jesus von Nazareth vor ... nein! Das kann man sich nicht vorstellen.

Die Dichterin Else Lasker-Schüler hat im Dezember 1942 in Jerusalem eine Vorlesung von Martin Buber über Jesus und Paulus gehört, die die Urzelle zu Bubers Buch ›Zwei Glaubensweisen‹ wurde, in welchem der hebräische Glaube, die »Emuna« des Jesus von Nazareth, dem griechischen Glauben, der »Pistis« des Paulus, konfrontiert wird. Sie schrieb unter dem Eindruck dieser Vorlesung am 23. 12. 42 an Buber: »... Paulus war ein römischer Teppichweber, Und sein Sprechen gleich Weben oder Wirken, so dachte ich früh heute – so seltsam, verstrickt und endend in Fransen und Quasten. Schwer zu folgen in allen Maschen und Farben. Die Heiden trennten sich viele von ihn und dann sagte er: ›Könnt Ihr mich nicht etwas lieb haben?‹ Sie glaubten unkompliziert, Jesus von Nazareth war pflanzlicher. Er drang die Menschen nicht und wenn wir nur von seiner einfachen Lehre wußten, gäbe es heute noch Judenchristen und das wäre eine Brücke zwischen Juden und Christen. Jesus ein Dichter, Paulus etwa ein genialischer Wissenschaftler, ›Deine Rede macht dich wahnsinnig‹, sagt Barnabas von Cypern zu ihm. Da die Leute hastige Stiere brachten, sie ihnen zu opfern, glaubend die Götter seien gekommen, Jesus aber eine Wolke himmelblau, die gewiß des öfteren ein Wetter sich zusammenzog.« (zitiert nach: ›Lieber gestreifter Tiger‹, 1969. S. 127/128).

In diesen hastig hingeworfenen Worten einer großen Dichterin wird in intuitiver Schau viel über den Gegensatz zwischen Jesus und Paulus ausgesagt. Natürlich nicht in wissenschaftlicher Abgewogenheit, aber manchmal ist das Stammeln der Dichter aufschlußreicher als das Dozieren der Professoren.

Wenn hier erwähnt wurde, daß Paulus ein Teppichweber war, so ist auch diese Bemerkung nicht ganz unumstritten. Manche Forscher neigen dazu, dieses Handwerk mit Zeltmacher zu bezeichnen. Mir scheint aber die berufliche Klassifizierung des Paulus ganz nebensächlich, denn in erster Linie war er ein Intellektueller, ein Theologe, und wiewohl mit der Sprache ringend, wurde er an manchen Stellen seiner Briefe zum Dichter.

Das hat gerade eine Paulus nicht unverwandte Seele erkannt, Walther Rathenau, der in einem Brief vom 1. Juni 1912 an den Berliner Rabbiner Dr. Daniel Fink bemerkte: »In Paulus sehe ich nicht so sehr den großen Propagandisten der christlichen Lehre wie den tief empfindenden Menschen, der die schönsten Zeilen niedergeschrieben hat, die je eine menschliche Hand zu Papier brachte: den großen Hymnus auf die transzendentale Liebe.« (zitiert nach: Hans Lamm, ›Walther Rathenau‹, 1968). Gemeint ist hier natürlich der Lobpreis der Liebe, der Agape in 1. Kor. 13:

»Wenn ich mit Menschen- und mit Engelszungen redete und hätte der Liebe nicht, so wäre ich ein tönend Erz oder eine klingende Schelle.« (13,1)

Ist es noch wichtig, ob ein Teppichweber oder Zeltmacher,

ein Jerusalemer Jeschivaschüler oder ein Theologiestudent aus Tarsus diesen Hochgesang der Liebe geschrieben hat? Versinken nicht die äußeren Merkmale ins Wesenlose, werden sie nicht weggewischt von der Hand, die schreibt, oder weggeblasen von dem Munde, der diktiert: »Nun aber bleiben Glaube, Hoffnung, Liebe, diese drei; aber die Liebe ist die größte unter ihnen.«?

Nirgends kommt, so meine ich, Paulus Jesus so nahe wie im 13. Kapitel des 1. Korintherbriefes, obwohl hier der Name Jesu nicht genannt wird und kein Wort von ihm erscheint. Aber es ist Geist vom Geiste Jesu, der das Gesetz durch die Liebe vertieft hat (nicht aufgehoben), dessen Glaube aus der Liebe quillt und dessen Hoffnung von der Liebe getragen wird. Hier sind sie einander nahe, der unerreichte Meister und sein Schüler, dieses so ungleiche Paar: Jesus und Paulus.

In der Bewunderung und Beziehungslosigkeit des Paulus gegenüber Jesus spiegelt sich etwas von dem problematischen Verhältnis zwischen Israel und der Diaspora. Der Diaspora-Jude Paulus bewundert uneingeschränkt Jesus von Nazareth, er verkündigt ihn der Welt; aber hat er ihn verstanden? Hat er überhaupt den Versuch gemacht, ihn wirklich kennenzulernen und zu verstehen? Er rühmt sich, daß er sich von anderen nicht belehren ließ, daß er sich nur auf seine Innenschau verläßt, und so entsteht eine Abstraktion, die der nichtjüdischen Welt eher zu vermitteln ist als der jüdischen.

Es gibt in der Gegenwart, in der Literaturgeschichte, eine merkwürdige Parallele zu diesem Vorgang. Ich denke hier an die Interpretation Franz Kafkas und seines Werkes durch Literarhistoriker, die den Dichter nie gekannt haben. Sie haben sich mit Schärfe gegen authentische Interpretationen von Kafkas Lebensfreund Max Brod gewandt. Die Sicht jener Interpreten, die den wirklichen Kafka nie kannten, gewinnt heute fraglos die Oberhand.

Ein ähnliches Phänomen ist religionsgeschichtlich durch das Auftreten des Paulus gegeben. Seine Interpretation Jesu eroberte die Welt. Der paulinische Christus verdrängte jenen Jesus von Nazareth, den noch Petrus, Jakobus und die anderen Jünger »im Fleische« kannten. Wir wissen aus der Apostelgeschichte und aus Anspielungen in den Briefen des Paulus, daß es zu heftigen Auseinandersetzungen gekommen ist, denn die Urjünger erkannten in dem von Paulus verkündigten Christus ihren Meister nicht wieder.

Es ist ein dreifacher Gegensatz, der hier zu tragischen Konflikten führte, die eine spätere Tradition nur notdürftig verhüllt und verkleistert hat. Der Gegensatz zwischen äußerer und innerer Schau, der Gegensatz zwischen naiver und intellektueller Interpretation und der Gegensatz zwischen Israel und der Diaspora.

Die Ur-Jünger kannten Jesus aus der persönlichen Begegnung, betonen immer wieder, daß sie mit ihm zu Tische gesessen haben. Dieses Essen und Trinken spielt eine außerordentlich große Rolle selbst noch in den Begegnungen mit dem Auferstandenen. Erst durch Paulus, der den erhöhten Christus allein aus der Innensicht seiner umformenden Vision kennt, wird aus dieser schlichten Tischgemeinschaft ein Mysterienmahl, die Eucharistie (1. Kor. 11,23 ff.), wobei ihm freilich bereits vorgefundene Gemeindetraditionen entgegenkommen.

Die naive Schau der Ur-Jünger zeigt sich darin, daß sie von konkreten Begegnungen mit Jesus erzählen und Worte, Gleichnisse, Predigt und Gebet des Meisters so treu wie möglich tradieren, denn wer ein Wort im Namen dessen spricht, der es gesprochen hat, der bringt Erlösung in die Welt (Aboth VI,6), und wenn es sich nun gar um Worte des Erlösers handelt, so gilt diese Erkenntnis der Vätersprüche in erhöhtem Maße.

Paulus aber in seiner intellektuellen Schau reiht die Gestalt Jesu in die apokalyptische Tradition des hellenistischen Judentums ein, macht ihn zum Pantokrator und spiritualisiert die Erscheinung Jesu in so radikaler Weise, daß das Biographische auf die Passion, als die Erlösertat Gottes in Christus, reduziert werden kann. Paulus verkündigt den Auferstandenen. Die Ur-Jünger erzählen von ihrem Rabbi, der nach seinem Tode von Gott wieder auferweckt wurde.

Die Ur-Jünger waren einfache Söhne des Galil (Galiläa), ebenso wie Jesus von Nazareth selbst. Sie fühlten sich mit ihrem Meister eins, auch wenn sie ihn nicht immer verstanden, auch wenn vieles in seinen Reden und in seinem Tun ihnen rätselhaft bleiben mußte. Und doch ist das Gemeinsame bei Meister und Jüngern dominierend. Wenn das Evangelium ausdrücklich betont, daß Jesus vor allem zum äußeren Kreise in Gleichnissen sprach, so waren diese Gleichnisse aus der Sphäre des Alltags seiner Jünger und Hörer genommen. Er sprach von Fischern und Winzern, er sprach von dem Mann, der auf der Straße von Jerusalem nach Jericho zog und in die Hand der Räuber fiel, er sprach vom Hausvater und seinen Kindern. Alles ist nah und vertraut, nichts ist aus fernen Zonen herbeigeholt.

Die Welt des Paulus aber ist abstrakt. Seine Deutung der Schrift ist typologisch, seine Gedankengänge sind oft so kompliziert, daß die Ur-Jünger nicht zu folgen vermögen (2. Petr. 3,16) und daß ein gebildeter Römer um den Verstand dieses jüdischen Intellektuellen bangt, der offensichtlich, für sein Empfinden, eine Gehirnwindung mehr als alle anderen Menschen hat (Apg. 26,24).

Wie haben wir uns Paulus äußerlich vorzustellen? Die neutestamentlichen Quellen geben darüber keine Auskunft, weder die Briefe noch die Apostelgeschichte, wohl aber die sogenannten ›Acta Pauli‹, eine apokryphe Schrift aus dem Jahre 180, die auch unter dem Titel ›Akten des Paulus und der Thekla‹ bekannt ist. In dieser Schrift, die freilich mehr als hundert Jahre nach dem Tode Pauli entstanden ist, scheinen aber doch echte Traditionen bewahrt zu sein. Wer sollte sich ausgedacht haben, was hier zu lesen steht: »Ein kleiner Mann, krummbeinig, mit kahlem Kopf, einer großen Nase und in der Mitte zusammengewachsenen Augenbrauen, von würdiger Haltung und voller Güte.«?

Leo Baeck meint hierzu, daß die Absicht hinter diesem Portrait des Paulus offensichtlich die Betonung der Seltsamkeit, »atopia« sei, die auch als Attribut des Sokrates hervorgehoben wurde. Baeck ist der Meinung, daß einige Züge in diesem frühchristlichen Bild des Paulus von diesem Motiv mitbestimmt worden seien. (Baeck, ›Der Glaube des Paulus‹, 1961) Ein anderes Motiv mag darin liegen, daß die äußere Unansehnlichkeit den Apostel in die Nähe des Meisters rückt, denn die Kirche hat jedenfalls frühe Traditionen, nach denen auch Jesus ein häßlicher Mensch war. Für diese Traditionen allerdings ist wiederum das Vorbild des leidenden Gottesknechtes (Jes. 52,13–53,12) maßgebend, von dem es heißt: »Er hatte weder Gestalt noch Schönheit.« Der Apostel hinwieder bezeichnet sich als irdenes zerbrechliches Gefäß, das den Schatz des Evangeliums birgt (2. Kor. 4,7; 2. Tim. 2,20). Dieses Bild wird uns heute faßlich, wenn wir die völlig schmucklosen, einfachen Tonkrüge betrachten, in welchen die Schriftrollen vom Toten Meere aufbewahrt wurden.

Wenn auch den Akten des Paulus ein noch geringerer Wert als historisches Dokument beizumessen ist als der Apostelgeschichte, die Leo Baeck als historische Belletristik bezeichnete, so dürfen wir doch in der Beschreibung des Apostels einen Hinweis vermuten, der ernster Beachtung wert ist. Natürlich wurde auch die kirchliche Ikonographie von dieser Notiz der Paulus-Akten zum Teil mit beeinflußt. Vor allem in den byzantinischen Darstellungen sehen wir Paulus so, wie er in den Akten beschrieben wurde. Wir können uns diesen jüdischen Intellektuellen, der von geistiger und geistlicher Leidenschaft getrieben wird, sehr gut als äußerlich wenig imposante Erscheinung vorstellen. Er wirkte nur durch den Geist, der in ihm wirkte und den er selbst als den Heiligen Geist bezeugte. Seine inspirierte Rede, die er selbst wiederum oft im Sinne der Prophetie oder der Zungenrede auffaßte, verklärte wohl dieses häßliche Gesicht und ließ es im Widerschein des Lichtes erstrahlen, das vor Damaskus auf es gefallen ist.

Paulus selbst spricht von diesem Leuchten des Gesichtes, es mit dem Strahlen des Moses vergleichend, der vom Berg der Offenbarung herniedersteigt und sich mit einem Schleier verhüllen muß, da das Volk sonst von dieser Strahlung der Schechina, der göttlichen Herrlichkeit, geblendet worden wäre.

Auch das überaus problematische Verhältnis des Paulus zu aller Leiblichkeit mag mit gewissen körperlichen Mißbildungen seiner eigenen Erscheinung zusammenhängen. Hier sehen wir eine Dialektik, von der Jesus von Nazareth frei war. Wenn Paulus (1. Kor. 7,7–8) die Ehelosigkeit und Keuschheit preist, betont er: »Ich wollte aber lieber, alle Menschen wären, wie ich bin, aber ein jeglicher hat seine eigene Gabe von Gott, einer so, der andere so ...« Wie war er denn selbst? Ehelos, ein Junggeselle, der nun sagen konnte: »Es ist dem Menschen gut, daß er kein Weib berühre« (1. Kor. 7,1). Er macht dann nur das Zugeständnis, daß es immerhin besser sei, eine eigene Ehefrau zu haben, statt der Hurerei zu erliegen, und innerhalb der Ehe sollen wohl auch die Gatten die ehelichen Pflichten wahrnehmen. Die Partner haben ihre Leiber einander überlassen und sich so des Selbstbestimmungsrechtes darüber begeben. Freilich können sie sich gegenseitig Dispens, heute würden wir sagen, Eheferien, bewilligen.

Paulus betont in dem Satz vor dem Hinweis auf seine eigene Person, daß er all das aus Vernunft und nicht aus dem göttlichen Gebot heraus sagt.

Paulus kann in diesen Zusammenhängen nicht auf das Vorbild Jesu hinweisen, der, viel stärker als Paulus in der ungebrochenen Tradition seines Volkes stehend, kein Ideal der Ehelosigkeit kannte.

Paulus hatte für Leiblichkeit verschiedene Begriffe: Soma =

Leib; Sarx = Fleisch. Diesem Begriffspaar werden Psyche = Seele und Pneuma = Geist gegenübergestellt. Die dialektische Spannung zwischen Körper und Seele, zwischen Fleisch und Geist stellt ein zentrales Anliegen für Paulus dar. Das Gesetz in unseren Gliedern widerstreitet dem Gesetz Gottes. Unsere Fleischlichkeit ist durch und durch sündhaft. Der Leib ist das Erbe des alten Adam, der durch Christus überwunden werden muß. Es geht also um eine Auslöschung des Fleisches zugunsten einer neuen Existenz, die Geist vom Geiste Christi ist.

Die Taufe erfährt nun eine Wandlung im Sinne der Mysterienkulte. Das Untertauchen wird zum Begrabenwerden und das Auftauchen zur Auferstehung. Der Leib ist nicht mehr, wie bei den alten Essenern, nur gereinigt (und mit ihm die Seele), sondern verwandelt, verklärt durch eine neue Spiritualität zum Tempel des heiligen Geistes. (1. Kor. 6,19)

Da der Leib als solcher, das Fleisch als Begriff entwertet wird, muß auch das Zeichen der Beschneidung des Fleisches jene Wertminderung erfahren, die es tatsächlich bei Paulus erfährt.

Von alledem war bei Jesus von Nazareth nicht die Rede. Wir sehen zwar auch bei ihm eine Heiligung des Leibes, aber keine Vernichtung und Entwertung des Fleisches.

Auch hier mag sich etwas von dem Gegensatz zwischen Israel und der Diaspora ausdrücken. Der Palästina-Jude Jesus ist noch ganz unproblematisch in seine eigene Volksgemeinschaft eingebettet, deren biologischer Bestand ihm heilsgeschichtliche Notwendigkeit ist, denn der Same Abrahams ist Träger der Verheißung. Die Sanftmütigen, die das Land besitzen werden, gemäß den Worten der Bergpredigt, sind aus dem Samen Abrahams, und es ist das Land der Verheißung, das sie gewaltlos in Besitz nehmen werden. All das setzt eine natürliche Kontinuität voraus, freilich nicht um ihrer selbst willen, aber als den Grundstoff, aus dem das Reich Gottes seine Bürger gewinnt.

Das Verhältnis des Paulus konnte gegenüber Körper und Fleisch, Eros und Fortpflanzung ein anderes sein, denn er hatte für seine Verkündigung das unendliche Reservoir der Heidenwelt vor sich. Gleichzeitig oder fast gleichzeitig mit seiner Erweckung vor Damaskus erfolgt seine Aussendung in die Völkerwelt. Er verzichtet deshalb keineswegs auf Israel, aber er sieht die Erfüllung von Jes. 2, das Heraufkommen der Völker zum Heiligtum Gottes (natürlich des Gottes Israels) in der bereits für sein Bewußtsein angebrochenen Endzeit.

Im Laufe der Missionstätigkeit des Paulus wird die Hinwendung zu den Nichtjuden immer entschiedener. Anfeindung erfährt Paulus ja vorwiegend von Juden, was nur allzu verständlich ist. Für die Griechen ist, nach einem berühmten Worte des Paulus, seine Lehre höchstens eine Torheit oder Narrheit, aber für die Juden ein Skandalon, ein Ärgernis, eine Verführung oder Falle. Sie allein mußten sich durch die Predigt des Paulus angegriffen fühlen, wobei es um die Herrschaft der Thora ging, also um Stern und Kern des Judentums.

Jesus konnte von sich noch sagen, daß er nicht gekommen sei, das Gesetz aufzuheben, sondern es zu erfüllen, eigentlich aufzurichten, daß eher Himmel und Erde vergehen würden als ein Tüttelchen im Gesetz (Matth. 5,18), allerdings »bis das alles geschehe«.

Nun war alles geschehen, Passion und Auferstehung waren vollzogen, so daß die Predigt des Paulus dort fortfahren mußte, wo die Verkündigung Jesu aufhörte. Dadurch erhält das Pathos des Paulus einen ganz anderen Klang, dadurch wird seine Dialektik gegenüber dem Gesetz hochgespielt; eine Dialektik, die Jesus von Nazareth (soweit wir uns hier auf die Synoptiker stützen können) nicht kannte.

Bei Paulus findet sich auch, aus seiner Diaspora-Situation heraus, eine Ambivalenz des Gefühls gegenüber dem eigenen jüdischen Volke, die mir für den Galuth-Juden, insbesondere für den, der bei den Nichtjuden mehr Verständnis findet als bei seinem eigenen Volke, überaus typisch scheint. Als Beispiel des jüdischen Selbsthasses bei Paulus sei hier auf die Stelle im 1. Thessalonicher-Brief hingewiesen: »Die (Juden) haben den Herrn Jesus getötet, und die Propheten und haben uns verfolgt und gefallen Gott nicht und sind allen Menschen feind. Und auf daß sie das Maß ihrer Sünden erfüllen allewege, wehren sie uns, zu predigen den Heiden zu ihrem Heil. Aber der Zorn ist schon über sie gekommen zum Ende hin.« (2,15-16)

Ein solches Wort, noch dazu geschrieben oder diktiert, nicht im Augenblicke eines Streitgespräches hingeworfen, ist bei Jesus nicht denkbar. Es atmet auch nichts vom Geiste Jesu, von der Feindesliebe, von der Vergebung für die Irrenden, vom Hinhalten der anderen Wange. Es ist aus einem verständlichen Affekt heraus geschrieben. Wenn man sich vergegenwärtigt, was Paulus im 11. Kapitel des 2. Korinther-Briefes an Nöten und Verfolgungen aufzählt, wird einem der Zorn im Thessalonicher-Brief klar. Paulus schreibt: »Von den Juden habe ich fünfmal die Strafe der 39 Schläge erhalten; ich wurde dreimal gegeißelt, einmal gesteinigt, erlitt dreimal Schiffbruch und trieb einen vollen Tag lang auf dem offenen Meer.« (11,24f.)

Immer sind es jüdische Kreise, die Paulus Schwierigkeiten bereiten, ihn bei den Behörden denunzieren, denn nur sie sehen in diesem Manne eine wirkliche Gefahr.

Aber man kann die zornigen Worte des Paulus gegen sein eigenes Volk, diese Dokumentation seines jüdischen Selbsthasses, nicht isoliert sehen. Man muß dagegen die großartige Liebeserklärung des Paulus an Israel im Römerbrief lesen, in den Kapiteln 9 bis 11. Wenn er hier schreibt: »So sage ich nun: Hat denn Gott sein Volk verstoßen? Das sei ferne!« (Röm. 11,1), spricht hier Paulus gegen Paulus. Sein erschreckter Ausruf: »Das sei ferne!« lautet griechisch: »Me genoito«, aber es klingt das hebräische »chalila!« hindurch, jener Schreckensruf, den man ausstößt, wenn etwas gesagt wird, was nicht gedacht werden soll. (Das ist ein typisch jüdisches Verhältnis zur Sprache: Man will sofort wieder bannen, was gesagt werden mußte.)

Das unbestreitbare Recht der Juden auf die Kindschaft Gottes wird nun von Paulus betont, demselben Paulus, der sagen kann, daß sie Gott mißfallen. – Israel ist der edle Ölbaum, in den die Heiden nur als ein wildes Reis eingepflanzt sind. (Über dieses Ölbaum-Gleichnis wurde viel nachgedacht, denn die Experten haben bewiesen, daß dieser Okulierungsprozeß botanisch gar nicht möglich ist. Sie haben dabei vergessen, daß hier ein jüdischer Intellektueller schreibt, ein Stadtmensch, der wahrscheinlich nie im Ölbaumgarten gearbeitet hat. Der Ölbaum des Paulus ist sozusagen ein literarisches Gewächs. Der Feigenbaum Jesu, den er verflucht haben soll, wird heute noch auf der Straße, die am Ölberg entlang führt, gezeigt ...)

In seiner Liebe zu Israel geht Paulus im Römerbrief so weit, daß er auf sein eigenes Heil in Christo verzichten möchte, um seine Blutsverwandten, das jüdische Volk, zu Erben des Heils, das jetzt angeboten wird, zu machen (Röm. 9,3). Nichts kann dem Paulus schwerer gefallen sein, als diesen Verzicht auszusprechen, der neben seinen Hochgesang der Liebe zu stellen ist, ja, ihn illustriert. Hier zeigt Paulus gegenüber seinem jüdischen Volk diese Liebe, die langmütig ist und sich nicht erbittern läßt, die alles erträgt und alles duldet und immer weiter hofft.

Man muß also den jüdischen Selbsthaß und die Liebe zu Israel in den Äußerungen des Paulus zusammen sehen, um sich ein Bild zu machen von der Zerreißprobe, der dieser Mann ausgesetzt war.

Ich sehe bei Jesus von Nazareth nicht eine derartige Spannung, wenn es natürlich auch hier und dort Zornesworte Jesu gibt, die aber eher mit den Scheltreden der Propheten zu vergleichen sind. (Worte wie »Ihr habet den Teufel zum Vater« [Joh. 8,44] streiche ich hier, da das Johannes-Evangelium in seinem antijüdischen Affekt nicht für die Worte Jesu herangezogen werden kann und von der neutestamentlichen Wissenschaft heute auch nicht mehr herangezogen wird.)

Das Israel-Verhältnis des Paulus ist für den Galuth-Juden typisch. Seine jüdische Existenz wird ihm immer wieder zum Problem. Jesus von Nazareth ist seine jüdische Existenz nie zum Problem geworden. Er war Jude, Ur-Jude, nur Jude. Paulus hingegen ringt immer wieder um den Sinn seiner jüdischen Existenz, in Auseinandersetzung mit dem Hellenismus.

Er ist nicht einfach ein hellenistisch assimilierter Jude, sondern er benutzt Elemente des Hellenismus zur Darstellung des Judentums, *seines* Judentums, aber dieses Judentum ist wiederum so hellenistisch durchsetzt, daß es Gedankengänge und Gedankenreihen enthält, die die Jünger Jesu, die Männer aus Kfar Nachum (Kapernaum) und Jerusalem nicht verstehen konnten.

Hierher gehört das Messias-Verständnis des Paulus, seine Christologie. An ihr wird der Gegensatz zu Jesus besonders deutlich, wenngleich wir über das messianische Selbstverständnis Jesu kaum eindeutige Aussagen machen können. Mit Recht hat man bei Jesus von einem *Messias-Geheimnis* gesprochen. Er ließ diese letzte Frage nach Wesen und Sendung der eigenen Person offen. Trotzdem läßt sich etwas über das Messias-Verständnis seiner Umwelt sagen, und es ist uns nicht bekannt, daß Jesus hier grundlegend anderer Ansicht gewesen wäre.

Vor allem muß man sich dabei vergegenwärtigen, daß sich Jesus der Taufe des Johannes unterzog, ja mit dieser Taufe durch Johannes setzt die Wiedergeburt und Sendung Jesu ein, wie ich in meinem Buche ›Bruder Jesus‹ (1967) darzulegen versucht habe.

Johannes aber verkündigte den Kommenden. Er wird daher als der Elija gesehen, der Vorbote des erwarteten Messias. Dieser wiederum wird als ein Sohn Davids erhofft. Das Neue Testament versucht nun auch in Stammbäumen Jesus als den Sohn Davids zu legitimieren. Die begeisterte Menge jubelt Jesus bei seinem Einzug in Jerusalem als Sohn Davids zu, und schon zu Beginn seiner öffentlichen Wirksamkeit, bei Austreibung der

Dämonen, erkennen ihn die Besessenen als den Sohn Davids. Maschiach ben David, das ist das Messias-Geheimnis Jesu, das er mit dem Decknamen Menschensohn verhüllt. (Über die Bedeutung des Begriffes Menschensohn siehe mein Buch ›Bruder Jesus‹, S. 132ff.) Erst eine eben durch Paulus angeregte kerygmatische Vertiefung des Begriffes Menschensohn hat hier einen Wandel geschaffen. Die Brücke zwischen Jesus und Paulus bildet das Buch Daniel (7,13ff.), wo von einem *himmlischen* Menschensohn die Rede ist, der unmittelbar neben Gott in der Weltregierung gesehen wird. *Dieser* Menschensohn, im Buche Daniel Bar-Enosch genannt, erhält von Gott Macht, Ehre und Reich, ihm dienen alle Völker. Seine Macht ist ewig, vergeht nicht, und sein Reich hat kein Ende.

Das Buch Daniel ist vermutlich in der hellenistischen Diaspora entstanden, zumindest ist es von ihrem Geiste stark beeinflußt. Mit dem Schwinden des hellenistischen Judentums verschwindet zwar das Buch Daniel nicht mehr aus der Bibel, aber es wird nicht in die synagogalen Lesungen aufgenommen, und seine apokalyptischen Vorstellungen bleiben dem Gesetzesjudentum der Halacha wesensfremd.

Für Paulus aber ist hier der Schlüssel zum Messias-Verständnis gegeben, ebenso wie für das Johannes-Evangelium, in dessen Prolog der himmlische Logos mit dem Messias und dem irdischen Jesus von Nazareth in eins gesehen wird. Spätere jüdische Messias-Erwartungen werden nicht von dieser Vorstellung eines prä-existenten Logos-Christus geprägt, sondern der späte Nachkomme Davids wird wieder erwartet, das Reis aus der Wurzel Jischais.

Leo Baeck hat in seinem klassischen Essay ›Der Glaube des Paulus‹ hier von einem vertikalen und horizontalen Messianismus gesprochen. Der Messianismus, der den Sohn Davids in der kommenden Welt erwartet, in der auf uns zukommenden messianischen Zeit, erscheint ihm als eine gleichsam horizontale Vorstellung. Der prä-existente Logos-Christus aber, der vom Himmel herab auf die Erde gesandt wird und dann in Auferstehung und Himmelfahrt wieder dorthin zurückkehrt, um zur Rechten des Vaters zu sitzen, erscheint ihm als eine vertikale messianische Vorstellung.

Natürlich ist diese Vorstellung nur denkbar innerhalb jenes Weltbildes, das Bultmann als dreistöckig bezeichnet hat: Himmel, Erde, Unterwelt (Hades oder Scheol). Die vertikale Messias-Konzeption durchläuft diese drei Stockwerke.

Für den prä-existenten Christus ist das Erdenleben des Jesus von Nazareth nur von zweitrangiger Bedeutung. Daraus erklärt sich die Abstinenz des Paulus gegenüber dem Leben Jesu, seiner Biographie.

Paulus wollte sich selbst völlig auslöschen. Er bezeichnete sich als ein Nichts und sah sich nur noch als das Gefäß, das den Christus aufzunehmen hat. Christus in ihm hatte, so meinte Paulus, ja so glaubte er, den alten Adam, den alten Schaul aus Tarsus und den Paulus ausgelöscht. Die Tragik des Paulus liegt aber darin, daß dieser vertikale Christus auch Jesus von Nazareth ausgelöscht hat, so daß eigentlich nur noch eine theologische Abstraktion übrigblieb, die etwas Gespenstisches an sich hat: *der Schatten einer Vision.*

Für den Visionär Paulus brach durch diesen Schatten immer wieder das Licht von Damaskus durch, so in einer zweiten Jesus-Vision im Tempel zu Jerusalem (Apg. 22,17), die freilich an Kraft nicht mit dem Damaskus-Erlebnis zu vergleichen ist.

Für die Hörer von Pauli Missionspredigt aber mußte der verkündigte Christus unwirklich bleiben. So wird verständlich, daß Griechen, hellenisierte Syrer, Nabatäer, Zyprioten, auch Mazedonier diese Christus-Vision des Paulus akzeptieren konnten. Sie waren durch die Mysterienkulte auf die Ankunft von Göttern jederzeit gefaßt; ja Paulus sah sich der lächerlichen Situation ausgesetzt, selbst für Hermes gehalten zu werden, den Götterboten, während sein Begleiter, der Levite Barnabas, mit dem Göttervater Zeus verwechselt wurde (Apg. 14,12). Auch Petrus war peinlich berührt, als ihn der Römer Cornelius anbetete.

Für die hellenistischen Menschen dieser Zeit waren sporadisch in Menschengestalt auftretende Götter zwar nichts Alltägliches, aber eine latente Möglichkeit.

Für Juden waren sie das nicht. Juden mußten tief in den Geist Hellas eingedrungen sein, um diese Denk- und Glaubensmöglichkeiten des Griechentums zu judaisieren. Wie hellenistisch assimilierte Denker des Judentums, z. B. Philo von Alexandria, den Logos-Begriff in das Judentum einführten, wie die Sophia, die Weisheit, in ihrer Personifikation vom Judentum der Diaspora übernommen wurde, so gelingt es Paulus, eine Christus-Konzeption in seiner jüdischen Theologie darzulegen, die den meisten Juden unverständlich war und unverständlich geblieben ist.

Der Midrasch, die hebräische Legende, erzählt, daß Mose im

himmlischen Lehrhaus des Rabbi Akiba die Thora studiert. Mose, der die Thora am Sinai von Gott empfangen hat, der Träger der Offenbarung und ihr Vermittler, lernt von dem späten Rabbi Akiba die in der Thora des Moses beschlossenen Geheimnisse.

Welch ein Bild, in dem sich Selbstironie und legitimes Sendungsbewußtsein begegnen.

Man könnte, in diesem Sinne, sich Jesus von Nazareth vorstellen, wie er der Predigt des Paulus lauscht, um das Messias-Geheimnis des prä-existenten Christus zu erfahren.

4
Das Leiden am Gesetz
(Nomos – Thora – Halacha – Mizwoth)

In seiner ›Kirchlichen Dogmatik‹ bemerkt Karl Barth einmal, daß der protestantische Theologe eigentlich zuerst katholisch sein müßte, um den protestantischen Protest voll erfassen zu können.

Dasselbe könnte man in bezug auf den christlichen Theologen im allgemeinen sagen: Er müßte erst Jude gewesen sein, um den paulinischen Protest gegen das Gesetz, sein Ringen um das Gesetz und sein Leiden am Gesetz voll erfassen zu können.

Die Auseinandersetzung mit dem Gesetz bildet einen Kernpunkt in der Theologie des Paulus. Man kann dabei Theologie und Leben nicht voneinander trennen. Das Leben des Paulus wird von theologischen Impulsen bestimmt. Seine Religiosität und seine Theologie sind nicht voneinander zu scheiden, denn seine Theologie verläßt die Schul-Theologie, die er im Lehrhause des Rabban Gamaliel in sich aufgenommen hatte, und wird mehr und mehr Existenz-Theologie des Apostels.

Dabei bedient er sich freilich der Formen und Methoden, die er einerseits in diesem Jerusalemer Lehrhaus des Gamaliel sich zu eigen gemacht hatte, und gewisser Begriffe der Stoa, die er im hellenistischen Judentum seiner Heimatgemeinde Tarsus wohl bereits vorher in sich aufnahm.

Ein Angelpunkt dieser Theologie des Paulus ist das Gesetz und alles, was daraus positiv und negativ folgt.

Was versteht Paulus unter Gesetz? Er bedient sich des Ausdrucks Nomos, den er wiederum der griechischen Bibel-Übersetzung, der Septuaginta, entnommen hatte, die für Paulus die Textgrundlage seiner Zitate und Variationen der hebräischen Bibel bildet. Das kann gar nicht anders sein, denn dem hellenistischen Hörer- und Leserkreis des Apostels war ja nicht der masoretische Text der hebräischen Bibel selbst zugänglich, sondern eben jene alexandrinische Übersetzung, die auch für Philo und das hellenistische Diaspora-Judentum maßgebend war. Wir können uns sogar denken, daß für den jungen Saul aus Tarsus manche Partien der Bibel, vor allem diejenigen, die nicht zur synagogalen Lesung am Sabbath, am Montag und Donnerstag und an den Festen bestimmt waren, ihm in der griechischen

Version kindvertrauter blieben als im hebräischen Original; eine Erscheinung, die wir bei assimilierten und halbassimilierten Diaspora-Juden auch heute noch feststellen können. Manchem Juden in der Diaspora ist ein biblischer Text in deutscher oder englischer Sprache geläufiger als im hebräischen Original. (Auch Luther, der sich von der Vulgata, der lateinischen Bibel, als Reformator entfernt hatte, zu den Quellen der hebräischen und griechischen Texte herabgestiegen war und seine eigene kernige deutsche Übersetzung bereits verfaßt hatte, zitierte auswendig – als ehemaliger Mönch – natürlich die Bibel in lateinischer Sprache.)

Die Septuaginta hat für Gesetz durchgehend das Wort »Nomos«, aber im Hebräischen steht hier zunächst im allgemeinen das Wort »Thora«, das ja viel mehr als Gesetz meint, nämlich den ganzen Komplex der göttlichen Offenbarung an Israel.

Im engeren Sinne versteht man unter Thora die Fünf Bücher Mose, den Pentateuch. Dieses Schriftwerk, das den ersten Teil des sogenannten Alten Testaments bildet, bietet ja weit mehr als nur Gesetz. Das erste Buch, Bereschith oder Genesis, gibt die Schöpfungsgeschichte und die Geschichte der Patriarchen bis zum Tode Josephs. Das zweite Buch, Schemoth oder Exodus, behandelt die Berufung des Moses und den Auszug aus Ägypten, die Offenbarung am Sinai und den Bau der Stiftshütte, Ohel Moed, des transportablen Wüstenheiligtums. Das dritte Buch, Wajikra oder Leviticus, enthält vor allem den Priesterkodex, das vierte Buch, Bemidbar oder Numeri, ist der Wüstenwanderung gewidmet, wiederum mit Gesetzestexten durchsetzt, und das weit spätere fünfte Buch, Devarim oder Deuteronomium, bildet eine Zusammenfassung der Bücher II, III und IV mit poetischen Erweiterungen der Reden des Moses.

Man kann dies unmöglich einfach als »Gesetz« bezeichnen, obwohl das Gesetz einen integralen Bestandteil der Offenbarung Gottes an sein Bundesvolk Israel bildet. Es würde aber eine unnatürliche Reduktion des Begriffes Thora darstellen, wenn hier nur von Gesetz die Rede wäre. Der Sprachgebrauch des Paulus hat bei seinen heidnischen Hörern und in der christlichen Theologie bis heute dieses Mißverständnis ausgelöst.

Zur Zeit des Paulus war aber das Wort Nomos im hellenistischen Judentum bereits in einem weiteren Sinne gebräuchlich, nämlich für die ganze hebräische, beziehungsweise griechische Bibel, das spätere Alte Testament.

Im palästinensischen Judentum, also im Lehrhause des Rabban Gamaliel, in welchem der junge Saul aus Tarsus studierte, hatte nun wiederum der Begriff Thora eine Erweiterung erfahren. Auch hier kann unter Thora die ganze hebräische Bibel verstanden werden, aber noch mehr als das. Im Kreise der Pharisäer, zu denen sich Paulus ausdrücklich zählt als ein Jünger der Pharisäer, bildete sich ein Doppelbegriff heraus: die schriftliche und die mündliche Thora. Unter der schriftlichen Thora verstand man die hebräische Bibel, allerdings vorwiegend die Fünf Bücher Mose; unter der mündlichen Thora jene Tradition, die sich in den Lehrhäusern herausbildete und der weitgehenden Kommentierung des schriftlichen Bibelwortes diente. (Später wurde natürlich auch diese mündliche Thora schriftlich fixiert, um der Vergessenheit entrissen zu werden, und liegt uns heute in der Mischna vor, die ihrerseits wiederum durch die Gemara ergänzt wurde, wobei diese beiden Teile zusammen den Talmud bilden, den kleineren jerusalemischen und den weit größeren babylonischen.)

Wenngleich der Begriff Thora die hier beschriebene Erweiterung in der Diaspora und im Kreise der Schulen von Jerusalem durchmachte, so ist doch wiederum einwandfrei festzustellen, daß für die Pharisäer im Lande Israel das Gesetz im engeren Sinne, Chukim und Mischpatim, Gesetze und Rechte, das Kernstück der Thora ausmachten. Der Akzent wurde auf das Gesetz in diesem Sinne gelegt, und das ist bis heute so in der jüdischen Orthodoxie geblieben.

Chukim sind diejenigen Gesetze, deren rationaler Grund nicht erkennbar ist. Sie wurzeln, nach pharisäischem Schriftverständnis, nur in der schlechthinnigen Souveränität des Wortes Gottes. Hierher gehören fast alle Kultvorschriften für den Tempeldienst sowie die Reinheitsgebote, Speisegesetze (die nicht hygienisch begründet wurden) und das Sakrament der Beschneidung (das bestimmt nicht unter sanitären Gesichtspunkten gesehen wurde).

Unter Mischpatim hingegen werden die Vorschriften, Rechtssatzungen verstanden, die sich vorwiegend auf den innermenschlichen Bereich erstrecken und in ihrer rationalen Begründung ohne weiteres einleuchten. Es ist offenbar, daß *ethische* Gesetze nicht nur aus der Souveränität des Wortes Gottes abgeleitet werden müssen, sondern im menschlichen Gewissen ihre Stütze finden. Der Begriff Gewissen, der in der hebräischen Bibel nicht vorkommt, spielt bei Paulus daher eine Rolle, und er erkennt, daß die Heiden von sich aus ohne geoffenbartes Gesetz die ethischen Gesetze erkennen und prinzipiell beobachten.

In der Einstellung gegenüber dem Gesetz, soweit es aus der schriftlichen Thora erhellt, bestand zwischen den Pharisäern und ihren Gegnern, den Sadduzäern, kein prinzipieller Gegensatz, wohl aber in der Interpretation der Gesetze und Rechtsvorschriften. Die Sadduzäer hielten sich streng und ausschließlich an die schriftliche Thora im engeren Sinne, während die Pharisäer als zweite Quelle der Offenbarung die Tradition anerkannten, die sich in ihrem eigenen Kreise bildete. Daher konnten sie das Gesetz flexibler interpretieren. Paulus folgt hierin ganz der pharisäischen Methode, lockert sie allerdings weiter durch allegorische Schriftdeutungen im Sinne des hellenistischen Judentums (Philo von Alexandria) auf.

Wie sehr Paulus auf Seiten der Pharisäer steht, geht u. a. auch daraus hervor, daß für ihn die Lehre von der Auferstehung der Toten die selbstverständliche Voraussetzung für die Erkenntnis bildet, daß der ihm erschienene Christus als Erstling der Auferstehung anzusprechen sei.

Für Pharisäer ist das diskutabel; für Sadduzäer nicht, da sie die Auferstehung der Toten leugneten; vor allem deshalb, weil sich für diese relativ späte Lehre des Judentums in der Thora, im Sinne der Fünf Bücher Mose, keine unmittelbare Stütze finden läßt.

Die Zusammenfassung der Gesetze und Rechtsvorschriften in ihrer pharisäischen Interpretation erhielt einen neuen Sammelnamen: *Halacha.* Der Wortstamm ist haloch = gehen. Es handelt sich also um eine Geh-Vorschrift. Wir kommen dem Begriff Halacha durch den modernen amerikanischen Begriff »Way of Life« am nächsten.

Nun muß man bedenken, daß in der Polemik des Paulus gegen die Gesetzesgerechtigkeit der Pharisäer sehr oft der Begriff Halacha hinter dem griechischen Sammelbegriff Nomos steht.

Das einzelne Gebot aber innerhalb des Systems der Halacha wurde und wird mit dem Begriff *Mizwa* = Gebot bezeichnet, wobei man wiederum einen besonderen Komplex von Mizwoth herausgreifen kann und muß, nämlich den Begriff der *Mizwoth ma'assioth,* der Tat-Gebote, worunter man aber praktisch das Ritualgesetz versteht. Die Ritualien, beginnend mit der Beschneidung, übergehend zu den Speisegesetzen, Reinheitsvorschriften, den Geboten zur Heiligung des Sabbaths und der

Feste, bilden nun auch bei Paulus eine Gruppe für sich, gegen die seine Polemik sich besonders wendet. Es sind also sehr oft die Mizwoth ma'assioth, die in Wirklichkeit von Paulus gemeint werden, wenn er wiederum das blasse Wort Nomos gebraucht.

Wir können nun also feststellen, daß im Sprachgebrauch des Paulus das Wort *Nomos* = Gesetz sehr verschiedene Bedeutungen haben kann. Es kann *Thora* im weiteren oder engeren Sinne bedeuten, es kann für *Halacha* stehen, das pharisäische System der Gesetzes-Interpretation, und es kann für *Mizwoth ma'assioth* stehen, für das Ritualgesetz.

Man muß also jeweils im Kontext hinter den Begriff Nomos-Gesetz zurückgehen, um je und je zu eruieren, was Paulus sagen wollte.

Das haben seine heidnischen Hörer und die griechischen Leser seiner Briefe zu seinen Lebzeiten nicht getan, und noch weniger die christlichen Theologen, die sich so stark auf Paulus berufen und seine Theologie zur Grundlage des Christentums machten: Augustinus, Luther und Calvin. Es ist sehr fraglich, wieweit diesen Lehrern der Kirche diese Zusammenhänge überhaupt bekannt waren. Die Unkenntnis des Judentums, aus dem Paulus nicht nur kam, sondern in dem er trotz aller Eigenheiten theologisch verbleiben wollte, hat ihnen die Sicht auf den Hintergrund des paulinischen Gesetzesverständnisses verbaut.

Das Gesetzesverständnis des Paulus ist aber nur aus seinem *Leiden am Gesetz* zu begreifen. 613 Gebote und Verbote haben die Weisen Israels zusammengestellt. Sie haben die Welt in Gesetz und Brauch aufgegliedert. Das ist ihre Stärke und ihre Schwäche. Nichts im Leben des Juden und des jüdischen Volkes steht außerhalb des Gesetzes. Jede nur denkbar mögliche Situation wird vom Gesetz erfaßt und geregelt. Daher heißt es in den Vätersprüchen, daß kein Unwissender wirklich fromm sein kann, denn nur der Mensch, der das Gesetz Tag und Nacht studiert, ist jeder Situation gewachsen. Er weiß (theoretisch) immer, was er zu tun hat. Weiß er es nicht, so soll er seinen Rabbi fragen, der es ihm sagen wird, denn es gibt keine Situation, die nicht im Gesetz vorausgesehen wäre.

Wir müssen uns nun den jungen Saul aus Tarsus als einen aufgeschlossenen Jüngling vorstellen, der aus der Diaspora nach Jerusalem kommt, dem Zentrum der pharisäischen Gelehrsamkeit. Er hat hier in Jerusalem eine Schwester, aber seine eigentliche Familie findet er wohl im Kreise seiner Mitschüler zu Füßen des Rabban Gamaliel, dessen milde Haltung er sich freilich nicht zu eigen macht.

Wir kennen heute in Jerusalem diesen Typus des fanatischen Jeschiva-Schülers aus der Diaspora, wenn er freilich auch nicht mehr aus Tarsus kommt, sondern aus New York oder London. Bei Demonstrationen gegen friedliche Autofahrer am Sabbath finden sich sehr häufig unter den Eiferern für das Gesetz, die Steine auf Fahrzeuge und Chauffeure schleudern, solche Auslands-Talmudstudenten. Sie würden vermutlich in New York oder London nicht in dieser Weise auf die formelle Sabbath-Entweihung reagieren, aber sie wollen sich in Jerusalem als hundertfünfzigprozentige Thora-Juden legitimieren. Genau so müssen wir uns den jungen Saul aus Tarsus vorstellen, der von sich betont, daß er viele in seinem Wandel im Judentum übertroffen habe, daß er für das Gesetz geeifert und sich an der Steinigung des Ketzers (wie ähnlich das doch alles ist, wie aktuell!) gefreut habe.

Nun muß man aber verstehen, was es heißt, die eiserne Zucht des Gesetzes, der Halacha, der Mizwoth, Tag um Tag zu erleben, ohne daraus eine wirkliche Gottesnähe zu erfahren, ohne dadurch das lastende Gefühl der Verfehlung, der Avera, der Sünde loszuwerden.

Kann man dreimal am Tage beten und dies mit wirklicher Andacht? Kann man werktags die Gebetsriemen am linken Arm, an der linken Hand und am Haupt anlegen und dabei wirklich empfinden, daß Gottes Wort unser Tun und Denken regeln soll? Kann man wirklich die strenge Regelung des Sabbath einhalten und dabei dennoch himmlische Freuden empfinden, den Vorgeschmack eines paradiesischen Sabbaths im Reiche Gottes?

Führt die Vielfalt der Gebote und Vorschriften den Menschen nicht in eine Verstrickung? Da auch das Denken und Fühlen von diesen Vorschriften erfaßt wird, muß er sich ehrlicherweise bei Gedankensünden aller Art ertappen und dem Psalmisten zustimmen, wenn er klagt, daß kein Mensch gerecht ist, kein einziger. (Ps. 14,1–3; 53,2–4)

Die Weisen Israels hatten selbst eine dialektische Beziehung zum Gesetz, die aus zwei Begriffen erhellt. Einerseits sprechen sie vom Ol ha-Mizwoth, dem Joch des Gesetzes, das dem Menschen auferlegt wird, auch das Joch des Himmelreiches genannt. Wie immer man es nennt, es bleibt ein Joch, unter das der Mensch gebeugt wird. Andererseits aber sprechen sie von

Simcha schel Mizwa, von der Freude am Gesetz; ja das Gesetz, die Mizwa, ist des Gesetzes Lohn. In Freuden dem Herrn dienen, wie der Psalmist sagt, ist so gesehen der rechte Gottesdienst und die rechte Haltung im Leben. Nach einem Wort aus den Vätersprüchen (Aboth 1,3) lehrte Antigonos aus Socho: »Seid nicht wie Knechte, die dem Herrn dienen in der Absicht, Lohn zu empfangen, sondern seid wie Diener, die dem Herrn dienen ohne die Absicht, Lohn zu empfangen, und es sei die Ehrfurcht vor dem Himmel auf euch.«

Ein solches Wort, das nicht isoliert steht, will wohl bedacht sein, denn aus christlicher Perspektive ergibt sich sehr oft eine pharisäisch-jüdische »Werkgerechtigkeit«, die den Lohn für jede Gesetzeserfüllung entweder in dieser oder in der kommenden Welt erwartet. Aber gerade die edlen Pharisäer, die Pharisäer nach der Weise Abrahams genannt wurden, waren diejenigen, die aus Liebe dienten.

Offenbar hat Paulus das Joch des Gesetzes in seiner ganzen Schwere empfunden, nicht aber die Freude am Gesetz. Man würde aber die Tragik des Paulus nicht verstehen, wenn hier nur von trockener Pflichterfüllung einerseits und freudigem Dienst andererseits die Rede wäre. Paulus spürte die Dämonie des Gesetzes, die darin besteht, daß es uns, gerade wenn wir das Gesetz erfüllen wollen, unser ganzes Ungenügen tagtäglich vor Augen führt. Je tiefer wir in das Gesetz eindringen, desto tiefer, so erkennt Paulus, werden wir in die Sünde verstrickt. Ohne Gesetz keine Sünde. Sünde ist Verstoß gegen das Gesetz. Je minuziöser ich das Gesetz erforsche und erfülle, desto klarer muß es mir werden, daß der göttliche Anspruch eine Überforderung der menschlichen Natur ist.

Von diesen Erkenntnissen des Paulus ist freilich nur noch ein Schritt zu der Lehre Marcions, der den Gott des Gesetzes als dämonischen Demiurgen (Schöpfer) hinstellt. Paulus ist nie so weit gegangen, dazu war er eben doch viel zu sehr Jude. Das Gesetz ist gut! Er schreit diesen Satz geradezu heraus, es ist wie ein Aufheulen seiner gepeinigten Seele. Sollten wir es aufheben? »Chalila!« Das sei ferne. Das gute Gesetz des guten Gottes ist uns zum Leben gegeben, aber das Gesetz in unseren Gliedern widerstreitet dem guten Gesetz Gottes.

Trotz all dieser Verbrämungen bleibt aber die innere Problematik des Gesetzes bestehen. Warum hat Gott den Menschen so überfordert, warum mutet er uns ein Gesetz zu, das nicht auf unser Größenmaß zugeschnitten ist? Was würden wir zu einem irdischen Vater sagen, der von seinem achtjährigen Kinde die Lösung mathematischer Aufgaben verlangte, die für einen Kandidaten der Mathematik angemessen sind? Auf diese Frage gibt es eigentlich, soweit ich sehe, bei Paulus keine Antwort, aber seine Fragestellung wird allmählich aus diesem Leiden am Gesetz, aus der Erkenntnis des Ungenügens gegenüber dem Gesetz, auf eine andere Ebene transferiert.

Er fragt in den entscheidenden Stadien seines Lebens nicht mehr: Wer befreit uns von der Sünde?, sondern: Wer befreit uns vom Gesetz?

Von der Sünde befreit uns die Erlösung, die ja Erlösung von der Sünde für Paulus ist, denn von einer äußeren Erlösung im Sinne einer politischen Befreiung Israels vom römischen Joch kann zu seinen Lebzeiten nicht die Rede sein. Die Erlösung aber wird vom Erlöser gebracht, vom Messias, vom Christus.

Dieser erscheint dem am Gesetz leidenden, um das Gesetz ringenden Paulus, der sein Ungenügen durch Fanatismus kompensieren will, vor Damaskus. Und nun, wie es in der Apostelgeschichte heißt, fällt es dem Paulus wie Schuppen von den Augen. Auf seine Blindheit folgt eine neue Sicht, eine neue Erkenntnis. Diese neue Erkenntnis ist für den Schüler der Pharisäer zunächst paradox: Erlösung durch den Christus ist nicht nur Erlösung von der Sünde, sondern auch Erlösung vom Gesetz.

Indem Christus das Gesetz, das wir nicht erfüllen können, erfüllt hat, weil er Geist vom Geiste Gottes ist und daher in keinem inneren Widerstreit zum Gesetz Gottes steht, hat er uns an seinem Kreuz, als Gehenkter am Holz unter dem Fluch des Gesetzes, vom Gesetz losgekauft.

(Ich verzichte hier durchgehend auf die Anführung aller Stellen in den paulinischen Briefen, in denen sich diese Gedankenkonstruktionen spiegeln, aber natürlich kann die hier gegebene Synopsis nicht von der Lektüre dieser Briefe befreien, aus denen uns Stück um Stück das Wachsen und Werden des paulinischen Gesetzesverständnisses klarwird, das eine Frucht der würgenden Angst des Paulus vor dem Gesetz und seinen Konsequenzen war.)

Ich sagte, daß die Erkenntnis der Erlösung vom Gesetz für den Pharisäer Paulus *zunächst* eine Paradoxie gewesen sein muß, aber bei Überdenken seines Erlebnisses ist ihm klargeworden – und wird uns klar –, daß diese Konzeption keinen Ausbruch aus dem Judentum darstellt. Das wirkt für viele Juden heute noch erstaunlich, und doch ist es so.

Zunächst will der Pharisäer Paulus seine kühnen Erkenntnisse nun doch, in der Weise eines Jerusalemer Gelehrten-Schülers oder eines hellenistischen Diaspora-Juden, exegetisch unterbauen. Für jede Behauptung, so revolutionär sie sich anhören mag, sucht er eine Asmachtha, eine Anlehnung an den Schriftvers. Wenn er die Beschneidung entwertet, von der gelehrt wurde, daß, wer beschnitten ist, nicht zur Hölle fährt, so weist er darauf hin, daß die Verheißung an Abraham, den Vater des Glaubens, erfolgt ist, *bevor* er beschnitten war, so daß also auch die Unbeschnittenen Kinder der Verheißung werden können. (Röm. 4,10ff.)

Wenn Paulus aber nun gar gegen das Heilige Jahr anrennt, die Feiertage aufheben will, so muß er viel weiter ausholen. Noch in moderner Zeit hat der Begründer der Neo-Orthodoxie im Judentum, Samson Raphael Hirsch, erklärt, daß der *Kalender* der Katechismus des Judentums ist. Luach, der hebräische Kalender, gibt den Rhythmus des jüdischen Lebens, Jahr um Jahr. In dem Zyklus der Feste des jüdischen Jahres ist das Reich Gottes schon vorweggenommen, worauf in unserer Zeit Franz Rosenzweig in seinem ›Stern der Erlösung‹ hingewiesen hat. Aber wenn das Reich Gottes schon angebrochen ist, dann haben die Festzeiten ihren Wert verloren, dann wäre es ein Rückfall in die Zeit vor der Erlösung, wenn die Neumonde und Feste wieder beachtet würden (Gal. 4,10–11). Hier dringen wir nun zur Äonen-Theologie des Paulus vor. Es ist das große Verdienst von Hans-Joachim Schoeps in seinem Buch über Paulus, die Äonen-Theologie des Apostels in das Zentrum gerückt zu haben.

Unter dieser Äonen-Theologie ist die Dreiteilung der Welt zu verstehen: zweitausend Jahre Tohuwabohu (Chaos), zweitausend Jahre Thora (Gesetz), zweitausend Jahre des messianischen Reiches. – Das Damaskus-Erlebnis ist für Paulus der Garant dafür, daß die letzten zweitausend Jahre angebrochen sind, das messianische Reich, und damit ist das Ende des Gesetzes gekommen.

Diese Vorstellung war damals an sich verbreitet. Es ging aber um die Frage, ob *jetzt* bereits der Äon der Thora zu Ende sei und das Reich des Messias begonnen habe? Nichts in der äußeren Wirklichkeit sprach dafür. Die Introversion des Reich-Gottes-Begriffes ist nur aus dem Damaskus-Erlebnis des Paulus bei ihm verständlich, aber die Einteilung der Heilsgeschichte in diese drei Kapitel kann als jüdisches Lehrgut bezeichnet werden. Hans Conzelmann bestreitet das. In seinem ›Grundriß der Theologie des Neuen Testaments‹ (1967. S. 247) führt er H.-J. Schoeps (S. 174ff.) an: »Paulus hält sich durchaus im Rahmen des im Judentum Möglichen, da auch dieses das Aufhören des Gesetzes im messianischen Reich voraussetzt. Für Paulus sei dies nur schon angebrochen. Aber Schoeps' Behauptung, *auch das Judentum habe das Ende der Thora erwartet, stimmt nicht.«*

Der evangelische Theologe Conzelmann bestreitet hier apodiktisch dem jüdischen Religionswissenschaftler Schoeps seine Interpretation des Judentums.

In dieser Kontroverse sollte man sich bei Rabbiner Leo Baeck Rat holen, einem Manne, der mit den jüdischen Quellen tief vertraut war. In seinem hier schon erwähnten Essay ›Der Glaube des Paulus‹ (S. 25) bemerkt Baeck:

»Es war kein hellenistisches, sondern ein jüdisches Problem, denn es folgte zwingend aus der Lehre der Epochen. Immer wieder hat dieses Problem im Lauf der Jahrhunderte jüdische Gemüter beschäftigt. Es gab mehrere Systeme, nach denen die Epochen gekennzeichnet wurden, aber der Grundgedanke blieb immer, daß die »Perioden« einander ablösen und daß *die Epoche der Thora zu Ende gehen und ein über die Thora hinausgehendes Zeitalter folgen werde.* Diese Vorstellung herrschte sowohl vor als nach der Zeit des Paulus. Simeon ben Elezar, ein Schüler des Meir (zweite Hälfte des zweiten Jahrhunderts), interpretierte bezeichnenderweise die Worte des Predigers Salomonis 12,1 (»Ehe denn ... die Jahre herzutreten, da du wirst sagen: sie gefallen mir nicht«) in folgender Weise: »die Jahre kommen, in denen du sagen wirst: ich habe keinen Willen, keine Wahl«; und er erklärt, daß sich dies auf die Tage des Messias bezieht, »denn in ihnen wird es weder Verdienst noch Schuld geben«. Die Parallele zum Satz des Paulus: »Alle Dinge stehen mir von Gesetzes wegen frei« (1. Kor. 6,12) ist offensichtlich. Paulus konnte nur so sprechen, weil er überzeugt war, daß die Tage des Messias hereingebrochen waren.

Die grundlegende Frage, die sich dem Paulus stellte, hieß: *»In welcher Periode leben wir, in der der Thora oder in der des Messias?«*

Die Vorstellung der Einteilung der Heilsgeschichte in die drei Epochen Chaos, Gesetz und Messias geht auf die sogenannte Schule des Elija zurück. Nach Baeck ist der Ausdruck »Thana d'be Eliahu« auf dem Gebiete der Haggadah gleichbedeutend mit dem Ausdruck »Halacha l'Mosche mi-Sinai« (eine

Gesetzesentscheidung des Moses vom Sinai) auf halachischem Gebiete. Baeck stützt sich dabei auf W. Bacher, ›Tradition und Tradenten‹ (S. 25 ff. und S. 233 f.). Die Einteilung der Heilsgeschichte in der hier angeführten Weise findet sich im Talmud im Traktat Sanhedrin 97a. Der jerusalemische Talmud bietet in Megilla 70b eine ähnliche Auffassung, um hier nur einige Stellen anzuführen, die noch vermehrt werden können, so daß das apodiktische Nein Conzelmanns unverständlich bleibt.

Wenn mit dem Christus Jesus für Paulus das dritte Kapitel der Heilsgeschichte angebrochen ist, so wird es uns verständlich, daß für ihn rückblickend das Gesetz ein Zuchtmeister auf Christum hin war. (Gal. 3,24–25)

Die Ur-Apostel teilten die Auffassung des Paulus offenbar nicht, obwohl auch sie natürlich in dem auferstandenen Jesus von Nazareth den Messias sahen. Offensichtlich handelte es sich aber um die Epoche zwischen der Auferstehung Jesu und seiner Parusie (Wiederkunft). Paulus rechnete mit einer unmittelbaren Wiederkunft seines Herrn. Damit haben wohl auch die Ur-Apostel gerechnet, aber bis zur Ankunft ihres Herrn sahen sie sich als Juden noch an das Gesetz gebunden. Man sieht etwa aus der lang und breit erzählten Traumgeschichte des Petrus (Apg. 10,11 ff.), welche Schwierigkeiten und Überwindungen die auch nur zeitweilige Aufhebung der Kaschruth (Speisegesetze) verursachte, die notwendig wurde, wenn man Tischgemeinschaft mit Heiden-Christen haben wollte.

In der Praxis kommt man schließlich zu einer Art Kompromiß. Das Gesetz im Sinne der Mizwoth ma'assioth, der Ritualien, wird für die Heiden-Christen völlig aufgegeben. Gemäß der Lehre des Paulus müssen sie nicht der Beschneidung unterzogen werden, um in der Gemeinde Christi Aufnahme zu finden, sondern sie werden Miterben der Verheißung auch ohne dieses schmerzliche Sakrament und bleiben so vom Gesetz, im Sinne der Ritualien, frei.

Derselbe Paulus aber beschneidet noch seinen Schüler Timotheus, der als Sohn einer jüdischen Mutter (wenn auch eines griechischen Vaters) nach pharisäisch-rabbinischer Auffassung auf das Ritualgesetz verpflichtet ist. (Apg. 16,3)

Paulus selbst bestätigt die in Christus gewonnene Freiheit sehr verschiedenartig. In Jerusalem hält er sich an das Ritualgesetz, ist den Juden ein Jude; im Ausland macht er sich auch äußerlich davon frei und wird den Griechen ein Grieche. Daraus entsteht eine Relativierung des Gesetzes und seiner Bedeutung, die natürlich von den Vertretern des Gesetzes-Judentums nicht ungerügt hingenommen werden konnte. Eine scharfe Abweisung der paulinischen Haltung findet sich etwa in dem Worte des Rabbi Eleasar aus Modi'in: »Wer die Heiligtümer entweiht, wer die Festzeiten mißachtet ... wer den Bund Abrahams, unseres Vaters, übertritt oder wer in die Thora einen Sinn hineinlegt, der dem Gesetz (Halacha) widerspricht, der hat, auch wenn er Thora-Kenntnisse und gute Taten besitzt, keinen Anteil an der künftigen Welt.« (Aboth III,15). Wenn der Sprecher dieses Satzes auch eine Generation nach Paulus gelebt hat, so ist hier doch deutlich, bis in die Details hinein, die Ablehnung des Paulinismus zu erkennen.

Ob Paulus selbst im Talmud erwähnt wird, ist fraglich. Sein Name wird jedenfalls nicht genannt, denn sein Kampf gegen die Halacha, gegen das Gesetz, hat ihn indiskutabel gemacht für die Vertreter der Halacha. Vielleicht bezieht sich *ein* Satz im Talmud, oder besser gesagt in der talmudischen Literatur, direkt auf Paulus. Der Vers von dem Manne, »dessen Wege vermessen und fremdartig sind« (Sprüche 21,8) wird erklärt: »Dieser Mann hat sich der Beschneidung und den Geboten (Mizwoth) entfremdet«. (Ruth Rabba, Einl. III)

Das offizielle Judentum der Pharisäer hat also Paulus nicht zur Kenntnis genommen, was mit seiner antinomistischen Haltung zusammenhängen mag, aber es hat auch das hellenistische Judentum kaum zur Kenntnis genommen, es verdrängt und »ermordet«, worauf H. Lietzmann in seinen einschlägigen Arbeiten aufmerksam gemacht hat.

Es wäre aber völlig falsch, aus diesem Schweigen zu folgern, daß Paulus durch seine Gesetzes-Konzeption, die aus seinem Leiden am Gesetz und seinem befreienden Damaskus-Erlebnis zu verstehen ist, völlig aus dem Judentum herausfallen würde. *Durch die Äonen-Theologie verbleibt er auch ohne Gesetz im Judentum.* Noch in der neueren jüdischen Geschichte gibt es ein schlagendes Beispiel für die jüdische Äonen-Theologie, das des Pseudo-Messias Sabbatai Zevi (1626–1676), der mit seinen Anhängern sich von allen Ritualgesetzen freimachte, da sie die Zeit des Messias für angebrochen hielten. Daß sie sich dabei auch von *sittlichen* Gesetzen befreiten und in Zügellosigkeit verfielen, ist eine Erscheinung, vor der zu seiner Zeit Paulus selbst warnen mußte. Die Äonen-Theologie, die im Talmud nur sehr aphoristisch angedeutet ist, hat in der hellenistischen Apokalyptik eine viel breitere Darstellung erfahren. Diese hellenistische Apokalyptik aber ist der primäre Bildungshintergrund des Diaspora-Juden Saulus – Paulus aus Tarsus.

Wenn auch der offizielle Rabbinismus als Erbe des Pharisäertums die Befreiung vom Gesetz im dritten Äon nicht weiter ausbildete, so lebten diese Gedanken doch in der jüdischen Mystik der Kabbala fort. Hier finden sich Geistesverwandte des Paulus, der seinerseits ein Mystiker war, freilich ein *mystischer Denker,* worauf Albert Schweitzer in seinem klassischen Buch über die Mystik des Apostels Paulus hingewiesen hat. – Dieses mystische Denken des Paulus wird verständlich, wenn man sich vergegenwärtigt, daß der Schüler der Gesetzeslehrer, der Talmid Chacham, ein mystisches Erlebnis hatte, das er dann in jahrelanger denkerischer Arbeit zu bewältigen suchte. Diese Synthese von Mystik und Rationalismus ist in der jüdischen Geistesgeschichte nicht ohne Parallele. Man denke nur an Joseph Caro (1488–1575), den Verfasser der großen Gesetzeskompendien ›Beth Joseph und Schulchan Aruch‹, der *zugleich* zu dem Kreise der Mystiker in Safed gehörte und die Offenbarungen eines Geistes (Maggid) aufzeichnete.

Die Wege des Paulus, die aus dem Gesetz herausführten, werden nur verständlich, wenn man sich klarmacht, daß er keinen persönlichen Zugang zum Gesetz fand.

Etwas von dieser Tragik spiegelt sich noch in dem Gleichnis ›Vor dem Gesetz‹ in Franz Kafkas Roman ›Der Prozeß‹. Der jüdische Dichter Franz Kafka hat noch einmal elementar die Situation des Paulus nacherlebt: »Vor dem Gesetz steht ein Türhüter. Zu diesem Türhüter kommt ein Mann vom Lande und bittet um Eintritt in das Gesetz. Aber der Türhüter sagt, daß er ihm jetzt den Eintritt nicht gewähren könne. Der Mann überlegt und fragt dann, ob er also später werde eintreten dürfen. ›Es ist möglich‹, sagt der Türhüter, ›jetzt aber nicht.‹ Da das Tor zum Gesetz offen steht wie immer und der Türhüter beiseite tritt, bückt sich der Mann, um durch das Tor in das Innere zu sehen. Als der Türhüter das merkt, lacht er und sagt: ›Wenn es dich so lockt, versuche es doch, trotz meinem Verbot hineinzugehen. Merke aber: ich bin mächtig. Und ich bin nur der unterste Türhüter. Von Saal zu Saal stehen aber Türhüter, einer mächtiger als der andere. Schon den Anblick des dritten kann nicht einmal ich mehr ertragen.‹«

Die Symbolik Kafkas berührt sich mit der des Paulus, der in den dritten Himmel entrückt wird (2. Kor. 12,2), aber keinen Zugang zum Gesetz finden kann.

Das Gleichnis Kafkas schließt mit dem Worte des Türhüters an den sterbenden Mann vom Lande: »Hier konnte niemand sonst Einlaß erhalten, denn dieser Eingang war nur für dich bestimmt. Ich gehe jetzt und schließe ihn.«

Paulus hat diesen für ihn bestimmten Eingang zum Gesetz nicht gefunden.

Er hat dafür in Christus den Befreier vom Gesetz gefunden. Dieses Erlebnis war für ihn so übermächtig, daß es die Möglichkeit anderer Heilswege für andere Menschen völlig ausschloß. Nur noch dieser eine Weg, nur noch dieser eine Name hatte Gültigkeit.

Max Brod hat in seinem Jugendwerk ›Heidentum, Christentum, Judentum‹ (1921) in Auseinandersetzung mit Paulus diese Ausschließlichkeit der Marschroute der Gnade für den tragischen Irrtum des Paulus und des späteren Christentums gehalten und spricht hier von einer »Verallgemeinerungsgnade«. Die individuellen Zugänge zum Heil blieben für das Judentum eine Grundwahrheit: »Harbe Pethachim la-Makom«, heißt es in einem rabbinischen Wort, das frei übersetzt lautet: Es gibt viele Zugänge zu Gott. Auch das Gesetz, nun im Sinne der Thora, wurde so interpretiert, und es hieß, daß es ein siebzigfaches Antlitz trägt; das heißt, sich jedem Lernenden anders erschließt, gemäß seiner Individualität. Paulus aber kannte nach Damaskus nur noch *einen* Weg und *einen* Namen, *einen* Herrn und *eine* Heilstat – für sich und für alle. Für ihn war das messianische Reich angebrochen, und daher gab es nur noch den Weg des Messias Jesus von Nazareth.

Da aber der Messias bereits erschienen war, nämlich vor Damaskus, so war das Ende des Gesetzes gekommen. Hier schließt sich freilich ein merkwürdiger Kreis. *Weil* Paulus sich durch die Gegenwart Jesu vom Gesetz befreit fühlte, von dem Gesetz, dessen Joch er nicht mehr tragen konnte, fühlte er den Anbruch der Erlösung. Und weil die Erlösung angebrochen war, fühlte er das Ende des Gesetzes.

5
Wanderer zwischen zwei Welten
(Die Brennpunkte der alten Welt: Jerusalem–Athen–Rom)

Das Damaskus-Erlebnis hat nicht nur zu einer Wandlung und Wiedergeburt des Paulus geführt, sondern ihn auch mit einem nach außen gerichteten Sendungsbewußtsein erfüllt. Unmittelbar nach der eigenen Wandlung tritt Paulus seine Missionsreisen an, die ihn nach einem Bericht des ersten Clemens-Briefes, eines außer-kanonischen Dokuments vom Ende des 1. Jahrhunderts, »bis zum äußersten Westen« der damals bekannten Welt geführt haben.

Wenn Paulus bemerkt, daß er nach seinem Damaskus-Erlebnis es vorgezogen habe, nicht nach Jerusalem zu gehen, sondern zunächst nach Arabien (Gal. 1,17), so scheint es mir doch fraglich, ob man diese Notiz im Sinne Baecks interpretieren kann. Baeck sah darin den Gang in die Wüste: »Sein (Pauli) erster Schritt führte nicht zu den Menschen, sondern in die Wüste, den Ort der einsamen Entscheidung, an den sich Männer des jüdischen Volkes oft zurückgezogen haben, um über den Weg nachzudenken, der vor ihnen lag« (Baeck, a.a.O., S. 10). Die Textstelle, auf die sich diese Erklärung stützt, reicht kaum aus. Baeck nimmt an, daß das Wort Arabia nicht der geographische Name des Landes Arabien, sondern eine Bezeichnung für die Wüste oder Steppe sei, die »Arava«. Dieser hebräische Terminus ist unübersetzt in die griechische Sprache der Septuaginta übergegangen. Im Galater-Brief (4,25) wird im Hagar-Gleichnis Arabien wiederum gebraucht, wobei allerdings auch der Wüstenbegriff mit anklingt.

Wie dem auch sei, wir wissen nichts über einen Aufenthalt des Paulus in der Wüste. Er hätte hier ja den Vergleich mit Mose und Jesus heranziehen können oder sich auf das Vorbild des Johannes berufen, der öfters in seinen Briefen erwähnt wird.

Es ist nicht entscheidend, ob sich Paulus nur in Damaskus oder eventuell auch in seinem Geburtsort Tarsus für seine große Missionstätigkeit vorbereitet hat, bedeutsam scheint mir, daß diesem Sendungsbewußtsein des Paulus ein ökumenischer Impuls innewohnte.

Die Ökumene, die bewohnte Welt, hatte drei Brennpunkte: Jerusalem, Athen und Rom. Es ist kein Zufall, daß Paulus diese drei Zentren besucht hat, um in ihnen, jeweils dem genius loci entsprechend, seine Botschaft zu verkünden.

Die drei Missionsreisen des Paulus werden in der Apostelgeschichte des Lukas beschrieben, und diese erfährt ihre wertvolle Ergänzung durch die Primärberichte, die hier und dort in den paulinischen und deutero-paulinischen Briefen anzutreffen sind.

Es kann nicht Aufgabe dieser Darstellung sein, den Reisebericht der Apostelgeschichte, der sich spannend liest, wobei Berichte in dritter Person und Wir-Berichte abwechseln, zu wiederholen. Das ist bis zur Ermüdung oft geschehen, und dadurch wird eigentlich nichts gewonnen. Paulus war kein Forschungsreisender, Lukas war kein Reiseschriftsteller. Das Interesse für die Umwelt war gering. Eher könnte man hier von einem Amoklauf des Heils sprechen. Getrieben von der Botschaft, die Paulus mit dem Damaskus-Erlebnis in sich aufnahm, beginnt er seinen Wettlauf mit der Zeit. Er steht unter einem eschatologischen Druck. Wird die Zeit noch ausreichen, die Ökumene mit dem Wort zu erfüllen, das ihr allein not tut? Werden die schwachen Kräfte des Paulus und seiner Mitarbeiter Barnabas, Timotheus, Titus, um nur einige zu nennen, ausreichen, um diese Aufgabe zu bewältigen?

Alles fehlt, was heute zur Ausbreitung einer Ideologie verwendet wird: die Massenmedien Presse, Rundfunk, Fernsehen z.B. Hier zeigt sich nun die Gewalt der Machtlosen, die Mächtigkeit des Geistes; Paulus würde sagen: des Heiligen Geistes.

Natürlich ist Paulus nicht der einzige, der das Evangelium verkündet. Viele Orte, die er besucht, haben schon kleine Ortsgruppen der neuen Bewegung, Brüdergemeinden oder nur lose Freundeskreise. Auch von Jerusalem aus geht unter Führung des Petrus die Mission mehr oder weniger planmäßig Schritt um Schritt vorwärts, aber der Elan und das Tempo des Paulus lassen alles hinter sich. Er ist der Imperialist im Reiche Gottes.

Die Bezeichnung »Apostelgeschichte« ist freilich etwas irreführend, denn in ihr wird gar nicht die Geschichte aller Apostel erzählt, sondern vorwiegend die Geschichte der beiden großen Gegenspieler in der Nachfolge Jesu: Petrus und Paulus.

Die Vermutung liegt aber nahe, daß diese Auswahl des Lukas nichts Zufälliges ist, sondern daß in Petrus und Paulus sich die Botschaft Jesu in der Nachfolge-Generation am stärksten manifestiert hat. Vielleicht stehen diese beiden Namen allerdings auch für die beiden großen Richtungen, die sich im Zuge der Ausbreitung des jungen Christentums ergaben.

Es gab Autoren, wie Claude Tresmontant, die sorgfältige Berechnungen über die drei Missionsreisen des Paulus angestellt haben und dabei zu dem imponierenden Ergebnis kamen, daß der Apostel auf seiner ersten Missionsreise 1000 Kilometer zurückgelegt habe, auf der zweiten 1400 Kilometer und auf der dritten 1700 Kilometer, was zusammen 4100 Kilometer ergibt, wobei die Reise nach Rom wohl nicht ganz mitberechnet ist und weitere Fahrten des Paulus ebenfalls wegfallen.

Aber was ist mit solchen Pedanterien erzielt? Ich bin sicher, daß Paulus keinen Kilometerzähler mit sich führte und dieser Berechnung verständnislos begegnet wäre.

Er bereiste Syrien, Arabien, Palästina, Zypern, Griechenland, Mazedonien und schließlich Italien. Von Antiochien geht es nach Zypern, zunächst gemeinsam mit Barnabas (Apg. 13,4). Obwohl sich Paulus zu den Griechen (der Begriff steht hier als Synonym für Nichtjuden insgesamt) gesandt weiß, beginnt er seine Predigt doch immer und immer wieder in den Synagogen. Das entspricht genau seiner theologischen Konzeption als Jude, der er war und geblieben ist, das Evangelium »zunächst den Juden, aber auch den Griechen« (Röm. 1,16) zu verkündigen. Die Juden bleiben für ihn, trotz aller Gegnerschaft, die er von jüdischer Seite erleben muß, die ersten Adressaten seiner Botschaft.

Wir sehen diesen Schaliach, diesen Abgesandten Jerusalems, als den er sich empfindet, deutlich vor uns, wie er am Schabbath wie eh und je in die Synagoge geht. Natürlich geht er in die Synagoge, denn dort trifft er nicht nur die Juden des betreffenden Ortes, sondern auch jene Rand-Proselyten, die das gegebene Menschenmaterial für sein umformendes Werk sind.

Wir können noch genau feststellen, wie die Verkündigung des Paulus in den Synagogen vor sich gegangen ist. Die Apostelgeschichte bietet (13,15) ein gutes Beispiel dafür. Hier wird der synagogale Gottesdienst so geschildert, wie er noch heute ist. Nach der Verlesung des Wochenabschnittes, der Parascha, aus der Thora, wird eine korrespondierende Propheten-Perikope verlesen, die Haphtara. Nach dieser Schriftlesung findet die Drascha, die Predigt statt. Zu einer Auslegung der Parascha, aus der die große Literaturgattung des Midrasch entstanden ist, wird oft ein durchreisender Rabbi oder sonst ein gelehrter Gast aufgefordert. Das ist auch heute noch so. Zu solchen Gastpredigten wird der gelehrte Reisende, der sich als ein Schüler des Gamaliel ausweisen kann, gerne eingeladen. Er beginnt seine Schrifterklärung im traditionellen Sinne, vor allem dem des hellenistischen Judentums, und geht dann zu seiner Verkündigung Jesu über, was regelmäßig als Skandalon empfunden wird.

Natürlich sind die Predigt-Beispiele in der Apostelgeschichte nicht als wörtliches Stenogramm der Reden des Paulus aufzufassen. (Kenner weisen darauf hin, daß der griechische Stil dieser Predigt- und Redeproben bei Lukas in der Apostelgeschichte weit gewandter ist als korrespondierende Ausführungen in den paulinischen Briefen.) Lukas hat in der Weise der antiken Schriftsteller und Historiker die Reden seines Helden so wiedergegeben, wie er sie hätte halten können, wobei man drei Grundtypen feststellen kann. Zunächst die Drascha, die jüdische Predigt, die sich an das alttestamentliche Schriftwort anschließt und Jesus als den Messias bezeugt, der in der Heiligen Schrift Israels verheißen ist. Es handelt sich hier also um Erfüllungspredigt, die ihrem Wesen nach an das Selbstzeugnis Jesu bei den Synoptikern anknüpfen könnte, es merkwürdigerweise praktisch aber kaum tut.

Man könnte diese Predigten, Draschoth des Paulus, ergänzt durch viele Briefstellen, zu einer Art »Midrasch Jeschu« zusammenfassen und würde sehen, daß sich diese Art der Verkündigung in die Literaturgattung des Midrasch einfügen läßt. Im selben Sinne ist natürlich die Predigt des Petrus angelegt, der sich stärker auf die innerjüdische Propaganda verlegt hatte.

Der zweite Typus der Predigt des Paulus ist völlig anders geartet: seine Reden (und Briefe) an Griechen. Hier knüpft er, freilich viel seltener, an bestimmte Grundvorstellungen der griechischen Welt an, zitiert auch griechische Autoren, denn er will den Griechen ein Grieche sein. Hier ist Paulus der Prototyp des Assimilationsjuden, der seine Klassiker im Munde führt, der davon ausgeht, daß die Fremdheit und Feindschaft zwischen Juden und Nichtjuden bereits beseitigt sei. (Eph. 2,14)

Freilich ist Paulus mehr als ein Assimilationsjude. Das Assimilatorische ist nicht Selbstzweck bei ihm, sondern Mittel zum Zweck. Er will nicht sein Judentum verlassen, um dauernd Grieche zu werden. Diese Kategorien sind in seinem Weltbilde bis zur Bedeutungslosigkeit relativiert, »denn hier ist nicht mehr Jude oder Grieche ... sondern nur noch ein neuer Mensch im Christus Jesus« (Gal. 3,28). Das ökumenische Bewußtsein macht diese Relativierung verständlich.

Der dritte Typus der paulinischen Predigt ist die Ermahnung der bereits Bekehrten, die im Glauben gefestigt werden sollen, die vor Irrlehren bewahrt werden müssen, deren Glaube der Ergänzung bedarf. Hier liegen die Anfänge christlicher Theologie. Den drei Grundtypen der Verkündigung entsprechen die drei Stationen in der ausgedehnten Reisetätigkeit des Paulus: Jerusalem, Athen, Rom.

Von Jerusalem soll das Wort Gottes ausgehen (Jes. 2,3). Infolgedessen muß die Verkündigung in Jerusalem ganz im Stil der Midrasch gehalten werden, sich möglichst eng an das Wort Gottes anschließen. Wort Gottes ist für die jüdischen Hörer in Jerusalem prophetisches Wort, wie es in den Schriften überliefert vorlag, die um diese Zeit durch die Pharisäer kanonisiert wurden. Verkündigung in Athen (und das gilt natürlich auch für Korinth und alle anderen Städte Griechenlands) muß von der entgegengesetzten Seite her erfolgen, um psychologisch wirksam sein zu können. Athen ist das Zentrum der Philosophie, die Paulus nicht unbekannt war, obwohl wir die philosophische Bildung dieses Diaspora-Juden nicht überschätzen sollten. Sein Denken und Fühlen wurzelten im Judentum. Gewisser Wendungen der Stoa bedient er sich, auch hier ganz im Sinne jüdischer Tradition, die davon spricht, daß die Thora »kileschon Benej-Adam« redet, wie in der Sprache der Menschen. Es ist jüdisch gesehen legitim, daß sich Paulus vor seinen heidnischen Hörern gleichsam die Toga umwirft und in ihrer Sprache und Denkweise zu ihnen spricht. (Paulus steht damit in einer unendlich langen Reihe von Diaspora-Juden. Hat nicht Maimonides in arabischer Sprache die aristotelische Philosophie als ein Mittel zur Verkündigung der Heilswahrheiten des Judentums benutzt? Hat nicht noch in unserem Jahrhundert Hermann Cohen als Neu-Kantianer seine ›Religion der Vernunft aus den Quellen des Judentums‹ in der Sprache und Begriffswelt Kants darzustellen unternommen? Sind nicht heute im Kreise der amerikanisch-jüdischen Reconstructionists Männer wie Mordecai Kaplan damit beschäftigt, das Judentum als eine Zivilisation darzustellen, ganz im Sinne des amerikanischen Pragmatismus eines Whitehead?) Paulus steht, so gesehen, in der großen Reihe der Dolmetscher des Judentums, wobei freilich seine Konzeption des Judentums von vielen zeitgenössischen Juden nicht geteilt wurde. Aber wurde Maimonides nicht zeitweise in den Bann getan, wurde Martin Buber nicht von der jüdischen Orthodoxie die Legitimation abgesprochen? Auch in der innerjüdischen Konflikt-Situation steht Paulus nicht isoliert da, wenn auch dieser Konflikt von einer Schärfe und Tiefe war und geblieben ist, die an die Wurzeln rührte.

Die Tätigkeit des Paulus in Rom hingegen scheint sich mehr auf die innere Festigung und den Ausbau der dort befindlichen Gemeinde, einer Gemeinde aus Juden und Nichtjuden, erstreckt zu haben. Das mag auch stark mit den äußeren Umständen zusammenhängen, denn Paulus kam als Gefangener nach Rom.

Wie aber Jerusalem und Athen die Gestalt der paulinischen Verkündigung jeweils formten, so auch Rom, der Geist des Imperiums. Nicht nur Vergleiche aus der Arena werden zuweilen aus der römischen Sphäre gewählt (1. Kor. 9,24), sondern auch die merkwürdige Kapitulation vor der Staatsmacht findet sich im Römerbrief, in jenem berühmten dreizehnten Kapitel, dessen ersten sieben Sätze eine Loyalitätserklärung gegenüber dem Staate darstellen:

»Jedermann sei den vorgesetzten Obrigkeiten untertan; denn es gibt keine Obrigkeit, außer von Gott, die bestehenden aber sind von Gott eingesetzt. Somit widersteht der, welcher sich der Obrigkeit widersetzt, der Anordnung Gottes ...«

Es entbehrt nicht einer gewissen Ironie, wenn man sich vorstellt, daß diese Sätze von einem Manne geschrieben wurden, der wegen Störung der öffentlichen Ordnung aus den Städten verjagt worden war, in Administrativhaft gesetzt wurde und noch schwerere Strafen zu erdulden hatte.

Man stelle sich vor, daß ein Führer der rebellierenden Studenten, der außerparlamentarischen Opposition, wie Rudi Dutschke oder Daniel Cohn-Bendit, solche Sätze geschrieben hätte. So ähnlich muß es auf manche Zeitgenossen gewirkt haben, wenn Paulus, der wie Petrus meist Gott mehr gehorchte als den Menschen (Apg. 5,29), sich solcher Superloyalität befleißigte.

Und doch nehme ich ihm diese Sätze ab. Er, der betonte, daß er den Juden ein Jude und den Griechen ein Grieche sein wolle, um allen alles zu sein, wollte hier offenbar den Römern auch ein Römer sein, was ihm freilich wenig zu Gesicht stand, obwohl er bekanntlich römischer Bürger von Geburt an war.

So steht er vor uns: Saulus – Paulus. Römischer Staatsbürger, christlich-jüdischen Glaubens, hellenistisch-hebräischer Kultur. Steht er vor uns? Nein, er jagt durch die Länder seines ausgebreiteten Missionsgebietes, ständig kämpfend, mit Menschen und sogar mit Tieren (wobei es sich aber wohl um menschliche Tiere oder tierische Menschen gehandelt haben mag). (1. Kor. 15,32)

Lukas hat eine Art Erzählungs-Typus herausgebildet, eine Situationsfolge, die sich immer wiederholt, eine Kausalreihe: Verkündigung – Skandalon – Aufruhr – Verhaftung – Befreiung – Fortsetzung der Reise. Die Ärgernisse kommen, nach der Apostelgeschichte, fast immer von den Juden, aber billigerweise müßte man das anders formulieren: Paulus (und seine Mitarbeiter) provozieren die Juden. Ihre Verkündigung ist keine Provokation der Griechen. Im Gegenteil: Diejenigen Griechen, die an einer geistigen Zugehörigkeit zu Israel, zum jüdischen Monotheismus interessiert sind, fühlen sich hier von einem Rabbi aus Jerusalem voll akzeptiert. Das peinlich-leidige Hindernis der Beschneidung ist plötzlich nicht mehr nötig, um gleichberechtigt in eine Synagogengemeinde einzutreten. Was sollte die Griechen an der Verkündigung des Paulus ärgern?

Aber die Juden mußten hier eine Verfälschung ihrer Tradition spüren, eine Interpretation, die sie als illegitim ablehnten, auch wenn sie liberale hellenistische Diaspora-Juden waren.

Es geht hier nicht, wie viele christliche Theologen meinten, um die Verkündigung Jesu als Messias. Nicht das war das Skandalon. Das zeigt sich eine Generation später in dem Verhältnis zwischen Rabbi Akiba und Bar-Kochba. Rabbi Akiba verkündigte Bar-Kochba als den Messias, was sich offenbar als Irrtum erwies. Akiba büßte diesen Irrtum mit dem Martyrium durch die Römer, nicht anders als Paulus. Aber Akiba ist aus dem Judentum nicht wegzudenken, ist bis heute einer der großen Gestalten des rabbinischen Judentums, trotz des messianischen Irrtums. Hätte Paulus nur Jesus von Nazareth als Messias verkündigt, so wäre er nicht in den unlösbaren Konflikt mit der Synagoge geraten, der sein Leben überschattet. Dies geschah nur durch die Entwertung des Gesetzes im weitesten Sinne und die bedingungslose Gleichstellung der Heiden mit Israel, also die praktische Aufhebung der Erwählung Israels, obwohl Paulus theoretisch an dieser Erwählung Israels festgehalten hat.

Wenn es gelegentlich auch zu Störungen von griechischer Seite kam, so hatten diese nicht den Tiefgang einer theologischen Auseinandersetzung. Man denke nur an die komische Szene in Ephesus (Apg. 19,23–40), wo sich die Zunft der Silberschmiede in »gerechtem Volkszorn« gegen Paulus und seine Mitarbeiter empörte. Die wackeren Kunsthandwerker sahen die

Grundlagen ihrer ökonomischen Existenz bedroht. Sie lebten von der Herstellung kleiner Götterbilder der Diana von Ephesus und witterten in dem jüdischen Monotheisten Paulus, der den bildlosen Gott verkündigte, den Totengräber ihrer Zunft. Zwei Stunden lang brüllen sie in der Arena: »Groß ist die Diana der Epheser!«

Weder die Demonstranten noch Paulus ahnten allerdings, daß der christliche Devotionalienhandel mit Ikonen und Reliquien (darunter auch solchen des Paulus) ganz andere Exportmöglichkeiten bieten würde als die Demeter oder Diana von Ephesus.

Man vergegenwärtige sich diese Szene auf dem Hintergrunde späterer Entwicklung und Degeneration. Man lese diese Stelle zum Beispiel in Lourdes, um sich darüber klarzuwerden, was aus der Diana von Ephesus nach fast zweitausend Jahren Christentum geworden ist: eine andere himmlische Dame, die dem Paulus freilich ebenso unverständlich geblieben wäre wie jenes vom Himmel gefallene Bildnis im Tempel zu Ephesus. Übrigens hat eine spätere christliche Tradition gerade Ephesus zum Sterbeort der Maria gemacht und die Stadt so für den Verlust ihrer Göttin entschädigt.

Die erste Station von den drei hier zu beschreibenden bildet Jerusalem. Erst nach vierzehnjähriger Abwesenheit (Gal. 2,1 ff.) kehrte Paulus zu *längerem* Aufenthalte wieder nach Jerusalem zurück, wo es auf dem sogenannten Apostel-Konzil, der ersten bedeutenden Synode der jungen Kirche, zu der Auseinandersetzung zwischen Paulus und der Urgemeinde kommt. Das Ergebnis ist das Apostel-Dekret (Apg. 15,23-29), das Paulus selbst allerdings bezeichnenderweise nie erwähnt.

In all den Jahren seiner Reisetätigkeit aber bleibt Paulus mit Jerusalem in einer Weise verbunden, die uns heute überaus modern und aktuell anmutet. Auch damals konnte Jerusalem nicht auf die Geldsammlungen in der Diaspora verzichten. Ein Schaliach, ein Apostel, mußte Spenden für die Gemeinde in Jerusalem mitbringen, wie heute ein Schaliach, ein Abgesandter der zionistischen Zentral-Organe in Jerusalem, in der amerikanischen und europäischen Diaspora für den United Jewish Appeal tätig sein muß oder ein Abgesandter der staatlichen Zentrale in Jerusalem für die diversen Anleihe-Aktionen Israels.

Die Diaspora als Finanzier Jerusalems – an dieser Aktion nimmt auch Paulus teil. Er hat diesen legitimen Anspruch Jerusalems nie bestritten; ja, er hat sich wohl durch diese jüdische Loyalität vor den Uraposteln legitimiert.

Die Verhältnisse, die Paulus bei seinem entscheidenden zweiten Besuch in der Jerusalemer Urgemeinde antraf, sind aus den Quellen nur ungefähr zu rekonstruieren. Offenbar hat es in der Urgemeinde drei Hauptströmungen gegeben. Den streng juden-christlichen Kreis um Jakobus, den Bruder Jesu, die heiden-christliche Richtung, die durch Paulus und Barnabas repräsentiert wurde, aber in griechischen Brüdern bereits ihre Vertretung in Jerusalem selbst hatte, und zwischen diesen Extremen die Gruppe um Simon Petrus, die gewissermaßen eine Vermittlungstheologie vertrat. Als Säule der Gemeinde wird neben Jakobus und Petrus noch Johannes genannt, der aber in dieser Parteienbildung ganz blaß bleibt. Man kann höchstens annehmen, daß er der von Paulus vertretenen Richtung nahestand, weil das Johannes-Evangelium der paulinischen Theologie am nächsten kommt. (Wir müssen dabei keineswegs den Lieblingsjünger Johannes als den tatsächlichen Verfasser des Johannes-Evangeliums annehmen; die offenbare Tendenz, dieses Evangelium dem Johannes zuzuschreiben, mag auf eine Erinnerung an seine Haltung hinweisen. Das bleibt aber Vermutung.)

Während Jakobus, Petrus und Johannes den innersten Kreis bildeten, zu dem nun eben in ernster Auseinandersetzung Paulus hinzutritt, bleiben extremistische Juden-Christen, wahrscheinlich identisch mit den späteren Ebioniten, an der Peripherie. Ihr Einfluß von hier aus ist aber, gerade in Jerusalem, nicht zu unterschätzen.

Worum ging es? Um die Frage der Verbindlichkeit des Gesetzes, der Mizwoth, für die Jünger Jesu. Die Vertreter des Juden-Christentums verlangten die Einhaltung der Gebote, von dem der Beschneidung über die Speisegesetze bis zu den Vorschriften für die Sabbath-Heiligung, und dehnten diese Forderung grundsätzlich auch auf Heidenchristen aus.

Wer also in die Gemeinde Jesu eintreten wollte, mußte zuerst ein observanter Jude werden. Es ist von großer Bedeutung, daß gerade Jakobus offenbar dieser Richtung angehörte oder nahestand. Er war der leibliche Bruder Jesu, entstammte demselben Milieu wie Jesus und war offenbar wie dieser von der jüdischen Erkenntnis erfüllt, daß eher Himmel und Erde vergehen würden als ein Tüttelchen am Gesetz.

Man kann sich keinen radikaleren Gegensatz dazu vorstellen als die antinomistische Konzeption des Paulus, für den (im Lichte seiner Äonen-Theologie) das Ende des Gesetzes bereits gekommen war. Christus war der Erfüller des Gesetzes und damit seine Erfüllung. So gesehen war das Gesetz nur ein didaktisches Mittel, das den Sünder in die Krise führen sollte, um ihn erlösungsreif zu machen. Durch das Blut Christi wußte Paulus seine Generation bereits vom Gesetz losgekauft. War bis zur Auferstehung Christi die Verknechtung unter das Gesetz das Schicksal Israels, so war jetzt die Freiheit der Kinder Gottes angebrochen.

Das Gesetz (die Thora, die Mizwoth, die Halacha) ist vom Bunde nicht zu trennen. Gott schloß seinen Bund mit Israel und besiegelte ihn durch das Gesetz.

Die Heiden aber standen außerhalb dieses Bundesverhältnisses, waren nicht auf das Gesetz verpflichtet, das die Urkunde dieser Bundesstiftung bildet. Nun, nachdem die Freiheit der Kinder Gottes angebrochen war, nachdem Gott sich durch den Opfertod seines Sohnes mit der Welt und sich selbst versöhnt hatte, wäre es für Paulus ein Anachronismus gewesen, die Heiden unter das Joch des Gesetzes zu beugen, um sie in die Freiheit Christi zu führen.

In Wahrheit war für ihn selbst ja bereits das Gesetz vergangen, er war bereits dem Gesetz abgestorben (Gal. 2,19; Röm. 7,6); warum hätte er da Menschen, die nicht unter diesem Gesetz geboren waren, in dieses Gesetz hineinnötigen sollen?

Handelt es sich bei der paulinischen Gesetzesauffassung nur um einen ideologischen Überbau, aufgerichtet zur praktischen Handhabung der Heidenmission? Zweifelsohne waren Beschneidung und Mizwoth ma'assioth (Ritualgesetz) das große Handicap für eine wirkliche Ausbreitung des jüdischen Monotheismus unmittelbar vor Beginn der christlichen Missionstätigkeit. Sollte nun derselbe Fehler noch einmal wiederholt werden? Sollten nun die nach dem Heil begierigen Griechen wiederum abgewiesen werden? Paulus verneint das radikal, und in dieser Freiheit von aller Gesetzlichkeit im Sinne des jüdischen Rituals liegt die große Erfolgschance seiner Missionsarbeit. Engstirnige Judaisten in Jerusalem, so mußte es Paulus erscheinen, waren nun daran, ihm die Früchte des Erfolges einer vierzehnjährigen Arbeit streitig zu machen.

So stellt sich das Problem des sogenannten Apostel-Konzils oder Apostel-Konvents vom Jahre 49 einem modernen Beschauer dar. Aus der Innensicht des Paulus aber dürfte das Problem doch noch anders gelagert gewesen sein. Für ihn war es sicher nicht nur der Erfolg seiner Tätigkeit, der auf dem Spiele stand, sondern die Wahrheit Christi. Wenn wir den Selbstzeugnissen des Apostels trauen dürfen, dann war sein Grundgefühl, daß er selbst nichts, aber Jesus alles in ihm vermochte und war. Jesus wäre umsonst gestorben, wenn nun das Gesetz ebenso in Kraft geblieben wäre wie vor seinem Opfertode.

Es ist natürlich heute nicht mehr auszumachen, wo diese theologischen Grundauffassungen am Werke waren, wo es sich um gewissermaßen kirchenpolitische Fragen handelte und wo die psychologische Situation des Paulus ausschlaggebend wurde. Wahrscheinlich gehen alle diese Motive in einer unentwirrbaren Synthese in die geschichtliche Wirksamkeit ein. Die Theologie des Paulus ist von seiner Missionstätigkeit nicht zu trennen. Man darf sich nun diese Tätigkeit nicht so vorstellen, als ob ein »self-made-Apostel« wie Paulus erst eine komplett ausgearbeitete Theologie, womöglich in Traktaten, vorbereitet hätte, um dann so ausgerüstet seine Missionstätigkeit anzutreten. Vielmehr ist es wohl richtig, daß die Theologie des Paulus aus der Mission entsteht und in ihr wächst. Er sieht den heilsbedürftigen Griechen und stellt sich auf ihn ein, und im Gespräch mit diesen Menschen, die er zu seinem Damaskus-Erlebnis führen will, vertieft sich ihm dieses Erlebnis und wird allmählich ein theologisches System. Die Notwendigkeit, das Evangelium, das so mit seiner Ausbreitung wächst, unter sehr verschiedenen Gegebenheiten zu predigen, macht die Flexibilität nötig, die für Paulus zum theologischen Axiom wird, der die Starre des Gesetzes gegenübersteht.

Zwischen der gesetzlich verankerten Haltung und der vom Gesetz gelösten steht Petrus. Der Beiname Petros, der Fels, ist für diesen Mann eigentlich nie ganz passend gewesen, hat fast einen ironischen Beiklang. Tatsächlich wurde die Stelle im Evangelium: »Du bist Petros, der Fels, auf dem ich meine Gemeinde baue« (Matth. 16,18) in Frage gestellt und als spätere Einfügung verdächtigt. Jedenfalls erweist sich Petrus oder Kepha, wie er auch genannt wird, keineswegs als Felsen, sondern verleugnet seinen Herrn in der Stunde der Gefahr, mehrfach erklärend, er kenne diesen Menschen überhaupt nicht. Daß Petrus über seinen Verrat dann allerdings bitterlich weint, kennzeichnet ihn im Sinne jüdischer Tradition als Ba'al Teschuva, als einen reuig Umkehrenden. Nach einem Wort aus den Vätersprüchen aber stehen die Umkehrer höher als die vollendeten Gerechten.

Obwohl Petrus in der Stunde der Bewährung versagt hat, übernimmt er doch nach dem Tode Jesu die Führung der Gemeinde und empfindet offenbar den ganz von außen gekommenen, ehemaligen erbitterten Gegner Paulus als lästigen Konkurrenten.

Relativ kurz nach seinem Damaskus-Erlebnis macht Paulus einen ersten Besuch in Jerusalem, der hauptsächlich der persönlichen Fühlungnahme mit Petrus dient, wobei Barnabas die Bekanntschaft vermittelt. Der vierzehntägige Aufenthalt des Paulus in Jerusalem scheint damals nicht zu einem wirklichen Verständnis zwischen Petrus und ihm geführt zu haben. Das war wohl auch kaum möglich.

Petrus, ein schlichter Mann aus dem galiläischen Volke, Paulus ein hellenistischer Intellektueller – sie hatten keine gemeinsame Sprache. Petrus gab später zu bedenken, daß die Gedankengänge des Paulus schwer zu verstehen seien. Paulus zieh Petrus offen der Heuchelei.

Petrus kannte Jesus persönlich, war von der Persönlichkeit des Meisters überwältigt und versuchte, die Lehre Jesu, soweit er sie verstanden hatte, getreulich zu tradieren.

Paulus, ein jüdischer Intellektueller aus Tarsus, geschult in der pharisäischen Lehranstalt des Rabban Gamaliel, hatte Jesus vermutlich nie gesehen, wohl aber den auferstandenen Christus geschaut. Aus diesem subjektiven Erlebnis zog er eine Legitimation, die in den Augen des Petrus höchst fraglich sein mußte, zumal die aggressive Haltung des Paulus gegenüber der Urgemeinde noch unvergessen war.

Die beiden Typen Petrus und Paulus haben sich durch die Jahrhunderte hindurch erhalten, leben in der Gemeinde Jesu bis heute fort.

Der schlichte ernste Bibelforscher, der Zeuge Jehovas, die amerikanischen Fundamentalisten und Spiritualisten, aber auch viele schlichtgläubige Menschen in der katholischen Kirche und in der Ostkirche scheinen mir oft mehr in der Nachfolge Petri zu gehen als in der Nachfolge Jesu.

Andererseits haben wir die legitime Nachfolge des Paulus in der intellektualistischen Theologie, auch und gerade unserer Zeit. Die dialektische Theologie Karl Barths schloß bewußt an Paulus an, durch die großartige Interpretation des Römerbriefes. Aber auch dort, wo ganz andere Deutungen gegeben werden, wie in der Entmythologisierung Bultmanns und der sich heute ausbreitenden Theologie nach dem Tode Gottes, ist etwas vom Erbe des Paulus zu spüren, seiner intellektuellen Kraft, die das Denken in den Dienst des Glaubens stellt. Es darf uns dabei nicht stören, daß sich Paulus seiner »Torheit« rühmt, die »Torheit des Kreuzes« ist, daß er diese Torheit aller Weisheit der Welt gegenüberstellt. Der Anti-Intellektualismus ging immer von Intellektuellen aus.

Aber zurück nach Jerusalem zum Apostel-Konzil. Die Worte Apostel-Konzil, Apostel-Konvent oder auch Synode sind mißverständlich. Es handelt sich hier um ein höchst bescheidenes Treffen von ein paar Menschen, die durch gemeinsame Glaubensüberzeugungen zusammengehalten wurden, wohl aber zugleich spürten, daß sehr viel Trennendes zwischen ihnen stand. Ich bin überzeugt, daß die Zeitgenossen in Jerusalem von diesem »Konzil« keine Ahnung hatten. Es war zwar nicht das Treffen einer Untergrundbewegung, aber eines so unbedeutenden kleinen Kreises, daß die jüdischen und römischen Behörden diesem Treffen wohl keine besondere Bedeutung beimaßen. Die Ankunft des Paulus und seiner Mitarbeiter gestaltete sich keineswegs triumphal, wie einst der Einzug Jesu in Jerusalem, der immerhin die Sicherheitsbehörden auf den Plan gerufen haben muß.

Paulus und seine Mitarbeiter kamen unbemerkt als Privatleute in Jerusalem an, hatten hier einige Aussprachen mit der Jerusalemer Gemeinde und reisten dann wieder ab. Das greifbare Ergebnis des Apostel-Konzils war ein zweifaches: Paulus wurde zu dem legitimiert, was er seit Jahren bereits war, und ebenso Petrus. Es handelt sich hier also nur um die Sanktionierung eines bestehenden Zustandes: Paulus wurde weiterhin in der Heidenmission eingesetzt, Petrus hingegen in der Judenmission, so daß jeder das ihm adäquate Arbeitsfeld gefunden hatte.

In der Praxis ließen sich diese Gebiete aber gar nicht so säuberlich voneinander scheiden. Wir wissen, daß Paulus nie darauf verzichtete, in Synagogen zu predigen und das Evangelium *zunächst* den Juden zu verkündigen; und wir wissen andererseits, daß Petrus immer wieder in die Situation kam, auch Griechen und Römer belehren zu müssen, was ihm (sicher auch sprachlich) die größten Schwierigkeiten verursachte. Trotzdem war wohl die Absicht diese Teilung der Arbeitsgebiete; jedenfalls stellen es Apg. 15 und Gal. 2,8 so dar. Es mag sich hier freilich auch um eine spätere Schematisierung handeln.

Das zweite Ergebnis ist die Regelung der strittigen Gesetzesfrage, wobei man zu dem Kompromiß kommt, das Gesetz für die Judenchristen weiter in Geltung zu lassen, die Heidenchristen aber davon zu dispensieren.

Auch dieser Beschluß wird so nicht in die Praxis umgesetzt.

Paulus selbst hält sich überhaupt nicht daran und fühlt sich in der Diaspora unter Griechen von den Ritualien frei. (Es ist ein Treppenwitz der Geschichte des Judentums, daß sich noch heute viele *unbewußte* Jünger Pauli unter den Juden finden, die einen rituellen Haushalt führen, aber auf Reisen unter Nichtjuden sich von diesen Ritualien freimachen. Diese Juden haben natürlich keine Ahnung davon, daß sie praktisch in den Fußstapfen des Paulus gehen, entbehren auch der theologischen Begründung des Paulus, dem die Einheit der Gemeinde, die durch die Tischgemeinschaft von Judenchristen und Heidenchristen gegeben war, über rituelle Formalien ging.)

Der merkwürdigste Beschluß aber ist das sogenannte Apostel-Dekret, die Verse 23–29 im 15. Kapitel der Apostelgeschichte. Hier wird von einem Sendschreiben an die Heidenchristen berichtet, das diesen ein Minimum an Pflichten auferlegt. Auch die Heidenchristen sollten sich gewisse Enthaltsamkeiten auferlegen: »Daß ihr euch enthaltet vom Götzenopfer und vom Blut und vom Erstickten und von Hurerei.« (Apg. 15,29)

Die Tatsache, daß Paulus selbst im zweiten Kapitel des Galater-Briefes, wo er von dem Treffen in Jerusalem spricht, dieses Dekret mit keinem Wort erwähnt, hat manche Forscher wie Martin Dibelius zu der Annahme verleitet, daß dieses Dekret erst späteren Datums sein müsse und dem Paulus wahrscheinlich gar nicht bekannt gewesen sei.

Ich glaube nicht, daß man so weit gehen muß. Es ist viel naheliegender anzunehmen, daß dieser Beschluß, wie so viele Resolutionen so vieler Kongresse und Konferenzen in Jerusalem, niemals ganz durchgeführt wurde. Da Paulus jeder Gesetzlichkeit, insbesondere für die Heiden, abhold war, sah er sich nicht veranlaßt, in seinen Briefen ein Dekret zu zitieren, das nicht Geist von seinem Geiste war.

Was aber ist dieses Dekret wirklich? Es ist ein letzter Versuch, ein Rumpf-Judentum, ein Minimum an Mizwoth ma'assioth selbst für Außenstehende zu bewahren.

Das erste Verbot ist relativ leicht zu verstehen und wird in der seelsorgerischen Praxis des Paulus erwähnt, auch wenn nicht auf das Apostel-Dekret Bezug genommen wird. Teilnahme an heidnischen Opfermahlzeiten war Juden als Avoda Sara, als eine Art von Götzendienst, streng verboten. Selbst der Genuß von Wein, der zu Libationsopfern dargebracht werden konnte, war verboten. Dieses Verbot hat sich bis auf den heutigen Tag im orthodoxen Judentum erhalten. Da auch die Christen ausschließlich den Gott Israels anbeteten, den Gott Abrahams, Isaaks und Jakobs, der für das Bewußtsein der jungen Gemeinde Jesus von Nazareth von den Toten auferweckt hatte, so geziemte es sich auch für sie, selbst wenn sie aus den Heidenvölkern stammten, nicht mehr an einer Opfermahlzeit für fremde Götter teilzunehmen. Was aber das Fleisch bei einer Profanmahlzeit aus Opferschlachtungen hervorgegangen, so verhielt sich Paulus hier sehr liberal, wiederum um Tischgemeinschaften nicht zu gefährden.

Um dieses ganze Problem zu verstehen, muß man sich vergegenwärtigen, daß die Tempel Griechenlands eigentlich Schlachthäuser waren. (Das trifft bis zu einem gewissen Grade auch auf den jerusalemischen Tempel zu; nur war dort das Opferfleisch im allgemeinen der Priesterkaste vorbehalten.) Auf griechischen Märkten kam offenbar sehr oft Fleisch zum Verkauf, das von Tempelschlachtungen stammte. Das Apostel-Dekret will den Verzehr solchen Fleisches verbieten.

Die Enthaltung von Blut hingegen geht direkt auf 3. Mose 17,10ff. zurück, wo der Blutgenuß jeder Art nicht nur für Israeliten, sondern auch für Fremdlinge verboten wird, »denn die Seele allen Fleisches ist in seinem Blute«.

Hier handelt es sich um einen klaren Regreß auf das mosaische Gesetz, dem ein Mann wie Paulus nicht zustimmen konnte. Noch weiter geht das nächste Verbot, das den Genuß von Ersticktem untersagt. Christliche Theologen haben daran viel herumgerätselt, so etwa Rudolf Steinmetz in ›Das Aposteldekret‹ (1911) S. 168ff.: Das Aposteldekret als Speiseregel. Die Lösung des Problems ist einfach, wenn man sich vergegenwärtigt, daß die Kaschruth, die jüdischen Diätvorschriften, bereits zur Zeit des Paulus durchaus geregelt waren. Das Erstickte entsprach also nicht den Schlachtmethoden, deren Grundanliegen es allerdings war und geblieben ist, die Entblutung des Tieres zu gewährleisten. Ein ersticktes Tier, das z.B. in einer Schlinge gefangen wurde, wäre nicht ausgeblutet und deshalb verboten. Das Aposteldekret will sagen, daß der direkte wie auch der indirekte Blutgenuß verboten sind. Im Prinzip meinen diese beiden Verbote dasselbe.

Das Verbot der Hurerei oder Unzucht ist sowohl sittlich wie auch kultisch aufzufassen. Ebenso wie die Teilnahme an einer Opfermahlzeit für den Heidenchristen verboten sein sollte, war auch das Verbot der Tempel-Prostitution intendiert.

Trotz inhaltlicher Unterschiede gehört das Aposteldekret in die Nachbarschaft der sogenannten sieben noachidischen Gebote, der »Scheva Mizwoth Benej Noach«, von denen der Talmud im Traktat über den Götzendienst Avoda Sara 64b und im Traktat über den Hohen Rat, Sanhedrin 56b spricht. Diese sieben elementaren Vorschriften umfassen: 1. Wahrung des Rechtsprinzips, 2. Meidung von Götzendienst, 3. Meidung von Gottesleugnung, 4. Verbot des Mordes, 5. Verbot des Diebstahls, 6. Verbot der Unzucht, 7. Verbot des Genusses eines Stückes von Lebendigem.

Durch besondere hermeneutische Regeln wurde dieser Katalog der Pflichten mit einem Merkvers aus 1. Mose 2,16 in Verbindung gebracht.

Und Gott	1. Verbot der Götzenanbetung
der Herr	2. Verbot der Gotteslästerung
gebot	3. Die Verpflichtung, der menschlichen Gesellschaft eine gerechte Ordnung zu geben (Gerichte)
dem Menschen	4. Verbot des Totschlags
und sprach:	5. Verbot unsittlicher Verbindungen
Du sollst essen	6. Verbot des Blutgenusses
von allerlei	
Bäumen im Garten	7. Verbot des Diebstahls

Die Anlehnung an den Bibelvers ist hier natürlich nur ganz lose gegeben. Der Grundgedanke der sieben noachidischen Gesetze ist es, ein Minimum an Pflichten für die gesamte Menschheit zu konstituieren. Dabei ist es unwichtig, ob die Söhne Noahs, also praktisch alle Menschen, sich dieser Gesetze bewußt sind oder nicht. Auch wer *unbewußt* diesen Vorschriften entspricht, wird praktisch den Israeliten gleichgestellt.

Christliche Theologen wie R. Steinmetz sehen keinen Zusammenhang zwischen diesen Vorschriften und dem Aposteldekret: »Nun hat man auf die sogenannten noachidischen Gebote des Talmud hingewiesen ... die noachidischen Gesetze sind aber nicht die Vorlage gewesen für die vier Verbote des Dekrets.«

Gewiß waren die sieben noachidischen Gebote nicht die Vorlage für das Aposteldekret, aber das Aposteldekret ist Geist vom Geiste der sieben Mizwoth für die Kinder Noahs, die man auch »Israels Katholizismus« genannt hat.

Die Ähnlichkeit liegt klar zutage. Wenn im Aposteldekret das Götzenopfer verboten wird, so ist das praktisch identisch mit dem Götzendienst an sich, der in den sieben noachidischen Geboten untersagt wird. Unzucht oder Hurerei (ursprünglich ist Blutschande gemeint) wird hier und dort verboten. Wenn in den noachidischen Geboten der Genuß eines Stückes von Lebendigem verboten wird, so ist damit auch der Blutgenuß untersagt, der wiederum im Aposteldekret verboten wird. Die Übereinstimmung ist nicht zufällig. Daß im Aposteldekret andere Vorschriften wegfallen, die in den sieben noachidischen Geboten enthalten sind, ist darin begründet, daß für Heidenchristen manche Vorschriften bereits selbstverständlich waren. Die Gottesleugnung oder, besser gesagt, die Entweihung des göttlichen Namens kam für sie gar nicht in Betracht. Die positive Vorschrift der rechtlichen Ordnung, so daß jedermann weiß, was im Staate erlaubt und verboten ist, verstand sich im Imperium Romanum auch von selbst. Daß Mord und Raub verboten sind, ergibt sich schon aus der Rechtsstaatlichkeit und ist für die Brüder und Schwestern natürlich auch eine Selbstverständlichkeit.

Viel wichtiger aber als formale Übereinstimmungen ist der Grundgedanke beider Dokumente. Israel hat eine Fülle von Geboten und Verboten, 613 nach rabbinischer Zählung, zu beobachten; für die Heiden aber genügt ein Minimum, sieben Gebote oder gar nur vier Verbote.

Auch dieses Prinzip ist im Talmud bezeugt, die Reduktion aller Pflichten, die wir im Traktat Makkoth 24a finden, wobei zuletzt auf Habakuk 2,4 zurückgegriffen wird: »Der Gerechte lebt seines Glaubens.«

Hier haben wir im Talmud Geist vom Geiste des Paulus, die Erfüllung des Gesetzes durch den Glauben, ja die Ablösung aller Gebote durch das Leben im Glauben.

Für das Apostel-Dekret und den Katalog der Pflichten der Kinder Noahs aber ist ausschlaggebend, daß hier wie dort Juden ein Minimum an Pflichten für Nichtjuden fixieren wollen. Diese Haltung zeigt, wie sehr die Jerusalemer Urgemeinde dem pharisäischen Denken der Zeit nahestand.

Die Tatsache aber, daß Paulus seinerseits das Dekret nicht erwähnt, zeigt nur, daß er sich, fern von Jerusalem, diesem Denken entfremdet hatte.

Geistesgeschichtlich gesehen ist die zweite große Station der Reisen des Paulus Athen, die Metropole des griechischen Geistes, wo Paulus auf dem Areopag seine berühmte Rede vom unbekannten Gotte hält.

Die Szene wird im 17. Kapitel der Apostelgeschichte, Vers 16ff. geschildert. Paulus fühlt sich in Athen, wo er auf seine Reisebegleiter Silas und Timotheus wartet, offenbar nicht wohl. Die zahlreichen Götterbilder in der Stadt, die berühmten Plastiken der griechischen Antike lösen keineswegs seine Bewunderung aus, vielmehr »ergrimmt er im Geiste« gegen diesen Aufwand an Götzen. Hier ist Paulus keineswegs den Griechen ein Grieche, sondern durchaus Hebräer, der das Bildverbot des Dekalogs nicht überwinden kann, die strenge Vorstellung vom bildlosen Gotte nicht einer ästhetischen Begeisterung zu opfern bereit ist. Er steht mitten in Athen als der verärgerte Jude, den nicht die Schönheit griechischer Kunst entzückt, sondern der Verstoß gegen das Gebot erzürnt: »Du sollst dir kein Bildnis machen noch irgendein Abbild, weder von dem, was oben im Himmel, noch von dem, was unten auf Erden, noch von dem, was im Wasser unter der Erde ist. Bete sie nicht an und diene ihnen nicht! Denn ich, der Herr, dein Gott, bin ein eifernder Gott ...« (2. Mose 20,4–5)

Paulus erinnert hier an den mittelalterlichen Juden, der ebenso im Geiste ergrimmte, wenn er romanische oder gotische Dome sah, ohne ihre Schönheit genießen zu können, denn wer ein Heiligtum ernst nimmt, der kann es nicht nur unter ästhetischen Gesichtspunkten betrachten. Das Ästhetische rangiert weit unter der Kategorie des Religiösen, insbesondere wenn dieses als Ausdruck absoluter Wahrheit aufgefaßt wird. Daß dies im Falle des Paulus so ist, unterliegt keinem Zweifel.

Nun überwindet er aber seine Abneigung gegen den eklatanten Verstoß gegen das Bildverbot. Nach den üblichen anfänglichen Diskussionen mit Juden und Proselyten in der Synagoge findet Paulus doch den Weg zu Epikuräern und Stoikern, die ihn aber zunächst nur für einen Schwätzer halten. Schließlich ist es die Neugierde, die Paulus auf den Ares-Hügel führt, nicht *seine* Neugierde, sondern die der Athener, die sich eine Sensation von diesem exotischen Wanderprediger erwarten. Sie begegnen ihm, wie heute eine neugierige Menge einem kuriosen Redner im Hydepark in London lauscht, ohne ihn besonders ernst zu nehmen.

Nun bietet sich für Paulus die Gelegenheit, in der Metropole griechischer Kultur zu Griechen zu sprechen. Nun ist er klug genug, nicht seinem Abscheu gegen den Götzendienst der Griechen Ausdruck zu geben, sondern er bemerkt gewissermaßen anerkennend, daß die Athener die Götter fürchten. Paulus berichtet, daß er umhergegangen sei, um die zahlreichen Tempel der Stadt zu besichtigen, und dabei habe er auch einen Altar gefunden, der die Aufschrift »Dem unbekannten Gott« trug. Hier hakt Paulus sozusagen ein. Er weiß sehr wohl, daß es sich da nur um eine Art metaphysischer Absicherung handelt. Polytheisten stehen in Gefahr, einen von den vielen Göttern, insbesondere anderer Völker, vergessen zu haben. Auf jeden Fall wurde daher auch dem unbekannten Gott ein Altar errichtet. Es ist genial, wie Paulus diese polytheistische Geste nun ins Monotheistische umkehrt, indem er an die Altar-Aufschrift anknüpfend erklärt, gerade diesen unbekannten Gott nun verkündigen zu wollen. Er redet seinen Hörern zum Munde, wenn er sagt, daß er ihnen nichts Neues verkündige, sondern nur den Gott, den sie unwissend schon verehrt haben. Er knüpft dabei sogar an einen griechischen Klassiker an, wenn er sagt: »Wie auch etliche Dichter bei euch gesagt haben: wir sind seines (Gottes) Geschlechts.« Auch im 1. Korintherbrief 15,33 führt er ein Wort des griechischen Dramatikers Menander (4. Jahrh. vor Chr.) aus dessen »Thais« an, allerdings ohne es als Zitat zu kennzeichnen. Der griechisch sprechende oder schreibende hellenistische Jude hat bewußt und unbewußt griechische Zitate verwendet, die wohl manchmal bereits sprichwörtlichen Charakter trugen, eben geflügelte Worte waren. Auf dem Areopag aber will Paulus offenbar in seinem Bestreben, den Griechen ein Grieche zu sein, ein griechisches Dichterwort einfließen lassen. (Natürlich muß man sich bewußt bleiben, daß diese Areopag-Rede in Athen in der uns vorliegenden Gestalt das Werk des Lukas ist, des lieben Arztes, wie Paulus bemerkt, der nun seinerseits einen Bericht an seinen »wertesten Theophilus« gibt, so daß die Heidenpredigt des Paulus in der Wiedergabe des Lukas wahrscheinlich griechischer anmutet, als sie es im Original gewesen sein mag.)

Die Predigt des Paulus auf dem Areopag war kein voller Erfolg. Die Lehre von der Auferstehung der Toten, die in den pharisäisch geleiteten Synagogen durchaus akzeptiert wurde, löste hier Spott und Widerspruch aus. Dennoch findet Paulus einige Anhänger, darunter einen sozial hochgestellten Mann Dionysius und eine Frau namens Damaris. Zu einer eigentlichen Gemeindegründung aber ist es in Athen offenbar nicht gekommen.

Um so kräftiger ist das Gemeindeleben in Korinth, wobei Paulus aber nicht als alleiniger Gründer dieser Gemeinde anzusehen ist, die nun freilich durch die beiden Briefe, die Paulus an sie richtete, von besonderer Bedeutung für die Kirchengeschichte geworden ist.

Für uns ist wesentlich – und deshalb haben wir diese Szene herausgegriffen –, daß Paulus, der Wanderer zwischen zwei Welten, der jüdischen und der griechischen, in Athen versucht, seine Allergie gegen das bildfreudige Griechentum zu überwinden, die Denkformen der Griechen anzunehmen, an ihre Vorstellungen in Kult und Literatur anzuknüpfen, um ihnen so in ihrer Sprache das Evangelium zu verkünden. Er ist dabei Prototyp des Assimilationsjuden, der sein Judentum zurückdrängt, sich in Sprache und Denkform seiner Umwelt angleicht, aber bewußt oder unbewußt im Akte dieser Angleichung jüdisches Gedankengut in die Umwelt-Kultur infiltriert.

Paulus hat selbst den Wunsch geäußert, auch noch den dritten Brennpunkt des geistigen und vor allem politischen Lebens seiner Zeit kennenzulernen, die Stadt Rom, deren Bürger er ja gewesen ist. In Ephesus nimmt er sich vor, durch Mazedonien und Achaja zu ziehen, dann nach Jerusalem zu reisen, und schließlich sagt er ausdrücklich: »Hernach, wenn ich daselbst gewesen bin (in Jerusalem), muß ich auch Rom sehen.« (Apg. 19,21)

Genau nach diesem Reiseplan handelt Paulus, gemäß der Apostelgeschichte; das Begriffspaar der Gegensätze Rom und Jerusalem bildet den Abschluß der uns bekannten, freilich sehr lückenhaften Biographie des Paulus. Rom ist die Endstation, obwohl es manche Vermutungen gibt, daß er seine Spanienreise, von deren Plan er Röm. 15,24 spricht, noch ausgeführt habe, *nach* Beendigung seines Aufenthaltes in Rom. Derartige Vermutungen stützen sich aber auf ganz unzulängliche Angaben. Im Neuen Testament ist als letzter Aufenthalt des Paulus Rom bezeugt, das er, wie gesagt, aufsuchen wollte.

Aber Paulus kommt nach Rom als Gefangener. Sein Aufenthalt in Jerusalem hat im Tempel, wo ihn Diaspora-Juden erkannten, zu einem Ausbruch des Volkszornes geführt. Paulus wird verhaftet und schließlich von dem Landpfleger Felix in Jerusalem, der selbst mit der Jüdin Drusilla verheiratet war, zwei Jahre in Administrativhaft gehalten, ohne daß es zu einem wirklichen Prozeß gekommen wäre. Felix überläßt diesen unbequemen Gefangenen seinem Nachfolger Festus, der ihn in Cäsarea, fern von Jerusalem, verhört, und zwar in Gegenwart des jüdischen Königs Agrippa und dessen Schwester Berenice. Auch hier wird für das römische Verständnis die jüdische Anklage gegen Paulus nicht klar. Sie kann nicht klar werden, denn es geht um Fragen der Häresie, so daß Paulus selbst sich an Agrippa wendet, bei ihm mehr Verständnis erhoffend. Von Agrippa wissen wir ja aus der Mischna, daß er aktiv am jüdischen Kult teilgenommen hat, obwohl er nicht rein jüdischer Herkunft war.

Festus fühlt sich dem Fall Paulus ebensowenig gewachsen wie sein Vorgänger Felix und stimmt daher gerne zu, als Paulus die Überweisung an den Kaiser nach Rom verlangt. Allerdings ist es Festus nicht ganz klar, welche Anklageschrift er diesem Gefangenen mitgeben soll, und Agrippa meint: »Dieser Mensch hätte freigelassen werden können, wenn er sich nicht auf den Kaiser berufen hätte.« (Apg. 26,32)

Natürlich hat auch Paulus gewußt, daß ihm von den römischen Behörden an sich keine Gefahr drohte. Wenn er aber, auf sein römisches Bürgerrecht pochend, die Überweisung an den Cäsar nach Rom fordert, statt um seine Freilassung zu bitten, so liegt hier offenbar die Absicht vor, unter sicherem Geleite, auf Staatskosten, nach Rom reisen zu können und Gelegenheit zu haben, dort vor dem Cäsar selbst die Botschaft auszurichten, die er vor Damaskus empfangen hatte; ganz im Sinne des Wortes: »Ich rede von deinen Zeugnissen vor Königen und schäme mich nicht«. (Ps. 119,46)

Es ist offenbar dazu nie gekommen, denn auch in Rom spricht Paulus zunächst nur zu Juden. Hier zeigt sich wieder die Diaspora-Situation des Juden, der sein Getto gleichsam mit sich führt, überall zunächst die jüdischen Kontakte findet. Dennoch können wir annehmen, daß Paulus während seines Aufenthaltes in Rom auch mit der römischen Bevölkerung selbst Kontakt bekam.

Die jüdische Gemeinde in Rom weiß offenbar von Paulus noch nichts, und auch die Behörden in Rom scheinen kein großes Interesse an diesem »Privatgefangenen« genommen zu haben. Es wurde ihm erlaubt, eine Wohnung zu mieten, die allerdings von einem Sicherheitsbeamten oder Soldaten bewacht war. Paulus konnte aber in den zwei Jahren, die er in dieser Wohnung verbrachte, jedermann empfangen und seine Botschaft frei verkündigen. Der letzte Satz der Apostelgeschichte unterstreicht, daß Paulus in Rom das Reich Gottes predigte und seine Lehre über Jesus Christus mit allem Freimut ungehindert vortragen konnte.

Stellt man sich vor, wie viele orientalische und hellenistische Mysterienkulte damals in Rom blühten, so wird man über diese römische Toleranz nicht erstaunt sein; von einem Martyrium des Paulus ist im Neuen Testament nicht die Rede, wenn es ihm auch einmal vorausgesagt wird. (Apg. 21,11)

Das Martyrium des Paulus, der in Rom nun doch dem Haß des Cäsars Nero zum Opfer gefallen sein soll, stützt sich auf das apokryphe primitive Werk der Paulus-Akten, die immer und immer wieder von den Kirchenvätern zitiert werden. Tertullian berichtet, daß diese Paulus-Akten das Werk eines asiatischen Priesters seien, der zwar in bester Absicht und aus Liebe zu Paulus seinen Bericht verfaßt habe, aber nach Entdeckung seiner Fälschung des Amtes enthoben worden sei. Vermutlich ist dieses Machwerk in Antiochien, in Pisidien, um 180 entstanden. Manche Forscher glauben, das Entstehungsdatum sogar zehn oder zwanzig Jahre später ansetzen zu müssen. Selbst ein streng katholischer Autor wie Henri Daniel-Rops bemerkt in seiner Edition der apokryphen Evangelien: »Die Paulus-Akten besitzen leider fast gar keinen historischen Wert, das gilt sogar vom Martyrium des Apostels, so sehr herrscht die Phantasie darin vor.«

Dennoch empfindet der Verfasser der Paulus-Akten etwas Richtiges, wenn er Paulus zu einem Opfer der Christenverfolgungen des Nero macht. Als römischer Bürger wird Paulus mit dem Schwerte hingerichtet. Der Anlaß ist völlig unglaubwürdig und unsinnig. Das Christus-Bekenntnis des Paulus allein hätte ja genügt, da die Christenverfolgungen unter Nero historisch bezeugt sind. Die Frage ist nur, ob Paulus diese noch erlebt und in Rom erlebt hat. Nach den Paulus-Akten aber wird eine Variante von Apg. 20,9–12 gegeben. Dort wird die tragikomische Geschichte des Jünglings Eutychus aus Troas berichtet, der während der Predigt des Paulus, der zu lange redete, einschlief, aus dem Fenster des dritten Stockes fiel, wo er zuhörend gesessen hatte, und von Paulus vom Tode gerettet wird. Die Paulus-Akten wiederholen diese Geschichte in oder bei Rom, wobei sich Predigt, Schlaf, Fenstersturz und Wunder an einem gewissen Patroklus wiederholen, dem Mundschenk des Kaisers Nero. Der gerettete Patroklus bekennt sich zu Jesus als zu seinem König, was den Zorn des Cäsars auslöst und schließlich zum Martyrium des Paulus führt.

Wie gesagt, diesem Bericht ist keinerlei historische Bedeutung zuzumessen, aber es wohnt ihm eine gewisse innere Logik inne. Paulus, als der Vertreter einer Macht der Machtlosen, muß mit Rom, als dem Inbegriff der Macht der Mächte, in Kollision und Konflikt geraten. Er muß unterliegen und unterliegend siegen. In den Paulus-Akten wird das in sehr primitiver Weise ausgedrückt. Der enthauptete Paulus erscheint kurz nach seiner Hinrichtung dem Nero und sagt: »Cäsar, hier ist Paulus, der Soldat Gottes; ich bin nicht gestorben, sondern lebe. Dich aber werden bald nach diesen Tagen viele Übel befallen, weil du das Blut der Gerechten vergossen hast.«

In der Tat ist Paulus für die Römer nicht gestorben, sondern lebt dort fort. So gesehen ist der Bericht der Paulus-Akten, so phantastisch er sonst sein mag (bei der Hinrichtung des Paulus fließt zum Beispiel Milch statt Blut), wahr. Zwischen Paulus und Cäsar konnte es keine Verständigung geben, trotz der äußeren Loyalitätserklärung des Paulus. Der innere Antagonismus war unverkennbar. Daß dieser zur Zeit der Christenverfolgungen durch Rom auch zu einem Martyrium des Paulus (und des Petrus) hätte führen können, ist offenbar. Das Neue Testament weiß aber nichts davon.[1]

Für unsere Betrachtung scheint es mir jedoch wesentlich, daß Paulus in Jerusalem, Athen und Rom weilte. Der Völker-Apostel mußte in Athen und Rom die Botschaft Jerusalems verkündigen. Die Aufenthalte des Paulus in Jerusalem haben aber ein ganz anderes Gewicht als sein Besuch in Athen und sein nur teilweise freiwilliger Aufenthalt in Rom. In Jerusalem kommt es zu ernsten Auseinandersetzungen zwischen Paulus und der Urgemeinde und zu heftigen Zusammenstößen mit der jüdischen Bevölkerung und jüdischen Pilgern aus der Diaspora. Das kann nicht anders sein. Auf dem Boden Jerusalems erfolgt die Auseinandersetzung des Paulus mit den Grundlagen des Judentums und des Juden-Christentums. Hier findet ein Kampf um Wahrheit statt.

In Athen geht es nur um die Anknüpfung der Botschaft aus

[1] Ein weit ernsthafteres Zeugnis für das Martyrium Pauli ist der I. Clemensbrief, ein Schreiben des Bischofs Clemens von Rom an die christliche Gemeinde von Korinth, etwa aus dem Jahre 96. Im 5. Kapitel dieses Briefes findet sich ein Hinweis auf das Martyrium Pauli: »So wurde er (Paulus) denn aus der Welt genommen und wanderte an den heiligen Ort, das größte Vorbild der Geduld.« (5,7) Dieser Hinweis ist aber zu verhüllt, um aus ihm klare Angaben folgern zu können.

Jerusalem an echte oder scheinbare Kontaktstellen in der griechischen Geisteswelt.

In Rom aber geht es um die Auseinandersetzung zwischen Christus und Cäsar oder, anders ausgedrückt, zwischen dem Anspruch Gottes und dem Anspruch des Staates. Wenn die zuverlässigen Berichte hier auch schweigen, bezeugt doch der Phantasiebericht, daß in dieser Auseinandersetzung der Sieg des Geistes über die Macht durch die Niederlage des Menschen erkauft wird, der vom Geist getrieben ihm dient.

Wenn Paulus bekennt, daß er durch die Leiden seinem Herrn immer ähnlicher geworden ist, so will die Legende offenbar sagen, daß diese Ähnlichkeit bis zum Martyrium geführt hat, denn auch Jesus siegt, indem er unterliegt, indem er auf die Pilatus-Frage »Was ist Wahrheit?« nicht mehr mit Worten, sondern mit seinem Leben antwortet.

Paulus war Theologe, jüdischer Theologe, aber kein Theologieprofessor; insbesondere kein Systematiker und Dogmatiker, obwohl die christliche Dogmatik von ihm ihre entscheidenden Impulse und Denkanstöße erfuhr.

Paulus schrieb keine Bücher über Theologie, arbeitete keine Vorlesungen aus, stellte auch kein dogmatisches Bekenntnis in systematischer Form her, sondern schrieb Briefe. Die Briefe des Paulus sind wirkliche Briefe, nicht Literatur in Briefform. Das will wohl bedacht sein.

In dieser unsystematischen Form des Briefes, der aus einer bestimmten Situation heraus an einen oder mehrere bestimmte Adressaten gerichtet ist, zeigt sich die jüdische Denkform des Paulus besonders deutlich. Es ist dasselbe situationsgebundene assoziative Denken, das immer wieder am Wort der Heiligen Schrift, der hebräischen Bibel, kontrolliert wird, das sich auch in der dem Paulus zeitgenössischen Mischna findet.

Die Briefe des Paulus stehen nicht isoliert da. In der Frage ihrer Einordnung bieten sich zwei Kategorien an: die Briefliteratur einerseits, die wir vor allem im hellenistischen Judentum kennen, etwa im Zweiten Buche der Makkabäer oder im Aristeas-Brief, und die rabbinische Responsen-Literatur ›Scheeloth u-Theschuvoth‹ andererseits. Diese Art der Responsa ist zwar in der klassischen Form erst später bezeugt (im 3. Jahrhundert), aber die Denkform, die den Responsa zugrundeliegt, geht nun tatsächlich auf die Zeit der Mischna zurück, die Zeit des Paulus.

Bei den Responsa handelt es sich um die Antworten rabbinischer Autoritäten auf Anfragen von Einzelnen und Gemeinden. Es geht dabei primär um halachische Probleme, religionsgesetzliche Fragen, aber es werden durchaus auch ethische Probleme, theologische und praktische Fragen der Gemeindeordnung behandelt. Diese Literatur setzte sich bis heute fort. In den echten Briefen des Paulus finden sich alle diese Elemente, wobei es von besonderem Interesse ist, daß halachische Grundregeln zur Aufhebung der Halacha eingesetzt werden: Das Gesetz wird durch das Gesetz praktisch annulliert. Das ist unbestritten eine Eigenheit des Paulus, aber die Form, in der das geschieht, zeigt den Antipharisäer als Pharisäer, den Antinomisten als Meister der Halacha.

Die traditionelle Zählung im Neuen Testament führt unter den Briefen des Paulus die folgenden auf:

1. Der Römer-Brief
2. Der 1. Korinther-Brief
3. Der 2. Korinther-Brief
4. Der Galater-Brief
5. Der Epheser-Brief
6. Der Philipper-Brief
7. Der Kolosser-Brief
8. Der 1. Thessalonicher-Brief
9. Der 2. Thessalonicher-Brief
10. Der 1. Timotheus-Brief
11. Der 2. Timotheus-Brief
12. Der Titus-Brief
13. Der Philemon-Brief

Nach der Zählung in der alten Kirche kam noch der Hebräer-Brief hinzu.

Die moderne Forschung ist weit selektiver und sieht aus methodischen Gründen als unumstritten echte Briefe des Paulus nur an: den Römer-Brief, die beiden Korinther-Briefe sowie die Briefe an die Galater, Philipper, den 1. Thessalonicher-Brief und den Brief an Philemon.

Wir werden uns in der Analyse an diese Zählung halten, um auf festerem exegetischen Grunde zu stehen, jedoch scheint mir gerade der Hebräer-Brief, selbst wenn er nicht von Paulus persönlich geschrieben ist, sondern von einem seiner Schüler oder Mitarbeiter, von besonderem Interesse für unser Unterfangen der »Heimholung des Ketzers« (Schoeps) zu sein.

Es ist für uns auch nicht entscheidend, alle Briefe, die nach der traditionellen Zählung als paulinisch galten, aber einer philologisch-historischen Kritik nicht standzuhalten vermochten, hier zu behandeln. Es geht nicht um Text-Analyse, sondern um die Erkenntnis der geistigen Gestalt des Juden Paulus, die uns aus seinen Selbstzeugnissen entgegentritt.

Viele Forscher halten auch den Kolosser-Brief und den 2. Thessalonicher-Brief für echt paulinisch; stärker umstritten blieb der Epheser-Brief. Die sogenannten Pastoral-Briefe an Timotheus und Titus wurden von der Kritik als nachapostolisch erkannt und von den älteren Paulus-Briefen getrennt. Aber alle diese Briefe, auch die unechten, atmen doch den Geist des Paulus, der Schule, die er begründet hat, wobei die Schüler oft paulinischer sind als Paulus. Diese Erscheinung ist nicht einmalig in der Geisteswelt. Karl Marx schrieb einmal scherzhaft an Engels, daß er kein Marxist sei. Auch Paulus hätte zuweilen sagen können, daß er kein Paulinist sei, wenn seine eigenen Gedanken durch griechische, nicht-jüdische Schüler so verzerrt, übertrieben wurden, daß die Nuancen fehlen, die das sehr differenzierte dialektische Denken des Paulus kennzeichnen.

Es ist eines der Anliegen des *Römer-Briefes*, in den entscheidenden Kapiteln 9–11 die extremen Paulinisten sozusagen zurückzupfeifen, wo sie in ihrer Ablehnung des Gesetzes und des Gesetzesvolkes Israel zu weit gingen, selbst für den Glauben des Paulus, der Gesetz und jüdischen Isolationismus bereits für sich relativiert hatte.

Der Römer-Brief ist der längste Brief des Paulus und der grundlegende Ausdruck seiner Theologie. Dabei ist nochmals zu betonen, daß Paulus kein Systematiker war und daher auch hier aus der Situation in eine bestimmte Situation hinein geschrieben oder, besser gesagt, diktiert hat; denn niedergeschrieben wurde diese umfangreiche Epistel von dem Sekretär Tertius, der es sich nicht versagen konnte, gegen Ende des Briefes noch seine frommen Grüße mit anzubringen (16,22).

Gerade dieses letzte Kapitel des Römer-Briefes mit seinen Empfehlungen für eine gewisse Phoebe, den Warnungen vor Irrlehrern und der langen Grußliste wurde von manchen Exegeten für unecht, einem späteren Anhang zugehörig gehalten. Man gab zu bedenken, daß Paulus, wie aus dem Brief klar hervorgeht, noch gar nicht in Rom weilte und trotzdem schon eine solche erkleckliche Anzahl von Bekannten dort hatte. Unausgesprochen aber war manchem wackeren Theologen die Trivialität dieser Gruß- und Empfehlungsliste, im Anschluß an die erhabensten Gedanken der Christologie, Soteriologie und Eschatologie, einfach unerträglich.

Mir scheint aber gerade diese Gruß-Liste zum Schluß ein Zeichen der Echtheit. Das denkt sich kein frommer Fälscher aus. Hier wird der Sitz im Leben sichtbar. Hier wird der Brief noch einmal so ganz jüdisch, wenn auch die Namen griechisch sind. Juden haben überall auf der Welt Bekannte, sie reisen mehr als die Pfahlbürger anderer Völker, die zumindest in früheren Jahrhunderten sich aus ihrem Umkreis nicht wegbewegten. Schon die Polarität von Jerusalem und der Diaspora hat diese internationalen Beziehungen begünstigt. Man kannte sich, damals wie heute, in der jüdischen Welt über Länder und Meere hinweg. Hinzu kommt, daß die ausgedehnte Reisetätigkeit des Paulus ihn natürlich mit Gesinnungsfreunden zusammenführte, die in der Metropole, in Rom, wohnten oder sich dort niedergelassen hatten. Diese Begegnungen mußten nicht in Rom stattgefunden haben, sondern irgendwo auf den vielen Stationen der Missionsreisen des Paulus.

Man nimmt an, daß der Römer-Brief im Frühling des Jahres 58 in Korinth geschrieben wurde. Die Untersuchungen und Überlegungen, die dahin führen, kann man in den Kommentaren zum Römer-Brief nachlesen. Die Forschung stimmt im allgemeinen darin überein, daß die Briefe in der Zeit vom Jahre 50 bis zum Jahre 65 geschrieben wurden, in den letzten fünfzehn Lebensjahren des Paulus. So gesehen wären sie die reife Frucht nicht nur seines Denkens, sondern auch seiner großen Erfahrung. Der Römer-Brief wäre also die Mitte der paulinischen Briefe, chronologisch gesehen; vor allem aber ist er es geistesgeschichtlich gesehen. Und darauf, nur darauf kommt es an.

Das große Anliegen des Römer-Briefes ist die Gerechtigkeit, die mangelnde Gerechtigkeit des Menschen und die von Zorn und Gnade flankierte Gerechtigkeit Gottes. Paulus spricht von der Rechtfertigung des Menschen, aber noch tiefer bewegt ihn die Rechtfertigung Gottes, der »Zidduk Hadin«. Dieser hebräische Begriff muß hier eingeführt werden, er meint die Rechtfertigung des Gerichtes (Gottes) und ist ein Grund-Thema jüdischer Theologie.

Die Lösungen, die Paulus findet, sind freilich seine eigenen, führen aus dem pharisäischen Judentum hinaus, in den Christusglauben an Jesus von Nazareth hinein, aber die Ansätze des paulinischen Denkens, die Problemstellung, die Beweisführung unter ständiger Zitierung der hebräischen Bibel sind und bleiben pharisäisch-rabbinisch, also gut jüdisch.

Wenn etwa der Tübinger Neutestamentler Otto Michel in seinem Artikel über den Römer-Brief im Calwer Bibel-Lexikon (1959) bemerkt: »Die Einheit von Gericht und Gnade, die in dieser Form ganz unjüdisch ist, zeugt gerade für das lebendige Wirken Gottes ... Mit diesem Nein zum Gesetz, das allerdings ein andersartiges Ja nicht ausschließt, ist die Kampfansage gegen das Judentum und den Judaismus gegeben ...«, so kann ich dem nicht zustimmen. Ich glaube vielmehr, daß der Römer-

Brief, wie überhaupt das Denken des Paulus, nicht nur vom Judentum herkam, sondern jüdisch geblieben ist. Diese Erkenntnis wurde stets dadurch erschwert, daß christliche Theologie sich selbst in Paulus erkennen wollte. Ganz klar ist das im Vorwort zum Römerbrief von Karl Barth ausgesprochen, dem berühmtesten Kommentar neuerer Zeit zum Briefe des Paulus an die christliche Gemeinde in Rom: »Die historisch-kritische Methode der Bibelforschung hat ihr Recht: sie weist hin auf eine Vorbereitung des Verständnisses, die nirgends überflüssig ist. Aber wenn ich wählen müßte zwischen ihr und der alten Inspirationslehre, ich würde entschlossen zu der letzteren greifen: sie hat das größere, tiefere, *wichtigere* Recht, weil sie auf die Arbeit des Verstehens selbst hinweist, ohne die alle Zurüstung wertlos ist. Ich bin froh, nicht wählen zu müssen zwischen beiden. Aber meine ganze Aufmerksamkeit war darauf gerichtet, durch das Historische *hindurch* zu sehen in den Geist der Bibel, der der ewige Geist ist. Was einmal ernst gewesen ist, das ist es auch heute noch. Und was heute ernst ist, und nicht bloß Zufall und Schrulle, das steht auch in unmittelbarem Zusammenhang mit dem, was einst ernst gewesen ist. Unsere Fragen sind, wenn wir uns selber recht verstehen, die Fragen des Paulus, und des Paulus Antworten müssen, wenn ihr Licht uns leuchtet, unsere Antworten sein.«

Bedenkt man, daß diese schönen Worte im Sommer 1918 in Safenwil in der Schweiz geschrieben wurden, so wird man doch skeptisch, was die Richtigkeit dieser Betrachtung anlangt. Paulus war ein hellenistischer Jude aus Tarsus und kein reformierter Pfarrer aus Safenwil. Der Unterschied kann nicht übersehen werden. Auch wir wollen durch das Historische hindurchblikken, aber auf den geistesgeschichtlichen Hintergrund, auf den existentiellen Wurzelgrund des Paulus. Dabei zeigt es sich, daß die Probleme, die sich vor 1900 Jahren stellten, nicht immer die unseren sind. Karl Barth hatte es weder in seiner Pfarre in Safenwil noch als Professor der Theologie in Münster, Bonn und Basel mit den Problemen zu tun, mit denen die christliche Gemeinde in Rom zur Zeit des Paulus zu ringen hatte. Der Antagonismus zwischen Judenchristen und Heidenchristen, den Paulus als Mentor der zerrissenen Gemeinde überwinden will, spielte weder in Safenwil noch in Münster, Bonn oder Basel eine Rolle. Daher sah Barth auch nicht bei aller Tiefe seines theologischen Blicks die Vordergründigkeit der paulinischen Problematik. Dort, wo Paulus am klarsten und eindringlichsten als Jude spricht, in den Kapiteln 9–11 des Römer-Briefes, spricht Barth nur von der Kirche, ihrer Not, ihrer Schuld und ihrer Hoffnung. Wir aber versuchen den Paulus aus der Kirche wieder in die Synagoge zurückzuversetzen, in der er um Israel gekämpft hat. Dabei kann natürlich keinen Augenblick übersehen werden, daß Paulus den Weg zu den Herzen nichtjüdischer Menschen leichter gefunden hat als zu vielen seiner so heiß umworbenen jüdischen Brüder und Schwestern, aber sowohl in diesem tragischen Ringen um das Verständnis jüdischer Kreise wie auch in der Beziehung zu Griechen bleibt Paulus, was er gewesen ist: ein Diaspora-Jude. Aber, so argumentiert die christliche Theologie, schon in den gewaltigen Enleitungsakkorden des Römer-Briefes überwindet Paulus das Judentum, stellt den Glauben an die Stelle aller Gesetzlichkeit und Werkgerechtigkeit. Nur der Glaube entscheidet. Hier ist nichts mehr von Judentum zu spüren: »Denn ich schäme mich des Evangeliums von Christus nicht; denn es ist eine Kraft Gottes, die da selig macht alle, die daran glauben, die Juden vornehmlich und auch die Griechen. Denn darin wird offenbar die Gerechtigkeit, die vor Gott gilt, welche kommt aus dem Glauben in Glauben; wie denn geschrieben steht (Habakuk 2,4): ›Der Gerechte lebt seines Glaubens‹.«

Da haben wir es also, daß Prinzip »Sola fide«, »Nur aus Glauben« (Röm. 3,28), das für die Reformatoren, von Luther an, zentral wurde. Hier ist der klare Gegensatz zum Judentum gegeben, das eine Religion der Tat, der Gesetzeserfüllung, der guten Werke ist.

Ist das wirklich so? Keineswegs. Im Traktat Makkoth 23b/24a findet sich die genaue Parallele zu der Aussage des Paulus, die sich auf den Satz aus der hebräischen Bibel, aus dem Propheten Habakuk, stützt: »Zaddik be-Emunatho jichje« (Der Gerechte lebt aus (durch) seinem(n) Glauben).

Die Stelle lautet gekürzt: »Rabbi Simlai legte aus: Sechshundertdreizehn Gebote wurden Mose gegeben. Dreihundertfünfundsechzig Verbote nach der Zahl der Tage des Sonnenjahres und zweihundertachtundvierzig Gebote entsprechend den Gliedern des Menschen.«

Nun geht eine längere talmudische Diskussion darum, diese Gebote mehr und mehr zu reduzieren. Zuerst kam David und reduzierte sie auf elf, gemäß Psalm 15,2ff.: »Wer untadelig lebt und tut, was recht ist, und die Wahrheit redet vom Herzen und mit seiner Zunge nicht verleumdet, wer seinem Nächsten nichts

Arges tut, seinen Nachbarn nicht quält, wer die Verworfenen für nichts achtet, aber ehrt die Gottesfürchtigen, wer seinen Eid hält, auch wenn er ihm schadet, wer sein Geld nicht auf Zinsen gibt und nicht Geschenke gegen Unschuldige annimmt. Wer das tut, wird nimmer wanken.«

Nach demselben Prinzip wird dann Jesaja genannt, der die Gebote auf sechs reduziert habe, ja schließlich nur noch zwei gelten ließ: »Wahret das Recht und verwirklicht die Gerechtigkeit« (Jes. 56,1). Schließlich endet die talmudische Diskussion mit der Reduzierung auf *einen* Grundsatz: »Amos kam und stellte sie zu Einem zusammen, denn es heißt: ›So spricht der Herr zum Hause Israel: suchet mich, damit ihr lebet‹« (Amos 5,4). Rav Nachman Ben Jizchak wandte dagegen ein: »Das würde besagen, suchet mich in der ganzen Thora.« Nein, sondern Habakuk kam und stellte sie zu Einem zusammen, denn es heißt: »Der Gerechte lebt seines Glaubens« (Hab. 2,4).

Wir haben hier also ganz genau denselben Gedankengang und schließlich sogar dieselbe Belegstelle bei den Rabbinen und bei Paulus. Der so siegreich ausposaunte Antagonismus zwischen Paulus und dem Judentum, die Überwindung des Judentums durch Paulus, muß im Lichte einer solchen Talmudstelle gründlich revidiert werden.

Der Gerechte lebt seines Glaubens oder aus seinem Glauben oder durch seinen Glauben; all das ist in dem hebräischen Satz enthalten. Das ist die Quintessenz im Römerbrief und in der angeführten Talmudstelle, wobei es keine Rolle spielt, was früher und was später ist. Der rabbinische Grundsatz, daß es in der Thora kein Vorher und kein Nachher gibt, sondern eine Gleichzeitigkeit der Offenbarung gedacht werden muß, da sie aus der Ewigkeit in die Zeit ragt, scheint mir auch hier anwendbar zu sein. Weder behaupte ich, daß Paulus in jedem einzelnen Zitat von den Rabbinen abhängig ist, noch daß sie gar von Paulus abhängen. Ich behaupte vielmehr, daß sie Geist von *einem* Geiste sind, daß es gar keinen Gegensatz zwischen Paulus und den Rabbinen gibt, sondern daß er einer von ihnen war.

Bleibt dennoch das »Evangelium von Christus«. Das scheidet natürlich Paulus von den (anderen) Rabbinen, aber das Bekenntnis zu Bar-Kochba als Messias schied auch Rabbi Akiba von den anderen Rabbinen, die Bar-Kochba mit dem Scheltnamen Bar-Kosiba, Lügensohn, statt Sternen-Sohn bedachten. Die Parallele muß noch weiter ausgezogen werden. Paulus betont ausdrücklich, daß der Glaube an *seinen* Messias, den Christus Jesus, eine Gotteskraft ist, die alle Menschen selig macht. Dabei unterläßt er es aber nie zu sagen: »Die Juden *vornehmlich* und *auch* die Griechen«.

Das ist wieder streng rabbinisch gedacht. Der Messias kommt (oder ist gekommen) als der Erlöser Israels, also zunächst zu den Juden. Dann erst erkennen auch die anderen Völker die Rettertat Gottes und bekehren sich zum Gotte Jakobs, im Sinne der eschatologischen Vision im zweiten Kapitel Jesaja.

Paulus hat nun allerdings die umgekehrte Erfahrung gemacht. Die Griechen, die Heidenvölker, waren empfänglicher für die Botschaft vom auferstandenen Messias als die Juden. Das führt zu Überlegungen über das Geheimnis Gottes mit Israel, was Römer 9–11 breit ausgeführt wird.

Wenn nun aber die Heiden offenbar zum Glauben des Paulus prädestiniert sind, so sind sie echte Kinder Abrahams, der der Vater des Glaubens ist. Sie sind es, »dem Fleische nach« (biologisch) aber doch nicht, von den Arabern abgesehen, den Söhnen Ismaels, die Paulus hier nicht besonders erwähnt. Im 4. Kapitel des Römer-Briefes geht Paulus daher auf Abraham ein: »Was sagen wir denn von Abraham, unserem Vater nach dem Fleisch, daß er erlangt habe? Das sagen wir: ist Abraham durch die Werke gerecht, so hat er wohl Ruhm, aber nicht vor Gott. Denn was sagt die Schrift? ›Abraham hat Gott geglaubt, und das ist ihm zur Gerechtigkeit angerechnet worden‹ (1. Mose 15,6). Dem aber, der mit Werken umgeht, wird der Lohn nicht aus Gnade zugerechnet, sondern aus Pflicht ... Wie ist er ihm (Abraham) denn zugerechnet worden? Als er *beschnitten* war oder noch *unbeschnitten*? Ohne Zweifel: *nicht* als er beschnitten, sondern als er noch unbeschnitten war. Das Zeichen der Beschneidung empfing er nur zum Siegel der Gerechtigkeit des Glaubens, welchen er hatte, als er noch nicht beschnitten war. So sollte er ein Vater werden aller, die da glauben und nicht beschnitten sind, damit ihnen ihr Glaube angerechnet werde zur Gerechtigkeit. Er sollte aber auch ein Vater der Beschnittenen werden; derer nämlich, die nicht allein beschnitten sind, sondern auch wandeln in den Fußstapfen des Glaubens, welcher war in unserem Vater Abraham, als er noch nicht beschnitten war ...« (4,1–12).

Hier haben wir ein Musterbeispiel dafür, wie in strenger rabbinischer Denkart eine Lehre vorgetragen wird, die vom historischen Rabbinismus aus gesehen Ketzerei ist. Die Beschneidung wird nicht mehr als *Zeichen des Bundes* angesehen, sondern als Siegel der Glaubensgerechtigkeit. Streng nach dem Wortlaut der Thora wird darauf verwiesen, daß Abrahams Glaubensgerechtigkeit *vor* der Berith Mila, vor der Beschneidung, Ereignis geworden ist. Dieselbe Hermeneutik, die zur Gewinnung der Halacha, des Religionsgesetzes, als dem Bibeltext im rabbinischen Schrifttum angewendet wird, wird hier zur Überwindung der Halacha eingesetzt. Aber es ist derselbe Geist, dieselbe Methode, es ist ein »Pilpul«, ein scharfsinniges Streitgespräch, wie es nur im Lehrhause des Rabban Gamaliel oder in einer anderen rabbinischen Lehranstalt geführt werden konnte. Mit diesen Beweisführungen appelliert Paulus natürlich an seine *jüdischen* Leser, denen die Abrahams-Geschichte geläufig ist und die sie nun anders verstehen sollen als bisher.

Selbst dort, wo man bei Paulus hier im Römer-Briefe meint, Gedanken zu finden, die dem Judentum *völlig* fremd sind, also wohl ganz aus der griechischen Gedankenwelt stammen oder aus anderen nichtjüdischen Bildungsquellen, erweist sich bei näherem Hinsehen, daß jüdische Parallelen gegeben sind. Paulus zitiert eigentlich nur biblische Belegstellen, da nur die Bibel, gemeint ist hier das Alte Testament, für ihn Beweiskraft hat, und er argumentiert immer so, wie man im pharisäischen Lehrhause argumentierte, wobei er freilich oft zu anderen Ergebnissen kommt. Aber man darf nicht vergessen, daß auch die Rabbinen nicht einig waren und zu verschiedenen Ergebnissen kamen und heute noch kommen, wobei der liberale Grundsatz gilt: »Diese und jene sprechen Worte des lebendigen Gottes«.

Und doch ragt nun aus dem paulinischen Denken ein Zentralbegriff hervor, der offenbar ohne jede Parallele und ohne jeden Ansatzpunkt im Judentum bleibt: die Lehre vom *Leib Christi.*

Die Ekklesia, die Gemeinde (der Ausdruck ist übrigens auch aus der griechischen Übersetzung der hebräischen Bibel genommen, wo er für die Gemeinschaft der Kinder Israels gebraucht wird) bildet den Leib Christi. Juden und Griechen sind hier zusammengeschlossen in diesem mystischen Leib, sind Glieder an einem Leib. (Röm. 12,4–5; 1. Kor. 12,13)

Die Leib-Christi-Theologie ist für den Römer-Brief deshalb von so großer Bedeutung, weil sich dieses Sendschreiben an die aus Juden und Heiden zusammengesetzte Gemeinde um ihre Einheit bemüht. Dieselben Kontroverspunkte, die noch heute rein äußerlich innerhalb der jüdischen Gemeinde, zum Beispiel im Staat Israel, trennend wirken, machten sich schon dort bemerkbar. Es gab Judenchristen, die die Kaschruth, die Speisegesetze, streng einhielten und ebenso den Sabbath und die Feiertage; und es gab Heidenchristen, die Speisegesetze, Sabbath und Festtage als unerheblich hinter sich gelassen hatten. (Heute ist dieser Gegensatz nicht mehr in der *christlichen*, sondern in der *jüdischen* Gemeinde akut.) Aus Furcht vor rituell unzulässiger Kost aßen manche der Judenchristen in Rom nur vegetarisch, und aus Angst vor rituell unzulässigem Wein (Nessach) lebten sie abstinent (Röm. 14,2 ff.). Die Heidenchristen verachteten sie wegen dieser Skrupel, und die Judenchristen verachteten die Heidenchristen wegen ihrer Gesetzlosigkeit, die sich wohl nicht nur auf die Ritualien beschränkte, sondern offenbar auch in sexuelle Perversionen ausartete. (Röm. 1,26–27)

Paulus will nun *beiden* Parteien verständlich machen, daß sie durch den Glauben an den Christus Jesus vereint sind und das Trennende zurückzustellen haben, daß sie Glieder an einem Leibe Christi sind.

Woher kommt diese Vorstellung? Gibt es eine verwandte Konzeption im Judentum?

Es ist eine *mystische* Vorstellung, und sie findet ihre Entsprechung in der *jüdischen Mystik*, der sogenannten »Schiur Koma«-Mystik. Hier handelt es sich um eine mystische Lehre vom »Maß der Höhe«, die in zwei Fragmenten der Kabbala erhalten ist: im Buche »Rasiel« und in den »Otioth de Rabbi Akiba«. Hier wird von einem Leib Gottes gesprochen, der Israel umfaßt und kosmische Ausmaße annimmt. Die Tradition schreibt diese mystische Lehre vom Leib Gottes dem Rabbi Ismael zu, einem Tannaiten an der Wende zwischen dem ersten und zweiten Jahrhundert, also kaum später als Paulus. Der literarische Niederschlag dieser mystischen Vorstellungen ist freilich später. Aber bei Gedanken und Konzeptionen dieser Art ist die literarische Fixierung oft erst Jahrhunderte später erfolgt. Literargeschichtlich wird uns diese Mystik erst in der gaonäischen Zeit bezeugt (vom 6. bis ins 13. Jahrhundert), aber alle Forscher sind sich darüber einig, daß die Ursprünge viel weiter zurückreichen. Der Anthropomorphismus dieser Vorstellung hat den schärfsten Widerspruch der Rationalisten im Judentum, wie Maimonides, ausgelöst, aber die Mystiker, die Kabbalisten, bauten diese Lehre aus, gaben die Maße etwa der Fußsohlen Gottes an.

Hier haben wir die Vorstellung vom mystischen Leib im kosmischen Sinne, eine Vorstellung, die wir bei Paulus finden, ohne zu ahnen, daß auch hier noch, an dieser äußersten Peripherie, sich ähnliche Denkformen im Judentum nachweisen lassen.

Die Einwände von früherer oder späterer Datierung solcher Vorstellungen ist für eine psychologische Erhellung weniger wichtig. Denkformen produzieren und reproduzieren Archetypen der Seele, der jüdischen Seele in diesem Falle. Vorstellungen kommen und gehen, aber sie kehren wieder, wenn sie der Substanz der Volksseele adäquat sind. Das scheint mir bei Paulus durchweg gegeben zu sein, so daß man immer dort, wo er *scheinbar* den Boden des Judentums ganz verläßt, nach Randprovinzen des Judentums Ausschau halten muß, damit man nicht zu einem Fehlurteil gelangt.

Die jüdische Stimme des Paulus aber spricht zu uns im Römer-Brief am eindringlichsten in den Kapiteln 9–11, wo es um das *Geheimnis Israels* geht. Erst in den letzten Jahren hat die christliche Theologie diese Stelle in ihrer ursprünglichen Bedeutung wieder in den Blick bekommen. Die klare Erkenntnis des Paulus, daß die Erwählung Israels nie rückgängig gemacht werden kann, daß das jüdische Volk das Volk der Verheißung bleibt, war jahrhundertelang durch dogmatische Vorstellungen blockiert, die dem Judentum nur eine Vergangenheit, im Lichte Gottes, zubilligten, eine gespenstische Gegenwart und keine Zukunft.

Paulus sah es anders.

Er sah hier ein Mysterium Gottes, das ihn mit tiefem Schmerz erfüllte. Er identifiziert sich mit dem jüdischen Volk hier vorbehaltlos, sagt, er würde es auf sich nehmen, selbst von Christus getrennt zu sein, wenn er dadurch seinen jüdischen Brüdern den Weg zu Christus bahnen könne.

Man hört die beschwörende Stimme des Juden Paulus gegenüber den römischen Heidenchristen, die bereits damals (hierin wohl typische Römer!) das jüdische Volk gern als verworfen ansahen. Paulus aber hält, ganz im Sinne der Theologie des Judentums, an der Erwählung Israels fest. Israel hat die unmittelbare Gotteskindschaft, steht im Bund mit Gott, hat die Thora, den Tempel und die eschatologischen Verheißungen Gottes. Das Gesetz, die Thora, wird hier von Paulus(!) als Gnadengabe Gottes angeführt. Noch einmal wird den Heidenchristen ins Gedächtnis gerufen, daß Christus ein Jude war und mit Christus keineswegs Gottes Wort an Israel zu Ende ist.

Freilich unterscheidet Paulus zwischen einer rein äußerlichen und einer inneren Zugehörigkeit zu Israel.

Unversehens gleitet Paulus, der pharisäische Schriftgelehrte, nun wieder in eine midraschische Deutung der Väter-Sagen ab, zeigt seine Prädestinations-Theologie an dem Verhältnis von Jakob und Esau auf und beruft sich schließlich auf die frei wählende Gnade Gottes. Diese ist, nach Paulus, bereits in der Thora bezeugt, an jener gewaltigen Stelle, da Gott seinen Kabod, seine Offenbarungswürde oder Manifestationsschwere, an Mose vorüberführt und dabei verlauten läßt: »Ich begünstige, wen ich begünstige / ich erbarme mich, wes ich mich erbarme.« (2. Mose 33,19)

Paulus führt diese Stelle ausdrücklich an, so daß wir tatsächlich nicht sagen können, daß die Prädestinations-Lehre von ihm als etwas Neues eingeführt wurde. Sie hat, wie fast alles in der Theologie des Paulus, ihre Wurzeln in der hebräischen Bibel und im Traditionsgut des Judentums.

Den Menschen, die sich gegen den Beschluß Gottes auflehnen wollen, sagt Paulus, daß der Mensch nichts anderes sei als Ton in des Töpfers Hand ... und damit wird wiederum ein Gleichnis des Propheten Jeremia aufgegriffen.

Paulus bezieht sich (9,25) ausdrücklich auf den Propheten Hosea, indem er die Berufung zum Volke Gottes über das biologische Israel hinaus ausdehnt, wobei freilich dem Text Gewalt angetan wird, da die betreffende Stelle (Hos. 2,25) von der Wiederannahme Israels spricht, das in die Irre gegangen war.

Aber auch das großartige Gleichnis, das Paulus (11,17–24) gebraucht, das *Gleichnis vom Ölbaum,* geht wohl auf Hosea (14,7) zurück, wo Israel mit einem Ölbaum verglichen wird. Dieses Gleichnis greift nun der Apostel auf. Israel ist und bleibt Gottes guter Ölbaum. Jetzt sind freilich einige Äste abgebrochen, nämlich diejenigen Juden, die sich dem Evangelium (noch) verschließen. An ihrer Stelle sind die wilden Zweige, die Heiden, in diesen guten Ölbaum eingepfropft.

Die Zweige sollen sich aber nicht überheben, sollen sich nicht über die Wurzel rühmen, denn die Wurzel (Israel) trägt den ganzen Baum, der nicht zum Absterben verurteilt ist. Durch dieses Gleichnis schimmert auch die Bezeichnung des Gesetzes als Baum des Lebens (Spr. 3,18) hindurch. Auch das Gesetz, die Thora, bleibt ja, trotz allem, für Paulus der heilige Offenbarungswille Gottes, an dem der Mensch zuschanden wurde, denn das Gesetz in unseren Gliedern (identisch wohl mit dem »Jezer ha-Ra«, dem bösen Trieb der rabbinischen Terminologie) widerstreitet dem Gesetz Gottes.

Man muß Römer 9–11 streichen, wenn man Paulus zum Gegner des Judentums machen will. Er war es nicht. Er übte Kritik an der Selbstgerechtigkeit der Juden *und* Griechen. Er übte Kritik an einer leeren minuziösen Gesetzeserfüllung mancher Juden und an der gesetzlosen Zügellosigkeit mancher Heiden. Er wurde in beidem mißverstanden. Die Juden glaubten, er lehne das Gesetz überhaupt ab, und die Heiden glaubten, es gebe überhaupt kein moralisches Gesetz mehr und jede Zügellosigkeit und Perversion sei statthaft, denn nur der Glaube entscheidet. Wenn Paulus lehrte, daß im Äon des Messias die Freiheit vom Gesetz Ereignis geworden sei, so dachte er dabei primär an das jüdische Ritualgesetz, an das seine griechischen Hörer überhaupt nicht dachten, die nun einen Freibrief für Blutschande und Homosexualität, sexuelle Ausschweifungen aller Art erhalten zu haben glaubten.

Wie Goethes Zauberlehrling steht hier Paulus vor den Geistern oder dem Geiste, den er rief und nicht mehr loswerden kann.

Offenbar hat die Freiheit vom Gesetz auch den Keim zur Unbotmäßigkeit gegenüber dem Staat in sich getragen, so daß Paulus in dem berühmten und fast berüchtigten 13. Kapitel des Römerbriefes noch einmal zur Loyalität gegenüber dem Staat aufruft, den er als göttliche Stiftung sieht. Auch damit bleibt er ganz im Rahmen der pharisäischen Auffassung.

Der Grundsatz »Dina de Malchutha Dina«, das Staatsgesetz ist wie Religionsgesetz, auch wenn es von einer nichtjüdischen Obrigkeit erlassen wird, spiegelt sich hier wider. Der Satz selbst geht auf den Amoräer Samuel zurück und findet sich im Talmud mehrfach: Gittin 10b; Nedarim 28a; Baba Bathra 54b; Baba Kama 113a; vergl. auch Sukka 30a und im jerusalemischen Talmud Schekalim 3,47 und 33.

Auch hier ist wiederum zu sagen, daß es sich zwar im Talmud um eine *spätere Formulierung* handelt, aber das hat nichts zu tun mit dem Geiste, der hier bezeugt wird und eben ganz Geist vom Geiste des Paulus ist, der seinerseits ein Talmid-Chacham war, ein Schüler der Weisen Israels.

Es kann nicht unsere Aufgabe sein, den ganzen Inhalt des Römerbriefes hier zu referieren – er spricht für sich. Aber ich möchte noch einmal auf den umstrittenen Schluß zurückkommen, jenes leicht triviale 16. Kapitel mit Empfehlungen und persönlichen Grüßen, das so vielen Auslegern suspekt ist. Hier scheint mir auch geistig etwas typisch Jüdisches gegeben zu sein, eine Haltung, auf die Max Brod in seinem Frühwerk ›Heidentum, Christentum, Judentum‹ aufmerksam gemacht hat. Brod knüpfte an ein Wort im Talmud an, das Rabbi Schimon bar Jochai zugeschrieben wird: »Mir ist ein Wunder widerfahren, darum will ich eine nützliche Einrichtung treffen.«

Brod unterschied hier die christliche Haltung, die sich im Lichte des Wunders desinteressiert von der Welt zurückzieht, von der jüdischen Haltung, die in der Begnadung durch das Wunder einen Ansporn zu sozialer Aktivität sieht. Der christliche Heilige, dem ein Wunder widerfahren ist, zieht sich von der Welt zurück, hinter Klostermauern, in eine Einsiedelei, stirbt der Welt ab. Der Jude, dem das Wunder begegnet ist, kehrt durch das Wunder gestärkt in die Welt zurück.

Diese Haltung spricht aus den Schlußworten des Römerbriefes. Paulus ist ein Wunder widerfahren, im Damaskus-Erlebnis. Er ist dadurch verwandelt und neugeboren, aber er kehrt zurück in die Welt, kümmert sich um jene Phoebe aus Kenchreä und bittet, sie gut aufzunehmen, grüßt eine ganze Reihe von Freunden, Mitarbeitern und ihre Familien.

Wenn hier etwas Angehängtes ist, dann vielleicht jener Lobpreis Gottes, der die letzten beiden Sätze des Briefes bildet und wirkt, als sei er als Schlußakkord eingesetzt.

Aber das ist unerheblich. Erheblich ist das *Mysterium Israels*, von dem Paulus Zeugnis ablegt. Nur für eine Weile, das ist der Inhalt dieses Mysteriums, muß Israel teilweise blind sein für das Licht, das er, Paulus, vor Damaskus gesehen hat. Der Heilsplan Gottes will es so, um den Völkern eine Chance zu geben. Israel aber wird nach Bekehrung der Völker seinen Messias erkennen und zu neuem Leben erwachen. Hoffnung, Hoffnung aus Liebe.

Das alles ist nicht auf ferne Zukunft hin gedacht, sondern in der *unmittelbaren Erwartung einer konsequenten Eschatologie* diktiert, die mit dem täglichen Anbruch des Gottesreiches rechnete und sich damit verrechnete.

War der Römerbrief an eine Gemeinde geschrieben, die Paulus noch nicht besucht hatte, so ist der *1. Korintherbrief* an eine Gemeinde gerichtet, die Paulus sehr wohl kannte. Zeitlich liegt dieser Brief wohl ein Jahr vor dem Römerbrief, wurde vermutlich im Frühjahr des Jahres 57 in Ephesus geschrieben (1. Kor. 16,8); nicht lange danach entsteht der *2. Korintherbrief* in Mazedonien. (2. Kor. 7,5; 8,1; 9,2 ff.)

Der 1. Korintherbrief ist der Brief eines Vaters, der seine Kinder im Geiste gezeugt hat. Paulus sieht in der Gemeinde zu Korinth seine geistliche Schöpfung. Hier hat er Menschen erweckt; mit wenigen Ausnahmen hat er sie nicht getauft, sondern durch das *Wort* zur Gemeinschaft mit Christus gerufen.

Und nun spaltet sich diese Gemeinde. Einige beziehen sich auf Paulus selbst, andere auf jenen Apollos, der uns aus der Apostelgeschichte (18,24.27) bekannt ist, andere auf Petrus (Kephas). Paulus aber weist diese Spaltungen entschieden zurück und betont, daß es nur *eine* Gemeinde Christi geben kann. (In der Spaltung der Gemeinden wiederholt sich die Spaltung des Judentums in Pharisäer, Sadduzäer, Essäer und später in die Schulen des Hillel und des Schammai; in dieser Spaltung wird aber auch bereits die spätere Kirchengeschichte sichtbar: Katholiken, Lutheraner, Calvinisten usw.)

Die wahre Gemeinde ist gekennzeichnet durch den Widerspruch gegen alle Weisheit der Welt, durch die Ablehnung der jüdischen Auffassung vom sieghaften Messias und durch die Torheit des Kreuzes. Sie bietet der griechischen Welt ihre Torheit und der jüdischen Welt das Skandalon an.

In der beredten Ablehnung der Weisheit, der Klugheit, die vor der Torheit des Kreuzes zuschanden wird, findet der Antiintellektualismus des jüdischen Intellektuellen Paulus seinen klassischen Ausdruck. Darin hat Paulus viele Nachfolger, vor allem auch unter Juden, jüdischen Intellektuellen gefunden, die ein Erkenntnis-Ekel in eine zweite Naivität trieb. Paulus will alle Erkenntnis und alles Wissen, alles Ringen um Wahrheit hinter sich lassen, um nur die nicht errungene, sondern gnadenhaft geschenkte Wahrheit in Jesus Christus gelten zu lassen.

Hier ist aber trotzdem nicht der »Geist Widersacher der Seele«, sondern der Intellekt Widersacher des Geistes im Sinne des griechischen Wortes Pneuma, worunter hier der Heilige Geist zu verstehen ist. Der Heilige Geist bei Paulus ist freilich noch keine »Person« wie im späteren Christentum, sondern eine Emanation Gottes im Sinne des alexandrinisch-jüdischen Philosophen Philo.

Der Geist erkennt, gegen den Intellekt, die Torheit des Kreuzes als Weisheit Gottes. Der Geist im Menschen erkennt dies, was der natürliche Mensch von sich aus nicht zu erkennen vermag. All das ist primär zu griechischen Lesern und Hörern gesagt.

Für die jüdischen Leser aber wird das Skandalon, das Ärgernis des Kreuzes, herausgestellt, denn der am Holz Gehenkte mußte (gemäß 5. Mose 21,22–23) ein Skandalon sein, weil ein Gehenkter ein Fluch Gottes ist. (Im Galater-Brief 3,13 wird dieser Gedanke bis zur Klimax hochgetrieben, so daß Christus die Juden vom Fluch des Gesetzes dadurch erlöst, daß er selbst zum Verfluchten des Gesetzes wird.)

Man spürt es diesen Gedanken an, daß Paulus sie immer und immer wieder durchdacht hat, sie immer und immer wieder neu formuliert, wobei seine rabbinische Rabulistik bis in die kühnsten Paradoxe sich versteigt.

Wieder muß er sich (Kap. 5) mit der mißverstandenen Freiheit auseinandersetzen. Die Zustände in Korinth lassen ihn erschauern, wenn er erfährt, daß einer der Neubekehrten mit der eigenen Stiefmutter schläft, was für Paulus, bei aller Freiheit vom Gesetz, untragbar ist. Das klare Verbot (3. Mose 18,7–8) ist für ihn doch unübersteigbar und erfordert den Ausschluß des entarteten Bruders.

Es ist rührend zu sehen, daß ihm nun ganz wie von selbst der Vergleich mit der Ausräumung des Chamez zu Pessach, der Ausräumung des Sauerteiges zum Passah-Feste, in die Feder fließt, obwohl diese strenge Vorschrift für das jüdische Osterfest seinen griechischen Lesern keineswegs selbstverständlich ist. Der Jude aber, der im Gesetz und Brauch des Judentums aufgewachsen ist, nimmt seine Vergleiche eben mit größter Selbstverständlichkeit aus diesem Bereich, so daß Paulus die Sünde mit dem Chamez, dem Sauerteig, vergleicht und Jesus natürlich dann, im Rahmen dieses Bildes, als Korban Pessach bezeichnet, als das Passah-Lamm.

Die Kapitel 6–8 erweisen den 1. Korinther-Brief als einen echten Bestandteil der Responsen-Literatur. Paulus antwortet auf Fragen, die ihm gestellt werden, und er tut dies in einem echt jüdischen Sinne. Da gibt es zum Beispiel Streitereien in der Gemeinde. Die Brüder laufen zu fremden Richtern. Paulus wehrt ihnen dies, gibt zu bedenken, daß es doch bestimmt nicht an einem weisen Manne in der Gemeinde mangele, dem man Konflikte zur Schlichtung unterbreiten könne. Nicht anders haben Juden in der Diaspora jahrhundertelang gehandelt. Die Anrufung fremder Gerichte war streng verpönt, konnte den Gemeindebann zur Folge haben. Streitende jüdische Parteien gingen zum Rabbi und riefen den Din Thora, das Rabbinatsgericht, an. Paulus wünscht, daß Streitigkeiten in der Gemeinde zu Korinth auf die gleiche Weise geschlichtet werden sollen.

Verwunderlich bleibt (Kap. 7) die Haltung des Paulus in Fragen der Ehe und Ehelosigkeit. Es ist offenbar, daß er der letzteren den Vorzug gibt, und hierin scheint er sich nun völlig von allen jüdischen Normen entfernt zu haben. Man kann aber die Entscheidungen und Empfehlungen Pauli in diesem Zusammenhang nur aus seiner konsequenten Eschatologie begreifen. Das Reich Gottes steht unmittelbar vor der Tür. Jetzt ist keine Zeit mehr, etwas zu ändern. Wer verheiratet ist, soll es bleiben, wer ledig ist, soll ledig bleiben. Verlöbnisse werden am besten gelöst, denn wer sollte jetzt noch einen Hausstand gründen? Würde diese Lösung aber der Braut Schmerz bereiten, dann soll das vermieden werden.

Es ist ein tragisches Mißverständnis, wenn das spätere Christentum die Empfehlungen des Paulus im Sinne des Zölibates verabsolutiert und institutionalisiert hat. Paulus wollte keinen Orden für Mönche und Nonnen gründen, keinen ehelosen Priesterstand schaffen. Paulus lebte in der Naherwartung der Parusie, der Wiederkunft seines Herrn. Die spätere Kirche hat die Parusieverzögerung nicht ernst genug genommen und aus jenem Provisorium, das Paulus meinte, eine Institution gemacht.

Psychologisch kommt freilich hinzu, daß Paulus selbst offenbar Junggeselle geblieben ist, was bei seiner Lebensweise ja auch die einzige Möglichkeit war. Er schildert seine trostlose soziale Lage. Er ist zu einem reisenden Schnorrer geworden, zerlumpt, verachtet. Er nimmt das alles freiwillig auf sich. Hätte er das als Familienvater tun können? Vermutlich nicht.

Mit entwaffnender Deutlichkeit sagt er (1. Kor. 7,7): »Ich wollte wohl lieber, alle Menschen wären, wie ich bin, doch ein jeglicher hat seine eigene Gabe von Gott, einer so und der andere so.« Damit meint Paulus seine Ehelosigkeit. Es ist von größter Bedeutung, daß Paulus sich selbst als Beispiel der Ehelosigkeit hier erwähnt und *nicht* auf das Vorbild Jesu hinweist, der offenbar nicht unverheiratet war. (Vgl. hierzu mein Buch ›Bruder Jesus‹, das Kapitel: ›Jesus und die Frauen‹.)

Paulus weiß um die sexuelle Bedrängung anderer. Die Ehe erscheint ihm – im Lichte des unmittelbar bevorstehenden Weltendes! – als das kleinere Übel, denn ein Christ, ein Glied am Leibe Christi, in den Armen einer Hetäre ist ihm unvorstellbar. Seine Moral ist hier höchst einfach: lieber ins Ehebett als ins Bordell, aber am besten bleibt man allein, denn jetzt geht es um die letzte Entscheidung.

Rein halachische religionsgesetzliche Fragen im Sinne der rabbinischen Scheeloth u-Theschuvoth bietet das 8. Kapitel, wo wiederum die Frage des Genusses von Fleisch, das bei heidnischen Opfermahlen Verwendung findet, erörtert wird. Man meint einen Reform-Rabbiner zu hören, der die Probleme der rituellen Zulässigkeit relativiert. Sehet zu, schreibt Paulus, daß eure Freiheit den Schwachen nicht zum Anstoß werde. Wenn Christen an einer Opfermahlzeit der Heiden teilnehmen, so könnte das öffentliches Ärgernis auslösen. Das soll vermieden werden. Paulus selbst ist entschlossen, lieber kein Fleisch zu essen, um solche Ärgernisse zu vermeiden. Hier ist ganz in rabbinischer Denkart der Begriff »Parhessia« gegeben, der Begriff der Öffentlichkeit. Die Halacha, das Religionsgesetz, schärft immer wieder ein, Ärgernisse in der Öffentlichkeit zu vermeiden. Das will nicht der Heuchelei Vorschub leisten, sondern die Mißleitung Unwissender eindämmen. So meint auch Paulus, daß man ruhig auf dem Fleischmarkte einkaufen könne, ohne nachzuforschen, woher das Fleisch kommt, aber es doch vermeiden solle, öffentlich in einem heidnischen Tempel an einer Opfermahlzeit teilzunehmen. Das ist ganz Geist vom Geiste der Halacha, die freilich den Einkauf nicht-rituellen Fleisches nie zugelassen hätte.

Die rabbinische Tradition, wie sie sich im Talmud niedergeschlagen hat, weist bekanntlich zwei Elemente auf. Halacha (Gesetz) und Aggada (Legende). Dieselben Bestandteile weist der 1. Korinther-Brief auf, den wir hier als Beispiel für die Denkformen des Paulus heranziehen.

Sprachen wir bisher von der Halacha des Paulus, so bietet das 10. Kapitel ausgesprochene Aggada. Paulus schildert hier die Wolke, die dem Volke Israel voranzog bei seinem Exodus aus Ägypten, wobei nun der Zug durch das Rote Meer zur Taufe (Tavila) wird. Die durch das Meer ziehenden Kinder Israels werden durch Wolke und Meer auf Mose getauft. In seiner Allegorie geht Paulus so weit, daß er den Felsen, aus dem die Kinder Israels in der Wüste Wasser tranken, mit Christus identifiziert. Uns scheint eine solche Allegorie abwegig, absurd. Sieht man sie aber im Lichte der hebräischen Aggada einerseits und der hellenistischen Exegese andererseits, so verliert Paulus hier seine Originalität. Bei Paulus wird die Wolke des Auszuges zu einer Art Taufbecken. In einer talmudischen Legende baut Gott aus dieser Wolke den unbehausten Wüstenwanderern Hütten. Die allegorische Deutung des Felsens findet Entsprechungen in den nicht weniger gekünstelten Allegorien in der Bibelauslegung des Philo von Alexandria.

Paulinisch ist nur die Fixierung auf Jesus Christus, nicht aber die Denkform als solche, die sich in die Literatur von Aggada und Midrasch und in die hellenistische allegorische Exegese einreiht.

Das 11. Kapitel kehrt zu den Responsen zurück: Verhalten im Gottesdienst, wobei die Frage der Kopfbedeckung bei Männern und Frauen u.a. erörtert wird. Paulus kommt, in Einklang mit den anderen christlichen Gemeinden, zu der Entscheidung, daß die Frau den Kopf bedecken müsse, der Mann aber unbedeckten Hauptes im Gottesdienst zu erscheinen habe. (Diese Regelung entspricht praktisch genau dem Usus radikaler amerikanischer jüdischer Reformgemeinden.)

Nach der noch heute gültigen Halacha muß die jüdische verheiratete Frau im Gottesdienst, aber auch sonst in der Öffentlichkeit, bedeckten Hauptes erscheinen; allerdings herrscht der Brauch vor, der bereits Gesetzeskraft erlangt hat, daß vor allem die Männer im jüdischen Gottesdienst das Haupt bedecken. Nur in radikalen jüdischen Reformgemeinden ist dies nicht der Fall.

Die Kopfbedeckung des Mannes wurde aber erst in Babylonien, in talmudischer Zeit, allgemein eingeführt. Ich halte es jedoch nicht für ausgeschlossen, daß Paulus hier doch für die Gottesdienste der neuen Gemeinden eine Ordnung einführen wollte, die sich vom Gottesdienst der Synagoge unterschied.

Für die Vorschrift der Bedeckung des Haares der Frau gibt Paulus eine sehr merkwürdige Begründung (11,10): »Darum soll die Frau eine Macht (Schleier?) auf dem Haupt haben, um der Engel willen.« Er denkt hier offenbar an den Descensus angelorum (1. Mos. 6,1–4). In diesem mythisch-archaischen Stück der hebräischen Bibel ist die Rede davon, daß die Söhne Gottes (Engel) sich mit den Töchtern der Menschen vermischen. Das soll offenbar vermieden werden. Die Vorstellung ist, daß die Lust der Engel, die von oben auf das Haar der Frauen blicken, nicht erregt werden soll.

Paulus war kein moderner Mensch, auch kein moderner Jude. Damit müssen wir uns abfinden. Auch bei seinen Vorschriften über die Feier des Abendmahls, die offenbar zum Picknick ausartete, warnt er davor, den Becher der Dämonen mit dem Kelch des Herrn zu vermischen.

Die Welt des Paulus ist von Engeln und Dämonen bevölkert. Aber das gilt ebenso für das Weltbild der ihm zeitgenössischen Rabbinen und hellenistischen Juden. Auch die Griechen in der

Umgebung des Paulus rechneten bekanntlich stets mit dem Erscheinen von Göttern, Halbgöttern und Genien. Die eindrücklichen Hinweise Bultmanns und seiner Schule, daß man das mythologische Weltbild dieser Zeit ernst nehmen müsse, um das Neue Testament zu verstehen, sind hier voll berechtigt. Noch bis in die Gemeinderegel hinein wirken mythische Vorstellungen.

Die Gemeindeordnung wird im 14. Kapitel wieder aufgegriffen, wo sich in Vers 34 der berühmte Satz: »Mulier taceat in ecclesia« findet, die Frau schweige in der Gemeinde, der in der lateinischen Version geläufig wurde.

Man versteht diesen Satz erst richtig, wenn man die oft wenig angemessene Unruhe in den Frauenabteilungen orthodoxer Synagogen kennt. In der Vorschrift des Paulus ist nicht von einem Predigen der Frau die Rede, denn aus einer anderen Stelle desselben Briefes (11,5) geht klar hervor, daß Paulus gegen die im Gottesdienst weissagende Frau (Zungenrede, Verkündigung) nichts einzuwenden hat. Er denkt hier vielmehr an die Frauen, die den Gottesdienst durch Sprechen stören, offenbar auch in der an sich guten Absicht, sich über die liturgischen Vorgänge informieren zu lassen. Das sollen sie aber, meint Paulus, *nach* dem Gottesdienst zu Hause, im Gespräch mit ihren Männern, erledigen.

Hat Paulus auch gegen die ekstatische Zungenrede bei Frauen und Männern grundsätzlich nichts einzuwenden, so warnt er doch (Kap. 12) vor ihrer Übertreibung. Wer Gottesdienste der Pfingstler kennt, aber auch die oft rasende Ekstase der jüdischen Chassidim, wird diese Mahnung des Paulus zur Nüchternheit verstehen, denn Begeisterung, Begeistung kann sehr leicht zur exaltierten Posse werden.

Zwischen all diesen Ermahnungen blitzt aber wie ein Edelstein in billiger Fassung das 13. Kapitel auf, der Lobpreis der Liebe.

Hätte er nichts geschrieben als dieses 13. Kapitel im 1. Korinther-Brief, er wäre unsterblich geworden. Vielleicht nicht als Apostel, aber als Dichter. Der Lobpreis der Liebe steht nicht isoliert, wenn man bedenkt, wie etwa Rabbi Akiba um die Aufnahme des Hohen Liedes, dieses glühenden Liebesliedes, in den Kanon der hebräischen Bibel gekämpft hat. Freilich ist die Liebe, von der Paulus spricht, die Agape, nicht mit der brennenden Erotik des Hohen Liedes gleichzusetzen. Akiba aber sah in der sinnlichen Liebe das Gleichnis der göttlichen Liebe.

Die Liebe hat viele Formen und doch bleibt sie – die Liebe. Paulus hat sie in Worten besungen, die ihn, den entsagenden Grübler, als großen Liebenden erweisen:

»Wenn ich mit Menschen- und mit Engelszungen redete und hätte der Liebe nicht, so wäre ich ein tönend Erz oder eine klingende Schelle.

Und wenn ich weissagen könnte und wüßte alle Geheimnisse und alle Erkenntnis und hätte allen Glauben, so daß ich Berge versetzte, und hätte der Liebe nicht, so wäre ich nichts.

Und wenn ich alle meine Habe den Armen gäbe und ließe meinen Leib brennen und hätte der Liebe nicht, so wäre mir's nichts nütze.

Die Liebe ist langmütig und freundlich, die Liebe eifert nicht, die Liebe treibt nicht Mutwillen, sie blähet sich nicht,

sie stellet sich nicht ungebärdig, sie suchet nicht das Ihre, sie läßt sich nicht erbittern, sie rechnet das Böse nicht zu,

sie freuet sich nicht der Ungerechtigkeit, sie freuet sich aber der Wahrheit;

sie verträgt alles, sie glaubet alles, sie hoffet alles, sie duldet alles.

Die Liebe höret nimmer auf, so doch die Weissagungen aufhören werden und das Zungenreden aufhören wird und die Erkenntnis aufhören wird.

Denn unser Wissen ist Stückwerk, und unser Weissagen ist Stückwerk.

Wenn aber kommen wird das Vollkommene, so wird das Stückwerk aufhören.

Da ich ein Kind war, da redete ich wie ein Kind und war klug wie ein Kind und hatte kindliche Anschläge; da ich aber ein Mann ward, tat ich ab, was kindlich war.

Wir sehen jetzt durch einen Spiegel in einem dunkeln Wort; dann aber von Angesicht zu Angesicht. Jetzt erkenne ich stückweise; dann aber werde ich erkennen, gleichwie ich erkannt bin.

Nun aber bleibt Glaube, Hoffnung, Liebe, diese drei; aber die Liebe ist die größte unter ihnen.«

Auch die Liebe ist in der Sicht des Paulus eschatologisch zu verstehen. Auch dieses Liebeslied ist gesungen an der Schwelle zum Reiche Gottes, wo alle anderen Tugenden ihr Ende finden, nicht aber die Liebe, denn das Reich Gottes ist das Reich der Liebe.

Wenn Paulus im vorletzten Vers dieses Liedes vom Spiegel spricht, in dem die Erkenntnis nur trübe sichtbar ist, so findet sich hierzu wiederum eine genaue Entsprechung im Talmud, Traktat Sanhedrin 97b. Raba spricht hier von den Heiligen, die vor Gott stehen; die einen schauen in einen erleuchteten Spiegel, die anderen aber nur in einen dunklen.

Ist der Lobpreis der Liebe sicher das schönste Stück im 1. Korintherbrief, so ist das wichtigste das 15. Kapitel, das älteste Zeugnis von der Auferstehung Christi. Paulus erklärt hier, daß Tod, Begräbnis und Auferstehung am dritten Tage gemäß der Schrift erfolgt seien, gibt aber merkwürdigerweise hier keine Belegstellen an. Das ist nur so zu verstehen, daß er diese Stellen als Texte seiner Draschoth, seiner Predigten in Korinth, oft und oft ausgelegt hat und nun seine Hörer nur daran erinnert, daß das Heilsgeschehen schriftgemäß ist, den Prophezeiungen der hebräischen Bibel als Erfüllung entspricht.

Paulus führt aber auch gleichsam einen empirischen Beweis an und erinnert an die Erscheinungen des Auferstandenen vor Aposteln und Jüngern. Erst zuletzt ist er auch ihm selbst, der »unzeitigen Geburt« (15,8) erschienen. Diese unzeitige Geburt will wohl nicht als Mißgeburt im Sinne eines kranken Menschen verstanden werden, wie es manche rationalistische Erklärer deuteten; Paulus meint hier, daß ihm die Erscheinung zur Unzeit zuteil wurde, als er auszog, um die Gemeinde Jesu in Damaskus zu verfolgen. Aber nur diese Erscheinung, die der unzeitigen Geburt zuteil wurde, ist wirklich geschichtsmächtig geworden.

Der Mittelpunkt der Verkündigung in diesem zentralen Kapitel ist die Lehre von der Auferstehung, Thechiath Hamethim. Paulus lehrt hier nichts Neues, sondern hält sich streng an jene pharisäisch-dogmatische Heilswahrheit, die auch das spätere Judentum beibehalten hat. So ist bis heute der letzte Glaubensartikel in den dreizehn Grundsätzen des Maimonides der Auferstehung der Toten gewidmet und lautet: »Ich glaube mit ganzem Glauben, daß die Auferstehung der Toten stattfinden wird zu der Zeit, da es der Wille des Schöpfers ist.« Neu ist an der Verkündigung nur der Hinweis auf die bereits erfolgte Auferstehung Jesu, der damit zum »Erstling der Auferstehung« wird.

Wenn Paulus (15,12) sagt, es gäbe etliche, die die Auferstehung der Toten leugnen, so ist es uns durchaus klar, wer damit gemeint ist. Unter den Juden sind es die Sadduzäer gewesen, die von keiner Auferstehung wissen wollten, da sie ihnen in der Schrift, vor allem in der Thora im engeren Sinne, in den Fünf Büchern Mose, nicht voll bezeugt schien. Unter den Griechen waren es wohl vor allem die Epikuräer, die eine solche Lehre ablehnten. Aus der Notiz Apg. 17,32 wissen wir, daß Paulus wegen der Lehre von der Auferstehung auf dem Areopag in Athen verlacht wurde.

Paulus befleißigt sich nun einer Dialektik, die gleichermaßen talmudisch und sophistisch ist. Er sagt in etwa: Wenn es keine Auferstehung gibt, kann auch Christus nicht auferstanden sein, da aber Christus auferstanden ist, gibt es auch eine Auferstehung der Toten. Paulus nimmt unter keinen Umständen den Fall an, der an sich ja naheliegend wäre, daß nur Jesus von Nazareth, als Sohn Gottes, auferweckt wurde. Man könnte die Auferstehung Christi durchaus als einen unvergleichlichen Einzelfall sehen. Paulus kann das nicht. Warum? Weil er, als Pharisäer, längst mit dem Glauben an die allgemeine Auferstehung vertraut war, *bevor* er begann, an die Auferstehung Christi zu glauben.

Seine Glaubenssituation ist daher genau umgekehrt wie die der späteren Christen, für die der Glaube an die Auferstehung Jesu Christi primär war.

Christus als Erstling der Auferstehung (15,20) ist der Neue Adam. Diese Bezeichnung scheint mir für Paulus typisch, jedoch muß man diesen Begriff im Kontext der rabbinischen Terminologie sehen, die gerne von Adam Harischon oder Adam Kadmon spricht, dem Ersten Adam oder Ur-Adam. Dieser war Mensch, aus Erde gemacht; der neue Adam aber ist himmlisch. Er ist der Garant für das himmlische Reich, dem die Vernichtung des fleischlich-irdischen Reiches vorangeht, wofür Paulus einen eschatologischen Plan entwirft, der mit der Vernichtung des Todes endet. Auch damit bleibt Paulus ganz in der jüdischen Eschatologie seiner Zeit.

Wenn er hingegen (15,29) auf die Totentaufe anspielt, so ist hier ein Brauch gegeben, der im Judentum wenig Entsprechung findet und wahrscheinlich von Griechen in die Gemeinde eingeführt wurde. Paulus selbst stand der Taufe passiv gegenüber, betonte mehrmals, daß das Taufen nicht sein Amt sei. Er fühlte sich nur zur *Wortverkündigung* berufen.

Das Taufen über den Toten, das den Abgeschiedenen zugute kommen sollte, hat, soweit ich sehe, an sich keine jüdische Entsprechung, jedoch ist der Brauch bekannt, verstorbene Säuglinge zu beschneiden, um sie vor der Hölle zu bewahren.

Für Paulus sind Praktiken dieser Art ganz unerheblich, für ihn ist der rein geistige Glaube an die Auferstehung zentral, wobei er zu massive Vorstellungen bezüglich des Auferstehungsleibes (15,35) zurückweist. Diese Polemik wird einem klar, wenn man an oft groteske Deutungen im Midrasch erinnert, die der Auferstehung gelten. So wurde etwa Psalm 126,2: »Dann wird unser Mund voll Lachens sein« auf die Auferstehung gedeutet. Wenn eine Mutter jugendlich bei der Geburt ihres Sohnes gestorben ist, dieser aber ein hohes Greisenalter erreicht hat, so werden sich Mutter und Sohn bei der Auferstehung in ihrer jeweils letzten Gestalt begegnen und darüber herzlich lachen, daß eine junge Frau die Mutter eines alten Mannes ist.

Absurditäten dieser Art weist Paulus nun freilich zurück und greift seinerseits (15,36-37) zu dem schönen Gleichnis vom *Weizenkorn,* das in der Erde zerfällt und in neuer Pracht wieder aufwächst. Genau dieses Gleichnis vom Saatgut der Auferstehung finden wir wiederum im Talmud, im Traktat Kethuboth 111b: »Rab Chija ben Joseph lehrte: Die Gerechten werden bekleidet auferstehen ... wie ein *Weizenkorn,* das nackt begraben wird, mit vielen Kleidern wieder hervorkommt; so und noch weit mehr die Gerechten, die in ihren Kleidern begraben werden.« (Gemeint ist hier wohl, daß die Gerechten in schlichten Totenhemden beigesetzt wurden, aber in der strahlenden Pracht des Auferstehungsleibes wiederkehren.)

Alles was Paulus über die Auferstehung der Toten lehrt, wird aber nicht mit dem langen Atem eines Theologieprofessors doziert, sondern in unmittelbarer Erwartung dieses Ereignisses: »Siehe, ich sage euch ein Geheimnis. Wir werden nicht alle entschlafen, wir werden aber alle verwandelt werden. Und dasselbe plötzlich, in einem Augenblick, zu der Zeit der letzten Posaune. Denn es wird die Posaune schallen, und die Toten werden auferstehen, und unverweslich, und wir werden verwandelt werden.« (Im 4. Kapitel des Thessalonicherbriefes wird dieses Thema wieder aufgegriffen.)

Hier irrte Paulus. Das kann nicht laut und deutlich genug gesagt werden. Seine ganze Beweisführung wird von hier aus fraglich. Das müßte die christliche Theologie erkennen und verarbeiten.

Die »Posaune«, auf deren Schall er wartete, ist natürlich der Schophar,[1] auf dessen Klang die Synagoge bis heute, wie Paulus, wartet; im täglichen Achtzehngebet bittet sie um das Kommen

[1] Ein Widderhorn, das z.B. am Neujahrstage geblasen wird.

dieses Posaunenschalls: »Stoße in den großen Schophar zu unserer Befreiung ...« Diese Bitte findet sich im selben Gebet, das Gott als den Herrn der Auferstehung preist: »Und getreu bist du, die Toten zu erwecken. Gelobt seist du Herr unser Gott, der die Toten wieder belebt.« (Das Gebet war, wenn auch nicht in allen liturgischen Formulierungen, zur Zeit des Paulus bereits in pharisäischen Kreisen bekannt.)

Paulus schließt dieses Zentralkapitel mit dem Jubel: »Der Tod ist verschlungen in den Sieg. Tod, wo ist dein Stachel? Hölle, wo ist dein Sieg?« (15,55) Er kombiniert hier kühn Jes. 25,8, eine Stelle, die in Bubers Übersetzung lautet: »Er vernichtet den Tod in die Dauer«, mit Hos. 13,14, einer Stelle, die im Original lautet:

»Erst aus der Hand des Gruftreichs gelte ich sie ab,
erst aus dem Tod erlöse ich sie.
Herbei mit deinen Seuchen, Tod,
herbei mit deinem Pestfieber, Gruft!«

Alle Verkündigung, aller Trost des Paulus ist im prophetischen Wort der Nebiim Israels bereits vorweggenommen; dies wird nun aber für Paulus in seinem Christuserlebnis aktualisiert.

Wie der Römerbrief endet auch der 1. Korintherbrief fast trivial. Paulus erinnert daran, daß er die Sammlung für die Gemeinde in Jerusalem auftragsgemäß durchgeführt habe, und er gibt praktische Anweisungen, wie Sammlung und Selbstbesteuerung durchzuführen sind, genau wie ein zionistischer Funktionär von heute, der Anweisungen für den Jüdischen Nationalfonds gibt.

Empfehlungen an Schüler und Freunde fehlen wiederum nicht. Wie zum Schluß des Römerbriefes fordert Paulus die Gemeinde auf, sich mit dem heiligen Kuß zu grüßen, schließt aber nun (16,23) den aramäischen Gebetsruf an: »Maran Atha«, »Unser Herr, komme!«, jene Naherwartung, die noch einmal auf der letzten Seite des Neuen Testaments aufleuchtet, im vorletzten Vers der Offenbarung Johannis.

Überall dringt diese Naherwartung durch, aber auch sie ist nicht isoliert, sondern entspricht einem Grundgefühl der jüdischen Seele, die täglich mit der Ankunft des Messias rechnet. Diese Naherwartung spricht aus einer ergreifenden Stelle im Talmud, Sanhedrin 98 a. Hier wird erzählt, daß Rabbi Josua ben Levi dem Propheten Elija begegnete und ihn fragte: »Wann kommt der Messias?« Der Prophet antwortet ihm: »Heute«.

Der Rabbi ist tief enttäuscht, daß diese Prophezeiung nicht eintrifft. Da wird ihm erklärt, daß Elija den 95. Psalm, Vers 7 zitiert hat: »Heute – wenn ihr auf seine (Gottes) Stimme hört.«

Hier ist der Schritt von der Apokalyptik zur Alternative vollzogen. Der Apokalyptiker sieht den unaufhaltbaren Ablauf der Geschichte vor sich. Die ältere Prophetie der Schriftpropheten Israels hingegen war alternativisch ausgerichtet.

Das hellenistische Judentum wendet sich der Apokalypse zu, das rabbinische Judentum kehrt mehr und mehr zur alternativischen Setzung zurück.

Bei Paulus überwiegt das hellenistisch-jüdische Element. Er schreibt aus einer apokalyptischen Stimmung heraus und erwartet die Weltwende, die sich ohne unser aktives Eingreifen ereignen soll. Es kommt für ihn nur darauf an, bereit und wach, nüchtern im Glauben, in gewisser Hoffnung und in Liebe diesem Ereignis entgegenzuleben.

Der 2. Korintherbrief stellt ein weiteres Bruchstück der Korrespondenz des Paulus mit dieser von ihm ausgebauten Gemeinde dar. Dieser Brief ist weit persönlicher gehalten als der erste und gewährt uns tiefe Einblicke in das Leben und Leiden des Paulus, seine Konflikte und Gebrechen. So entsteht ein erschütterndes Dokument, das einen Menschen zeigt, der in seiner Schwäche und durch seine Schwäche stark ist, der durch seine Machtlosigkeit Macht über diejenigen ausübt, die ihm geistlich hörig sind.

»Die Veranlassung des zweiten Briefes an die Gemeinde von Korinth ist rätselhaft«, bemerkt Heinrich Vogels in seinen Anmerkungen zu der Übersetzung des Neuen Testaments von Franz Sigge (1958); er fährt fort: »Wir wissen nicht sicher, was diese fast ausschließlich Selbstverteidigung enthaltende Darlegung hervorgerufen hat. Man hört von allerhand Vorwürfen, Wankelmut, Selbstsucht, Feigheit, Unredlichkeit, schwächlichem Auftreten und dergleichen, alles Anklagen, gegen die der Apostel sich zur Wehr setzt.«

Mir scheint der Brief nicht so rätselhaft. Man muß hier nur zwischen den Zeilen zu lesen verstehen, um sehr bald zu spüren, worum es hier ging. Der Gründer und geistliche Vater der Gemeinde Korinth ist fern. Andere »Superapostel« wollen die Führung an sich reißen, machen den Abwesenden schlecht, entziehen ihm den moralischen Kredit. Dagegen setzt sich Paulus zur Wehr.

Übrigens ist es nicht ganz so, daß der ganze Brief nur eine Apologie des Paulus darstellt, vielmehr zerfällt dieser Brief, wie z.B. Wolfgang Friedrich in seinem Kommentar zum 2. Korintherbrief (1958) ausführt, in drei Teile.

1. Die Herausarbeitung der apostolischen Vollmacht des Paulus in dankbarer Freude über die wachsende Einheit der Gemeinde; (Kap. 1–7)

2. eine nachdrückliche Werbung für die in allen Missionsgemeinden betriebene Liebesgabensammlung für die Urgemeinde in Jerusalem; (Kap. 8–9)

3. eine unerhört scharfe Auseinandersetzung mit den letzten Gegnern des Paulus in Korinth. (Kap. 10–13)

Freilich enthält auch der erste Teil Selbstverteidigungen Pauli, so daß wir diesen ersten Teil unter dem Begriffspaar Trost und Verheißung (in der Depression) sehen können. Gott ist der Tröster in jeder Bedrängnis. Indem Paulus das der Gemeinde in Erinnerung ruft, ruft er es sich selbst ins Gedächtnis.

Offenbar hat die oft schwer zugängliche Dialektik des Paulus, sein jüdisch-hellenistisches Denken, Mißverständnisse ausgelöst, so daß er jetzt bekennen muß (1,17), daß sein Ja immer ein Ja, sein Nein immer ein Nein ist. (Freilich verhält es sich nicht so: Das Nein des Paulus zum Gesetz ist zugleich ein Ja zur Idee des Gesetzes, eine Unterscheidung, die nicht ohne weiteres verständlich sein konnte. Sein Ja zur Freiheit vom Gesetz ist zugleich ein Nein zur Freiheit von sittlichen Bindungen. Für *ihn* ist dies alles klar, aber für die Glieder der Gemeinde offenbar nicht.)

Man könnte erwarten, daß Paulus sich nun auf Jesus beruft: »Euere Rede aber sei: Ja, ja; nein, nein; was darüber ist, das ist von Übel« (Matth. 5,37). Er tut es aber nicht, denn der »historische« Jesus ist für Paulus nicht gegenwärtig, vielmehr schließt er hier sofort wieder eine christologische Spekulation an und verkündigt (1,20), daß in Jesus Christus alle Verheißungen Gottes Ja und Amen sind.

Dieser Satz hat in den letzten Jahren eine ungeahnte Aktualität erlangt. Christliche Dogmatiker, die dem Staat Israel jede heilsgeschichtliche Bedeutung absprachen, beriefen sich auf dieses Wort des Paulus. Wenn in Jesus Christus alle Verheißungen (des Alten Testaments) Ja und Amen geworden sind, das heißt, ihre Erfüllung gefunden haben, dann hätte Israel keine Verheißung mehr außerhalb des Christus, und die Prophezeiungen über die Heimkehr der Versprengten Israels in das gelobte Land hätten heute keine theologische Relevanz mehr. Es ist natürlich immer gefährlich, einen Satz – aus der Bibel oder aus anderen

Schriftwerken – aus dem Zusammenhang herauszugreifen und zu verabsolutieren. Hier zum Beispiel müßte Röm. 9–11 mit herangezogen werden. Selbst wenn man die Aussage des Paulus über die Erfüllung der Prophezeiungen in Jesus Christus annimmt, muß man zugleich eschatologisch weiterdenken. Die Erfüllung wird erst sichtbar oder *voll* sichtbar in der Parusie Christi. Für Paulus war hier nur eine kurze Zeitspanne gegeben; die Dogmatiker aber müssen sich im Raume der Parusieverzögerung einrichten und selbst von ihrem Standpunkt aus Israel diese Zeitspanne einräumen.

Aber zurück zu Paulus. Die Nachrichten aus der Gemeinde von Korinth, die für ihn »ein Brief Christi« ist (die Gemeinde selbst ist dieser Brief, nicht geschrieben mit Tinte oder auf steinerne Tafeln, sondern durch den Geist ins Herz geschrieben), haben ihn betrübt. Er weiß aber, daß Trauer gefährlich sein kann (2,7; 2,11), daß die Traurigkeit sogar des reuigen Sünders durch den Satan mißbraucht wird, die Seele herabzieht. Genau derselbe Gedanke findet sich Jahrhunderte später im Chassidismus, jener ostjüdischen pietistischen Bewegung des 18. Jahrhunderts, die die Freude in den Mittelpunkt ihrer Frömmigkeit rückte.

In seiner Auseinandersetzung mit Gegnern, die wir nicht durch Selbstzeugnisse kennen, die aber offenbar unter jenen Judenchristen zu suchen sind, die am Ritualgesetz festhielten, prägt Paulus den berühmten Satz: »Der Buchstabe tötet, aber der Geist macht lebendig.« (3,6)

Dieser Satz ist viel zitiert und mißverstanden worden. Paulus meint hier nicht, daß der Buchstabe geistlos ist, die sinnvolle Erfüllung des Gesetzes im Formalismus auflöst. Er meint etwas viel Tragischeres. Nach dem Buchstaben des Gesetzes sind wir alle des Todes. Er denkt hier offenbar an die rabbinische Interpretation des Dekalogs. Jeder Verstoß gegen eines der zehn Gebote wird als todeswürdiges Verbrechen angesehen, also auch das Begehren, das wir bekanntlich gar nicht unter Kontrolle haben. Paulus selbst hat dies ja betont, indem er darauf verweist, daß das Gesetz in unseren Gliedern, unser Triebleben, dem Gesetz Gottes widerstreitet, so daß ich gar nicht tun kann, was ich will, sondern triebhaft tun muß, was ich eigentlich nicht will.

So bin ich nach dem Gesetz, nach dem Buchstaben des Gesetzes zum Tode verurteilt, aber der Geist, der die Freiheit ist (3,17), macht lebendig. Er *macht* lebendig, denn in der Sicht des

Paulus sind wir bereits tot gewesen und durch den Geist (Christi) zu neuem Leben erwacht.

Und nun geht Paulus (3,13ff.) zu der Bildung eines echten Midrasch, einer homiletischen Schriftauslegung im Sinne der Rabbinen, über. Er spricht von der Decke, dem Schleier, der vor dem Antlitz des Moses hing, da dieses das göttliche Licht widerstrahlte. (2. Mose 34,29–35)

Nach der Art des Midrasch geht er mit diesem Text fast spielerisch um und läßt diesen Schleier des Moses, diese Decke vor seinem Antlitz, ihren Platz wechseln. Nunmehr hängt die Decke vor dem Herzen Israels, immer wenn die Thora verlesen wird. Paulus hofft, daß die Decke bald weggenommen wird, so daß Israel die christologische Verheißung im Worte der Thora erkennen möge.

Es mag sein, daß die Decke (Parocheth), die vor der Heiligen Lade hängt, in welcher die Thorarollen aufbewahrt werden, Paulus zu diesem kühnen Bilde inspiriert hat. Man kann allerdings nicht mit letzter Sicherheit nachweisen, ob diese Decke von der Heiligen Lade zur Zeit des Paulus schon allgemein üblich war.

Das Bild von der Decke oder dem Schleier, die Israel die Sicht verdecken, hat sich bis in die Darstellungen der Ekklesia und der Synagoge, etwa am Dom zu Bamberg und am Straßburger Münster, ausgewirkt, wo die Synagoge stets mit einer Binde vor den Augen dargestellt wurde.

Das strahlende Antlitz des Moses hingegen hat zu einem berühmten Mißverständnis geführt. Im hebräischen Text heißt es hier: »Karan or panaw«, »die Haut seines Antlitzes strahlte«. Statt »Karan«, strahlen, las die lateinische Version »Keren« im Sinne von »Horn«, und so bekam der Moses des Michelangelo Hörner.

Paulus war nicht der erste und bleibt nicht der letzte, den das strahlende Antlitz des Moses zu dichterischer Phantasie inspirierte. Der Midrasch hat sich dieses Motivs angenommen: »In den drei Monaten, während deren Mose verborgen war im Hause seiner Mutter, war er von jenem Urlicht umgeben, das nur während der Schöpfungszeit erstrahlte und das Gott aufbewahrt hatte für die Gerechten der zukünftigen Welt. Als Mose vor Pharao treten sollte, nahm Gott das Licht von ihm hinweg. Wie er aber den Berg Sinai bestieg, wurde ihm das Licht wieder, und es sollte nimmermehr von ihm weichen bis zu seinem Todestage. Darum vermochten die Kinder Israels ihm nicht ins

Antlitz zu schauen, und er mußte sein Angesicht verhüllen.« (Zitiert nach Micha Josef Bin Gorion, ›Die Sagen der Juden‹ [1935, S. 485.])

Bis in unsere Zeit hinein hat dieses Motiv weitergewirkt. Einen ergreifenden Ausdruck hat es in dem Gedicht von Franz Werfel gefunden:

»Exodus 34/29

Als von Sinai stieg der heilige Lehrer,
Seiner Botschaft wilder Wiederkehrer,
Hangen war in seinem Haar geblieben
Gottes Feuer. Und es steht geschrieben:
›Er warf Strahlen, aber wußt es nicht.‹

Heilande, Propheten, heilige Lehrer
Kamen nach ihm, Gottes Wiederkehrer.
Licht auf ihrem Haupt ist rückgeblieben,
Doch allein von Mose steht geschrieben:
›Er warf Strahlen, aber wußt es nicht.‹«

Nur im Midrasch des Paulus aber hat das strahlende Antlitz des Mose einen bleibenden Schatten auf Israel geworfen.

Paulus sieht sich in seiner Rechtfertigung genötigt, die Hinfälligkeit seiner eigenen Person und seiner Mitarbeiter, die den Schatz des Evangeliums vermittelt haben, zu betonen. Er spricht dabei (4,7) von dem »Schatz in irdenen Gefäßen«. Dieses Bild wird uns erst jetzt ganz verständlich, seit man die Schriftrollen von Qumran, in irdenen Krügen aufbewahrt, gefunden hat. Paulus sieht sich selbst als solch ein irdenes Gefäß, das wir nun kennen, in welchem die kostbare Schriftrolle, der Schatz des Evangeliums, aufbewahrt wird.

Die Ungläubigen oder Unwissenden sehen nur den irdenen Krug, denn der »Gott dieser Welt« (4,4), gemeint ist der Satan, verblendet ihren Sinn.

Aber das alles hat eigentlich keine Bedeutung mehr, denn der neue Äon ist bereits angebrochen: »Das Alte ist vergangen, siehe es ist alles neu geworden« (5,17). Hier zeigt sich Paulus als der völlig Introvertierte. Für ihn *ist* bereits das Alte vergangen, im Gegensatz zur Vision der neuen Schöpfung in der Offenbarung des Johannes (21,5): »Siehe, ich mache alles neu«, woran sich die Schau des neuen Himmels, der neuen Erde und des neuen Jerusalem anschließt. In der Offenbarung ist diese neue

Schöpfung die kommende Heilstat Gottes, bei Paulus ist sie bereits vollzogen, obwohl er selbst in Bedrängnis und Kümmernissen, in Furcht und Zittern, in Angst und Bangen seine Tage fristet. Aber die äußere Welt ist für ihn unwesentlich, wie er es ja auch im Römerbrief unterstreicht. Alles ist nur noch, als ob es wäre. Im Kern ist die Welt bereits verändert und erneuert. Welche Übermächtigkeit der inneren Wirklichkeit, welcher Sieg des Geistes über die Materie ... oder aber der Illusion über die Realität. Da das Alte schon vergangen ist und das Neue Ereignis wurde, soll auch die Gemeinde nicht mehr mit alten Sünden behaftet abseits stehen, und Paulus ruft ihr zu: »Lasset euch mit Gott versöhnen« (5,20). Das ist die Quintessenz seiner Theologie: Lasset euch mit Gott versöhnen, sträubt euch nicht länger gegen die in Christus angebotene Versöhnung.

Es ist wachen Kritikern aufgefallen, daß Paulus hier sich vom Geiste des Judentums getrennt haben könnte. So weist etwa Walter Kaufmann in seinem Buche ›Der Glaube eines Ketzers‹ (1965), S. 238, darauf hin, daß die zentrale Konzeption, das Rückgrat der ganzen hebräischen Prophetie, durch Paulus vollkommen ignoriert worden sei: die Idee der Theschuva, der Umkehr, der Reue. »Auf dieser Unterlassung beruht Pauli ganze Beweisführung für die Unmöglichkeit, unter dem Gesetz des Alten Testaments das Heil zu finden, und für die Notwendigkeit des Erlösertodes Christi. Wenn, wie die Rabbinen noch zur Zeit des Paulus lehrten, Gott jederzeit aus freien Stücken den reuigen Sündern vergeben könnte, wäre die paulinische Theologie unhaltbar; dann wäre, wie er selbst sagte, ›Christus vergeblich gestorben‹ (Gal. 2,21). Wenn Gott den Bewohnern von Ninive einfach deshalb vergeben konnte, weil sie ihre Verderbtheit bereuten, obgleich sie nicht bekehrt, beschnitten oder getauft worden waren – und so lehrt es das Buch Jona, und in vielen anderen Büchern des Alten Testaments ist diese Lehre unausgesprochen enthalten –, dann verlieren die Lehren des Paulus ... ihren Sinn und haben keinerlei Berechtigung mehr.«

Im selben Sinne äußerte sich George Foot Moore in einer ausführlichen Anmerkung über Paulus im 3. Band seiner klassischen Arbeit über ›Judaism‹. Moore konnte es ganz und gar nicht verstehen, wie ein Jude in der Situation des Paulus Zentralideen wie die der Reue und Vergebung habe ignorieren können.

Es scheint aber nur so, als habe Paulus den Begriff der Theschuva, der Umkehr, preisgegeben. Auch im 2. Korintherbrief spricht er durchaus (7,9–10) von Reue, die göttlich sein kann.

Vor allem aber muß hier der Begriff der Theschuva, der Umkehr, paulinisch interpretiert werden. Die Theschuva besteht eben darin, daß der Mensch von seinem eigenmächtigen Wege umkehrt, die Wegrichtung auf Christus hin nimmt und die in ihm angebotene Versöhnung annimmt. Dazu ist der Mensch freilich von sich aus nicht in der Lage, aber auch die Rabbinen wissen, daß der Mensch des Weges *geführt* wird, den er wählt. Die Bewegung der Seele ist im Akt der Umkehr gegeben, dann aber wird dem Menschen weitergeholfen. Bei Paulus stellt sich hier die Prädestinationslehre hemmend entgegen, aber er hat sie nicht mit derselben Konsequenz bis ins Absurde getrieben wie Augustinus oder Calvin.

Würde er sozusagen stur an der Prädestination festhalten, so hätte sein dringlicher Aufruhr, *jetzt* die Gnade Gottes zu ergreifen (6,2), keine Berechtigung. Er ruft aber auf, denn nun ist die Stunde der Gnade (Jes. 49,8) gekommen, und diese Stunde will genutzt sein.

Paulus, der selbsternannte oder von Gott ernannte Apostel, hat alles getan, um die von ihm gewonnenen Menschen in die Bereitschaft für die Chance der Stunde zu versetzen. Er gebraucht hier paradoxe Ausdrücke, bezeichnet sich selbst als einen »Verführer und doch wahrhaftig« (6,8), der »tückisch und mit Hinterlist« (12,16) die Menschen zu ihrem Heil zwingt.

Aber er fordert klare Entscheidung, denn es kann keine Koexistenz von Christus und Belial (6,15) geben.

Wie Elija bei dem Gottesurteil auf dem Karmel (1. Kön. 18,21) dem Volke Israel die Entscheidung zwischen Jahwe und Baal abverlangt, so nun Paulus die Entscheidung zwischen Christus und Belial.

Dieser Belial war uns bis in die neueste Zeit hinein nicht so ganz klar, denn dieser Ausdruck kommt im Neuen Testament nur hier vor. Jetzt aber wissen wir aus der Kriegsrolle von Qumran, die erstmals in Jerusalem 1954 durch E. L. Sukenik publiziert wurde, daß der Kampf der Söhne des Lichtes gegen das Heer Belials, des Herrn der Finsternis, geführt wird. Nun wird uns erst ganz klar, was Paulus meint, wenn er sagt: »Was hat das Licht gemein mit der Finsternis? Wie stimmt Christus mit Belial überein?« (6,14–15).

Erst durch die Terminologie von Qumran ist uns der Sprachgebrauch des Paulus in seinem jüdischen Kontext klargeworden.

Der Brief an die Gemeinde von Korinth geht nicht systematisch in seinem Aufbau von Lehrsatz zu Lehrsatz. Es handelt sich eben um einen echten Brief, so daß Paulus nun (Kap. 7) seine trüben Erfahrungen in Mazedonien anführt, obwohl die Geldsammlungen dort günstig verliefen. Das leitet über zu den Kapiteln 8 und 9, die wieder von der Geldsammlung für Jerusalem sprechen, wobei auch der fleißige Mitarbeiter Titus erwähnt wird. Hier gibt Paulus sozusagen einen »Slogan«, wie er von keinem Propagandisten des United Jewish Appeal besser erdacht werden könnte: »Einen fröhlichen Geber hat Gott lieb« (9,7). Wo es um die Sammlungen geht, um die jüdische Zedaka, verläßt Paulus sogar seine eigene »Dogmatik« und rühmt die guten Werke. (Luther hat das geflissentlich übersehen; freilich nicht die kirchliche Caritasverwaltung.)

Der letzte Teil unseres Briefes stellt die stärkste Selbstverteidigung des Paulus dar. Nun wird es uns völlig klar, gegen wen er sich zu verteidigen hat. Gegen falsche Apostel: »Denn solche falsche Apostel und trügliche Arbeiter verstellen sich zu Christi Aposteln ...« (11,13). Dieser Typus ist dem Pharisäer Paulus, der stolz von sich sagt: »Sie (die falschen Apostel) sind Hebräer, ich bin es auch. Sie sind Israeliten, ich bin es auch. Sie sind Abrahams Same, ich bin es auch« (11,22), durchaus bekannt. Sie stellen eine Parallele dar zu den Gefärbten Pharisäern, von denen es im Talmud, Traktat Sota 22b heißt: »Fürchte dich nicht vor den Pharisäern und nicht vor denen, die keine Pharisäer sind, sondern nur vor den Gefärbten, die den Pharisäern gleich scheinen, deren Werke wie das Werk des Simri sind und die den Lohn des Pinchas (4. Mose 25,6–15) verlangen.« Dieses Wort legt der Talmud dem König Alexander Jannai in den Mund. Es war dem Paulus sicher geläufig.

Paulus legitimiert sich gegenüber den Gefärbten durch den »Leidenskatalog«. Was hat er alles ausgestanden um des Evangeliums willen: Züchtigungen, Gefangenschaft, Schiffsnot, die Gefahren der Wüste und die schrecklichsten der Schrecken: falsche Brüder.

Wenn er von dem Leiden spricht, spricht er in der ersten Person, wenn er aber von den Gnaden spricht, die ihm zuteil wurden, so spricht er in einer Mischung von Keuschheit und Ironie in dritter Person von sich: »Ich kenne einen Menschen in Christo ...« (12,2). Dieser Mensch wurde vierzehn Jahre, bevor dieser Brief abging, in den dritten Himmel entrückt, ins Paradies und hat dort unaussprechliche Worte vernommen.

Hier spricht Paulus der Mystiker und zugleich der Apokalyptiker, denn die Vorstellung von Himmelfahrt und Entrückung ist uns aus der jüdisch-hellenistischen Apokalyptik vertraut. Himmelfahrten, Entrückungen von Henoch bis Elija und weiter sind uns überliefert. Paulus bewegt sich hier in einer Tradition seiner Zeit. Diese Bemerkung will nicht dahin mißverstanden werden, daß an dem Erlebnis zu zweifeln sei. Erlebnisse dieser Art können durchaus echt sein und doch von der literarischen Tradition der Umwelt beeinflußt.

Die Freuden des Paradieses, die Entrückung bis zum dritten Himmel (wahrscheinlich gab es in der Vorstellungswelt des Paulus sieben Himmel, jedoch haben wir darüber kein Selbstzeugnis) sind teuer erkauft: »Auf daß ich mich nicht der hohen Offenbarungen überhebe, ist mir gegeben ein Pfahl im Fleische, nämlich des Satans Engel, der mich mit Fäusten schlägt, auf daß ich mich nicht überhebe. Dafür ich dreimal zum Herrn gefleht habe, daß dies von mir weiche; er aber hat zu mir gesagt: laß dir an meiner Gnade genügen, denn meine Kraft ist in den Schwachen mächtig. Darum will ich mich am allerliebsten meiner Schwäche rühmen, auf daß die Kraft Christi bei mir wohne. Darum bin ich guten Mutes, in Schwachheit, in Mißhandlungen, in Nöten und Verfolgungen, in Ängsten, um Christi willen; *denn wenn ich schwach bin, bin ich stark.«* (12,7–10)

Über den Pfahl im Fleische, über die vermutliche Krankheit des Paulus haben wir bereits zusammengestellt, was hierzu zu sagen ist. Jedenfalls wird es hier in diesem an Selbstbekenntnissen so reichen Briefe klar, daß Paulus seine Entrückungen und seine Anfälle in Verbindung bringt, so daß der Schluß naheliegt, die Entrückungen seien im Zustande solcher Anfälle erfolgt.

Dadurch aber wird uns hier klar, daß Paulus seine Schwäche in seine Kraft verwandelt, ganz im Sinne der Kompensationslehre Adlers, der darauf hingewiesen hat, daß behinderte Menschen durch ihre Behinderung zu Höchstleistungen angespornt werden. Man denke etwa an den sprachbehinderten Redner Demosthenes, an den tauben Beethoven, der gehörlos unsterbliche Töne setzte, schließlich an Helen Keller, die blind, taub und stumm ein Lebenswerk vollbrachte, das alle diese Hemmungen überwand, »denn wenn ich schwach bin, bin ich stark«.

Bei Paulus ist freilich diese Kompensation theologisch sublimiert. Er ist schwach, aber Christus ist stark in ihm. Da nun aber wiederum für Paulus Christus ganz Geist ist, so können wir über Paulus hinaus von der Mächtigkeit des Geistes in den körperlich Schwachen sprechen.

Wäre der Zweite Korintherbrief ein Stück Literatur, so müßte er hier aufhören. Es handelt sich aber eben um einen aus einer bestimmten Situation heraus geschriebenen Brief, der keineswegs für die Bibel bestimmt war, und so schließt Paulus wiederum mit seiner Formel von dem heiligen Kuß und den Grüßen an alle Heiligen. Unter »Heiligen« sind hier die Mitglieder der Gemeinde zu verstehen.[2] Aber er weiß, daß er bald nach Korinth kommen wird und dort Anwürfen aller Art entgegentreten muß. Da kann er nichts anderes sagen als ein Wort aus dem Gesetze der Thora, von dem er sich doch frei weiß: »Zum drittenmal jetzt komme ich zu euch; aber auf zweier oder dreier Zeugen Mund soll jegliche Sache bestehen« (13,1; 5. Mose 19,15). – Das ist die klare Vorschrift der Halacha bis heute bezüglich des jüdischen Prozeßverfahrens. Darauf beruft sich Paulus, der sich frei vom Gesetze wähnt.

Dem Kanon des Neuen Testaments folgend, kommen wir nun zum Galaterbrief, der wohl um das Jahr 54, also etwa zehn Jahre vor dem Tode des Paulus, wenn wir an sein Ende im Rahmen der neronischen Christenverfolgungen in Rom denken, verfaßt wurde.

Paulus betont in diesem Brief (6,11), daß er ihn mit eigener Hand geschrieben habe, im Gegensatze zu längeren Episteln, die er zu diktieren pflegte.

Tatsächlich kann man einen Unterschied zwischen dem Diktatstil und der eigenen Handschrift des Paulus erkennen. Die letztere ist konzentrierter, aggressiver, ja einmal (5,12) versteigt sich Paulus zu fast zotenhafter Grobheit, als er gegen jene judenchristlichen Konterapostel wettert, die um jeden Preis die Beschneidung der Heiden durchführen wollen. Alle Liebe vergessend, grollt Paulus hier: »Sollen sie sich gleich kastrieren lassen.« Luther schien diese Stelle der paulinischen Handschrift zu drastisch, so daß er hier ausweichend, aber falsch übersetzt: »Wollte Gott, daß sie ausgerottet würden«, wobei über die Form dieser Ausrottung, nämlich die Unmöglichkeit der natürlichen Fortpflanzung, nichts verlautet. Aber Paulus war nicht so zimperlich, schließlich war er ein Kind der Antike. Religiöse Kastration war in der damaligen Zeit nicht ganz unbekannt. Man denke nur an Jesu Wort: »Und es sind etliche verschnitten, die sich selbst verschnitten haben, um des Himmelreichs willen.

[2] Auch die jüdische Gemeinde nennt sich bis heute »Kahal Kadosch«, heilige Gemeinde.

Wer es fassen kann, der fasse es!« (Matth. 19,12) (Paulus bezieht sich auch hier, wo er von Entmannung spricht, *nicht* auf die Worte Jesu, die ihm entweder nicht gegenwärtig oder nicht wesentlich waren, da – wie immer wieder sichtbar wird – nicht Jesus von Nazareth, sondern der auferstandene Christus, der bis zu einem Christus-Gespenst entwirklicht wird, für Paulus das Leitbild darstellt.)

Der Galaterbrief ist gewissermaßen »ein Kampf um Rom«, nämlich um jene römische Provinz Galatien, das Missionsgebiet des Paulus, in welchem er selbst Gemeinden gegründet hat.

Man kann heute nicht mehr mit Sicherheit feststellen, wer diese Galater waren, an die der Brief des Paulus gerichtet ist. In der Apostelgeschichte (16,6ff.) durchzieht Paulus auf seiner zweiten Missionsreise das galatische Land, worunter vermutlich die Gegend von Angora zu verstehen ist, das heutige Ankara in der Türkei. Bereits seit dem dritten vorchristlichen Jahrhundert waren keltische Stämme in Kleinasien eingefallen und hatten sich hier angesiedelt. Im Jahre 25 v. Chr. entstand hier, wo vorher das Königreich des Amyntas, der bei römischen Autoren erwähnt wird, gewesen war, die römische Provinz Galatien.

Wir erwähnen diese historischen Hintergründe, um klarzumachen, daß es sich hier um eine rein heidenchristliche Gemeinde gehandelt haben muß, in der der Gedanke des Paulus vom gesetzesfreien Evangelium voll zum Tragen kommen konnte.

In Ephesus nun erreichen Paulus beunruhigende Nachrichten. Judenchristliche Sendboten aus Jerusalem, aus dem Kreise um den gesetzestreuen Jakobus, den Bruder Jesu, haben die Gemeinden in Galatien, *seine* Gemeinden, aufgesucht, seinen Kredit unterhöhlt und den ahnungslosen »Gojim« eingeredet, daß der Weg zu Christus über die Einhaltung eines Minimaljudentums führt. Dabei zeigt sich interessanterweise, daß aus der Fülle der rabbinischen Gesetze dieselben ethisch indifferenten Ritualien herausgegriffen wurden, die auch noch heute für die jüdische Orthodoxie das Entscheidende darstellen: Berith-Mila (Beschneidung), Kaschruth (Speisegesetze), Schemirath-Schabbath (Einhaltung des Sabbaths und der Feiertage).

Paulus lehnt diese Rückwendung zum mosaischen Gesetz für »seine« Galater radikal ab, warnt vor jeder Umstrukturierung der Gemeinden. Der Galaterbrief stellt die heftigste Auseinandersetzung Pauli mit seinen innerjüdischen Gegnern (im Ringen um Proselyten) dar. Er wird nicht kampflos die Früchte seiner entsagungsreichen Missionsarbeit preisgeben. Es kommt zur offenen Auseinandersetzung mit Petrus, den Paulus als Heuchler bezeichnet, ja es kommt offenbar sogar zum Bruch oder zeitweiligen Bruch mit Barnabas, dem engsten Mitarbeiter des Paulus. Plötzlich beginnen sie nämlich alle wieder, Petrus und Barnabas, koscher zu essen, eingeschüchtert von den »Jakobinern« aus Jerusalem, die die noch heute so gefürchtete Rolle des »Maschgiach« spielen, des Koscher-Wächters, der die Küchen auf ihre rituelle Zuverlässigkeit zu überwachen hat. (Restaurateure und Hoteliers in Israel seufzen unter diesen vom Rabbinat bestellten Gendarmen der rituellen Reinheit, der Gottespolizei, die in die Töpfe guckt.)

Beschneidung und Koscheressen werden nun noch ergänzt durch die Rückbeziehung auf den jüdischen Kalender, wobei Paulus gewissermaßen kopfschüttelnd (4,10–11) feststellt: »Ihr haltet Tage und Monate und Feste und Jahre. Ich fürchte für euch, daß ich vielleicht umsonst an euch gearbeitet habe.« Wenn manche Exegeten hier glauben, daß die Galater sich wiederum griechischer Semantik zugewandt hatten, so scheint mir das vor allem im Kontext des gesamten Galaterbriefes (abgesehen von 4,3, wo von den »Elementen der Welt« im griechischen Sinne die Rede ist) unwahrscheinlich. Natürlich haben die Herren aus Jerusalem den Galatern erklärt, daß sie auch den Sabbath und die Feste halten müßten, denn der Kalender ist, wie schon ausgeführt, sozusagen der Katechismus des Juden. Wenn Paulus auch hier radikal ist und Tage (Sabbathe) und Monate (Neumondsfeiern) und Feste (die drei Wallfahrtsfeste sowie Neujahrs- und Versöhnungstag) und Jahre (Sabbathjahr und Jubeljahr) für abgeschafft erklärt, so ist das nur aus seiner konsequenten Eschatologie heraus zu verstehen. Wenn der Äon des Heils bereits angebrochen ist, dann haben alle diese Hinweise auf das Reich Gottes keinen Sinn mehr. Noch heute betet der Jude am Sabbath: »Der Barmherzige beschere uns den Tag des vollendeten Sabbaths«, worunter der Tag des Messias zu verstehen ist. Wenn dieser Tag nun schon angebrochen ist, und davon war Paulus überzeugt, dann haben die Zeichen, die in den Festen gegeben sind, ihren Signalsinn verloren. Gilt das allgemein, so gilt das besonders für Nichtjuden, denn der Sabbath, zum Beispiel, wird ja als ein »Zeichen zwischen Gott und den Kindern Israels« (2. Mos. 31,17) bezeichnet, und der Talmud geht soweit, einen Götzendiener, der (nur) den Sabbath hält, als todeswürdig zu bezeichnen. Durch eine derart isolierte

Hut des Sabbath durch einen Heiden würde eine Travestie des Heiligen entstehen, die vermieden werden soll.

Paulus hat sich mit seiner Revolution gegen den Kalender nicht durchgesetzt. Die Kirche hat sich ihr eigenes heiliges Jahr in Anlehnung an das heilige Jahr der Synagoge geschaffen. Der Sonntag trat an die Stelle des Sabbath, Ostern an die Stelle des Passah, Pfingsten an die Stelle des Wochenfestes. Neue Feste wie Weihnachten, das der nirgends im Neuen Testament bezeugte Geburtstag Jesu sein soll, wurden in Anlehnung an heidnische Feste eingeführt. Paulus wäre entsetzt. Für ihn, der bereits in der »Fülle der Zeit« lebte, für den es nur noch ein Anhalten des Atems gab bis zum Anbruch des Weltendes, bis zum Tag des Gerichts, wären die kirchlichen Feste ein Greuel und Unding, und er würde Bischöfen und Konsistorialräten dasselbe sagen wie den Galatern: »Ich fürchte für euch, daß ich vielleicht umsonst an euch gearbeitet habe.«

Der ganze Galaterbrief ist in einem gereizten Ton geschrieben, der aus der geschilderten Situation verständlich wird. Man macht, von Jerusalem her, Paulus zwei Grundlagen seiner geistlichen Existenz streitig: sein Apostelamt und sein Evangelium; heute würden wir sagen: seine Theologie.

Paulus antwortet stolz, daß er ein Apostel, *der* Heidenapostel von Gottes Gnaden ist. Nicht Menschen haben ihn eingesetzt, nicht die alten Herren in Jerusalem, die Jesus wohl gekannt, aber nicht verstanden haben (genau das meint er), sondern Gottes Offenbarung wurde in ihm wirksam. Paulus rekapituliert kurz seine Autobiographie, weist auf seine orthodox-jüdische Vergangenheit hin und unterstreicht, daß seine Wandlung nicht durch die Apostel erfolgte, sondern unmittelbar durch die Gnade Gottes. Er bemerkt (1,22): »Ich war unbekannt von Angesicht den christlichen Gemeinden in Judäa.« Diese Notiz hat manche Exegeten dazu veranlaßt, zu bezweifeln, daß Paulus überhaupt in Jerusalem studiert hat. Sie sehen also in der Angabe der Apostelgeschichte, der gemäß Paulus ein Schüler des Rabban Gamliel (Gamaliel) war, nur eine Legende. So weit zu gehen scheint mir ganz unnötig. Paulus war ein Jeschiva-Schüler unter vielen. Selbst seine Anwesenheit bei der Steinigung des Stephanus kann zufällig gewesen sein. Daß der junge Mann dabei auf die abgelegten Oberkleider der Zeugen aufpassen durfte, ist durchaus kein Zeichen amtlicher Befugnisse. Dann treibt es den jungen Paulus nach Damaskus, dort geschieht der Umbruch seines Lebens. Woher sollten also die Gemeinden in

Judäa, er sagt nicht Jerusalem, das sozusagen für sich allein steht, ihn persönlich gekannt haben? Niemand hat ihn gekannt – nur Gott, das will Paulus sagen. Nicht durch Protektion ist er geworden, was er ist, sondern durch Berufung.

Sein Evangelium, das ihm nun streitig gemacht wird, hat er nicht in Jerusalem gelernt. Wahrlich nicht! In Jerusalem hat er eine ganz andere Theologie, die des pharisäischen Judentums, in sich aufgenommen. Nach seiner Vision eilt Paulus nicht nach Jerusalem, um nun dort das Evangelium zu studieren, an der Quelle, sondern meidet Jerusalem, bereist Arabien und kehrt wieder nach Damaskus zurück. Erst danach kommt er zu einem zweiwöchigen Besuch nach Jerusalem, wo er nur Petrus und Jakobus trifft. Sein Evangelium aber hat Paulus nur – wie soll man nun sagen? – aus sich selbst oder: von oben.

Wir neigen zur ersteren Antwort, denn dieses Evangelium trägt ganz die Züge dieses hellenistischen Juden, der in seinem Denken, in seinem Glauben und in seiner Mystik hebräische und griechische Elemente verwoben hat, wobei Gestalt und Lehre Jesu immer mehr verblaßt sind.

Wie dem auch sei, für Paulus ist dieses Evangelium subjektiv das einzig wahre, und er verflucht jeden, und sei es ein Engel vom Himmel (1,8), der es wagen würde, ein anderes Evangelium zu predigen.

Es konnte nicht ausbleiben, daß dieses Paulus-Evangelium den Widerspruch der Zeugen in Jerusalem auslöste. So kam es zu jenem Apostelkonzil, von dem wir bereits sprachen, das Paulus nun, im 2. Kapitel des Galaterbriefes, erwähnt, wobei seine Darstellung, wie gesagt, von der der Apostelgeschichte (15) abweicht, ja abweichen *muß*. Von dem Aposteldekret, jener Urkunde, die ein Minimaljudentum für die Söhne Noahs, die Heiden, beinhaltet, ist bei Paulus natürlich nicht die Rede, nur von der Teilung der »Gewalten«: Petrus für die Juden, Paulus für die Heiden. Es ist ganz klar, daß Paulus diese Arbeitsteilung den Galatern in Erinnerung bringt. Damit will er sagen, daß Petrus in Galatien überhaupt nicht zuständig ist und sich daher nicht einmischen möge.

Nun, da von seiten des Jakobus, und offenbar auch des Petrus, Paulus bei seinen Galatern mißliebig gemacht werden soll, packt Paulus aus, erzählt (2,11–12), daß Petrus in Antiochien durchaus Tischgemeinschaft mit den Heiden gepflegt hat, bis die Koscher-Wächter aus Jerusalem im Auftrage des Jakobus kamen. Da kniff Petrus, ebenso übrigens auch Barnabas, und gab diese Tischgemeinschaft wieder auf, heuchelte den koscheren Juden, wie Paulus ungefähr sagt. Er stellt ihn zur Rede (2,14): »Wenn du, der du doch ein Jude bist, heidnisch lebst und nicht jüdisch, warum willst du dann Heiden zwingen, jüdisch zu leben?«

Paulus will seinen Galatern verständlich machen, daß die Herren in Jerusalem, die Beschneidung, rituelle Küche und Sabbathruhe fordern, es selbst nicht immer so genau genommen haben. (Wie aktuell, wie »modern« mutet das alles den heutigen Bürger im Staate Israel an.)

Aber Paulus tut Petrus unrecht. Der Traum des Petrus (Apg. 10,11–16), in welchem dem widerstrebenden Petrus geboten wird, unreine Tiere, »Trephoth« zu essen, muß psychologisch gedeutet werden. Die Frage: was ist wichtiger, die Tischgemeinschaft mit den neuen Brüdern aus griechischen Kreisen oder die Einhaltung der alten Speisevorschriften, verfolgt Petrus bis in den Traum hinein. Erst im Traum, offenbar im Wunschtraum, bietet sich ihm eine Lösung an, die er wachen Sinnes nicht gefunden hat: Gott selbst befiehlt ihm zu essen, was eigentlich verboten ist.

Psychiater, die traditionell-jüdische Patienten haben, wissen von solchen Ritualträumen zu berichten. Die Vorschriften für die koschere Küche, für das Passah-Fest mit seiner Sonderdiät, verfolgen den observanten Juden, vor allem auch jüdische Hausfrauen, bis ins Traumleben.

Von diesem Traum des Petrus lesen wir aber nur in der Apostelgeschichte des Lukas und nicht im Galaterbrief, der Petrus einfach als Heuchler darstellen will.

Paulus führt alle diese Beispiele nur an, um zu zeigen, daß die Einhaltung des Ritualgesetzes zur Geistlosigkeit führt. Er stellt die Wertskala auf: Geist – Glaube – Gesetz (3,2). Wer den Geist hat, kann auf das Gesetz verzichten und lebt aus dem Glauben, wobei jenes Habakuk-Wort: »Der Gerechte lebt seines Glaubens« als Beweisstelle herangezogen wird, das wir bereits im Rahmen des (an sich späteren) Römerbriefes behandelt haben. Abraham ist der Vater des Glaubens. Durch den Glauben werden auch die Nichtjuden Kinder und Miterben Abrahams. Der Fluch des Gesetzes ist überwunden durch Jesus, der selbst, am Holze hängend, zum Fluch für uns geworden ist (3,13; 5. Mose 21,23).

Was ist nun das ganze Gesetz? Ein »Zuchtmeister auf Christum hin« (3,24). Dieser Ausdruck muß in seinem rabbinischen

Zusammenhang gesehen werden. Der »Pädagog« kommt direkt, als Pädagog, im hebräischen Midrasch vor. Das griechische Lehnwort wird beibehalten. In manchen Gleichnissen wird die Thora, das Gesetz, als Pädagog bezeichnet. Der Ausdruck kommt im jerusalemischen Talmud im Traktat Sanhedrin vor, sowie in Bereschith Rabba und Wajikra Rabba, ist also keineswegs eine Erfindung des Paulus.

Das Gesetz soll den Menschen in die Krise führen, ihn seiner Sündhaftigkeit bewußt machen. Paulus betont hier, daß es nicht unmittelbar von Gott gegeben ist, sondern durch einen Mittler (Mose). Offenbar will er sich da gegen ein noch heute gebräuchliches Argument des Judentums gegen das Christentum verwahren. Das Judentum, so wird argumentiert, ist die Religion ohne Mittler; das Christentum ist die Religion des Mittlers. Nein, sagt Paulus, der Mittler ist bereits mit dem Judentum gegeben, sogar in doppelter Hinsicht. Er betont (3,19), daß die Thora durch Engel dem Mose übergeben wurde. (Hier stützt sich Paulus nicht auf den Bibeltext, sondern auf den Midrasch.) So will er das Gesetz relativieren, wir würden heute sagen, es in seiner mehrfachen Gebrochenheit demonstrieren.

Das Gesetz hat seine pädagogische Aufgabe mit dem Auftreten Jesu aber erfüllt. Jetzt tritt die neue Schöpfung in Kraft: »Hier ist nicht mehr Jude noch Grieche, hier ist nicht mehr Sklave noch Freier, hier ist nicht mehr Mann noch Weib, denn ihr seid alle Einer in Christo Jesu.« (3,28)

Alle Unterschiede zwischen Israel und den Völkern (die Griechen stehen stellvertretend für alle Heiden) werden nun unwesentlich, ebenso soziale Differenzierungen, ja sogar der Unterschied der Geschlechter.

Dieses Wort des Paulus darf nicht verabsolutiert werden, sondern muß wiederum im Lichte seiner Eschatologie gesehen werden. Wenn das Ende unmittelbar bevorsteht, dann haben alle diese Unterscheidungen nationaler, sozialer und sexueller Art keine wesentliche Bedeutung. Im 1. Korintherbrief nimmt Paulus diesen Gedanken wieder auf und entwickelt eine Philosophie des Als-ob. Tut alles so weiter, als ob es noch von Bedeutung wäre, Geschäfte und Ehe, das ganze irdische Treiben. Aber nur – als ob (1. Kor. 7,29–31).

Wenn H. W. Bartsch in seinem originellen Buch über Leben und Tod des Paulus von Tarsus ›Anklage: Brandstiftung‹ (1969) auf diesen Satz eine sozialrevolutionäre Gesinnung des Paulus aufbauen will, kann ich dem nicht zustimmen, auch wenn

Bartsch seine Thesen durch einen angeblichen Briefwechsel zwischen einem römischen Senator und dem Bischof Clemens von Rom, dem Verfasser des Clemens-Briefes[3], unterbaut. Dieser Briefwechsel soll 1937 bei einer Freilegung einer antiken Basilika in Rom gefunden worden sein.

Paulus war kein Revolutionär, auch Jesus war es nicht. Sie standen beide unter der alles überschattenden Erwartung des unmittelbaren Anbruches des Gottesreiches. Wer die Malkhuth Schaddaj, das Reich Gottes, heute, morgen, spätestens übermorgen erwartet, der organisiert keine Weltrevolution mehr, denn jede Revolution wird durch die Revolution Gottes überboten.

Für Paulus ist aber in der Gemeinde, die den mystischen Leib Christi bildet, das Reich bereits Ereignis geworden. In diesem vorweggenommenen Erlösungsbezirk gibt es nicht mehr Juden und Gojim, nicht mehr Sklaven und Patrizier, nicht einmal mehr Mann und Weib, denn alle sind Glieder am Leibe Christi. Man kann damit nicht Revolution machen, auch nicht im Sinne der außerparlamentarischen Opposition.

Alle sind jetzt, soweit sie sich zu Christus bekennen, mündig geworden, sind nicht mehr untertan den Elementen dieser Welt (4,3). (Luther übersetzte hier mißverständlich: »äußerliche Satzungen«. Gemeint sind aber die vier Elemente der alten Welt: Feuer, Wasser, Luft und Erde, oder auch die mit ihnen verbundenen Sternbilder.) Die Menschen, die sich daran banden, werden im rabbinischen Schrifttum Akum genannt, was eine Abkürzung ist für: »*A*vodath *K*ochavim *u*masaloth«, Dienst der Sterne und Sternbilder. Dieser Ausdruck wird immer für Heiden im rabbinischen Schrifttum benutzt. Paulus will seinen Galatern sagen: Ihr gehört nicht mehr zum Akum, sondern seid jetzt Kinder Gottes, die ihren Gott so vertrauensvoll anreden dürfen, wie es nur das jüdische Kind sonst tut: »Abba, lieber Vater« (4,6). Der aramäische Ausdruck Abba steht hier im griechischen Text. Wenn Paulus zärtlich wird, spricht er aramäisch. Genau wie unsere Kinder heute in Israel, die auch »Abba« sagen und »Ima« (Mutter), sich des Aramäischen hier bedienend und nicht des Hebräischen, das die härteren Laute »Av« und »Em« bietet, die sich dem kindlichen Lallen entziehen.

[3] Ein apokryphes Sendschreiben der Gemeinde in Rom an die Gemeinde in Korinth mit Angaben über das Martyrium Pauli.

Alle sind nun, soweit sie glauben, für Paulus Kinder Gottes, nachdem Gott seinen Sohn geschickt hat: »Da aber die Zeit erfüllt war, sandte Gott seinen Sohn, geboren von einem Weibe und unter das Gesetz getan.« (4,4)

Paulus spricht hier nur davon, daß der Sohn Gottes, Jesus, von einem Weibe geboren wurde, nicht von einer Jungfrau. Das Dogma von der Jungfrauengeburt war selbst dem supranatural denkenden Paulus offenbar völlig unbekannt.

Um die Freiheit der Kinder Gottes, der Geschwister Jesu sozusagen, sinnfällig darzutun, greift Paulus zu dem alten didaktischen Mittel des Midrasch. Er bildet einen Midrasch Hagar (4,21–31), wobei eine völlige Umdrehung der Vätersage stattfindet. Der Sohn der Hagar ist ja eigentlich Ismael, der Stammvater der Araber, wird hier aber zum Symbol der unfreien Knechte, die unter dem Gesetz stehen, denn Hagar und Sinai werden kühn identifiziert. Als Antithese erscheint Sara, deren Kinder in der Freiheit des Oberen Jerusalem (4,26) leben. Dieses Obere Jerusalem ist die Mutter der Gläubigen. Paulus gebraucht hier in wörtlicher Übersetzung den hebräischen Ausdruck »Jeruschalajim schel ma'ala«, das Obere Jerusalem, dem das »Jeruschalajim schel mata«, das irdische Jerusalem, entgegengesetzt ist. Das himmlische oder obere Jerusalem wird im Talmud, Traktat Taanith 5a, in Erklärung von Psalm 122,3 erwähnt: »Rabbi Jochanan sagte: ›Der Heilige, gelobt sei er, sprach: Ich komme nicht eher in das Obere Jerusalem, als daß ich in das Untere Jerusalem gekommen bin. Gibt es denn ein Oberes Jerusalem? Gewiß, denn es heißt: Jerusalem ist erbaut als eine zusammengepaarte Stadt.‹«

Die »zusammengepaarte Stadt« wird hier als die Vereinigung des Oberen und des Unteren Jerusalem gesehen, es kommt aber dieser Deutung nicht derselbe Ernst zu, den das Neue Testament dieser Vorstellung vom himmlischen Jerusalem beilegt. Außer im Galaterbrief haben wir den Begriff auch im Hebräerbrief und in der Offenbarung Johannis.

Paulus ist so sehr Pharisäer, rabbinischer Theologe, daß er oft streckenweise vergißt, an wen er eigentlich schreibt. Ich bezweifle, daß die Galater die »Beweisführung« im Hagar-Midrasch verstehen konnten, ich bezweifle, daß ihnen der Begriff des »Oberen Jerusalem« so geläufig war wie dem jüdisch gebildeten Paulus.

Immer wieder bricht, auch in der Korrespondenz mit den Galatern, die rabbinische Terminologie durch den griechischen

Text durch, so etwa, wenn Paulus (5,1) von dem Joch spricht, unter das seine Widersacher aus Jerusalem die Galater spannen wollen. Dieses Joch ist das »Ol Hamizwoth«, das Joch der Gesetze, von dem die Rabbinen stets sprechen, wenn sie die jüdische Pflichtenlehre entwickeln.

Paulus verwirft das Gesetz nicht, aber er reduziert es, ähnlich wie heute das radikale Reformjudentum, auf den zwischenmenschlichen Bereich und läßt nur noch gelten: »Du sollst deinen Nächsten lieben wie dich selbst« (5,14; 3. Mose 19,18). Dabei fällt es auf, oder fällt es schon nicht mehr auf, daß Paulus auch hier nicht an die Predigt Jesu erinnert, nicht an das Gleichnis vom Barmherzigen Samariter, mit dem Jesus das Liebesgebot so sinnfällig illustriert (Luk. 10,25–37 u. par.).

Paulus aber stellt allem Gesetz des Mose das Gesetz Christi gegenüber, von dem wir freilich nur durch Paulus etwas wissen: »Einer trage des anderen Last, so werdet ihr das Gesetz Christi erfüllen« (6,2). Wenn uns dieses Wort Jesu auch aus keiner Logiensammlung bekannt ist, so ist hier tatsächlich der Geist Jesu in einer Regel, einer Goldenen Regel, zusammengefaßt, die Geist vom Geiste Hillels ist, der seinen heidnischen Fragesteller dahin belehrte, daß das Wesen des Judentums darin bestehe, dem Nächsten nichts anzutun, was uns selbst verhaßt ist. Vielleicht aber ist hier ein Schritt weiter gewagt. Indem jeder die Last des andern trägt, wird die Gesellschaft entlastet.

Wie schwer aber ist es, dieses »Gesetz Christi« zu erfüllen, schwerer als alle Ritualien, denn das Fleisch widerstrebt dem Geist. Für Paulus ist (5,17) der Geist der Widersacher des Fleisches und das Fleisch der Widersacher des Geistes. Nur wer vom Geiste her lebt, ist vom Gesetz frei – für ein anderes Gesetz, das Gesetz Christi.

Die Werke des Fleisches sind für Paulus verwerflich. Werke des Fleisches sind für ihn alle Taten des Menschen, die aus Leidenschaft und Begierden entstehen, unser Triebleben könnte man sagen. Nur wenn das Fleisch gekreuzigt wird (5,24), samt allen Lüsten und Begierden, ist dieser Antagonismus überwunden.

Paulus hat ihn überwunden und sagt von sich mit dem ihm eigenen Stolze der Demut: »Hinfort mache mir niemand weiter Mühe, denn ich trage die Malzeichen Jesu an meinem Leibe« (6,17). Auch 2. Kor. 4,10 spricht Paulus von diesen Zeichen und 1. Kor. 15,31 von dem täglichen Sterben, in welchem er am eigenen Leibe die Passion Christi nachvollzieht.

Es ist offensichtlich, daß Paulus als letzten Trumpf ausspielt, daß er die Malzeichen Christi am eigenen Leibe trägt. Sie treten hier offenbar an die Stelle des Bundeszeichens der Beschneidung. Was aber sind diese Malzeichen? Wenn kritische Exegeten wie H. W. Beyer apodiktisch erklären, daß das mit Stigmata nichts zu tun habe, so bringe ich nicht dieselbe Sicherheit auf. Bei einem hochsensiblen Menschen wie Paulus, dessen ganzes Leben von einem visionären Erlebnis geformt wurde, ist mit der Möglichkeit von Stigmata zu rechnen. Wenn Rationalisten meinen, daß hier von der Krankheit des Paulus die Rede ist, die er freilich im Galaterbrief (4,14) besonders erwähnt, so scheint mir das nicht einleuchtend. Weder Epilepsie noch Katalapsie können als Male Christi bezeichnet werden. Eher kann man an die Wunden denken, die Paulus bei seinen Geißelungen erfuhr und die ihn an die Geißelung seines Herrn erinnert haben mögen.

Blickt man noch einmal auf den Galaterbrief als Ganzes zurück, so erhebt sich die Frage, die christliche Theologen nie stellten, ob Paulus in diesem Konflikt nun wirklich recht hatte, ob die Sendlinge aus Jerusalem, seien es nun Judaisten oder, wie einige neuere Forscher annehmen, jüdische Gnostiker gewesen, nur Falschbrüder waren, oder ob hier ein tragischer Konflikt vorlag?

Hier lag ein tragischer Konflikt vor. Paulus hatte seine ganze Energie, seine ganze Liebe, seinen ganzen Glauben und seine ganze Hoffnung in dieses jungfräuliche Land Galatien gesät. Die Saat ging auf. Die Gemeinden entstanden. Das Evangelium wurde gepredigt und gelebt.

In Jerusalem aber sah man mit Schrecken, daß hier Gemeinschaften sich im Namen Jesu zusammenfanden, die mit Jesus von Nazareth kaum mehr etwas zu tun hatten. Gibt es denn nicht zu denken, daß Jakobus, der leibliche Bruder Jesu, der ihn wahrscheinlich besser kannte als alle anderen, das Haupt der antipaulinischen Opposition wurde? Gibt es denn nicht zu denken, daß Petrus, der Jesus zu Lebzeiten so nahestand, sofort der Gruppe des Jakobus nachgab? Gerechtigkeit für Jakobus und Petrus muß gefordert werden, gerade wenn wir Paulus verstehen wollen. Mußte Petrus nicht den Eindruck haben, daß er seinen Herrn abermals verriet, wenn er das Gesetz verriet, denn Jesus hatte doch gelehrt: »Eher werden Himmel und Erde vergehen als ein Jota am Gesetz« (Matth. 5,18). Jesus hatte von sich bekannt, daß er nicht gekommen sei, das Gesetz aufzuheben, sondern es aufzurichten (Matth. 5,17). (»Erfüllen« ist hier eine unrichtige Übersetzung, wir müssen von Aufrichten des Gesetzes sprechen, entsprechend dem hebräischen Begriff: ›Lekajem Mizwa‹.)

Jesus hatte doch gelehrt, daß er nur zu den verlorenen Schafen aus dem Hause Israel gesandt sei (Matth. 15,24), und seinen Jüngern eingeschärft, nicht auf der Heiden Straße zu gehen. (Matth. 10,5)

Paulus ging nur noch auf der Heiden Straße und wandte sich in Galatien von den verlorenen Schafen aus dem Hause Israel praktisch ab, da es dort gar keine Juden gab.

Mußte es den Männern um Jesus nicht den Atem verschlagen, wenn sie die Lehre des Paulus als Lehre Jesu vorgesetzt bekamen? Trieb sie nicht das Gewissen zu den Galatern, um ihnen zu sagen: Hier handelt es sich um eine Fälschung, um eine Verfälschung dessen, was Jesus gelehrt und gelebt hat.

Dieser Konflikt ist tragisch, denn hier steht Liebe gegen Liebe. Die Liebe des Jakobus zu seinem gekreuzigten Bruder, die Liebe Petri zu seinem schon einmal verratenen Herrn, gegen die Liebe des Paulus zu seinen Kindern, die er im Geiste gezeugt hatte.

Wer möchte in diesem Kampf der Liebe entscheiden?

Die Geschichte hat ihr Wort gesprochen. Aber nicht immer sieht die Wahrheit in der Geschichte, sonst könnte auch das Zerrbild des Christentums, wie es seit Konstantin entstand, der den Glauben der Verfolgten zur Staatsreligion machte, das Prädikat der Wahrheit für sich in Anspruch nehmen.

Der Brief an die Philipper, ein Altersbrief des Apostels, vermutlich in seinen letzten Lebensjahren um das Jahr 62 geschrieben, gehört zu den herzlichsten Briefen, die uns von Paulus erhalten sind.

Der müde, alternde Mann schreibt aus der Gefangenschaft (1,7.13.16f.), was den Schluß nahelegt, daß der Brief in Rom entstanden ist, wo Paulus zwei Jahre in Haft gehalten wurde (Apg. 28,30). Neuere Forscher wie Gerhard Friedrich neigen aber aus verschiedenen Gründen dazu, eventuell Ephesus als Entstehungsort des Philipperbriefes anzugeben.

Die Frage ist für uns unwesentlich. Wesentlich ist aber der Umstand, daß Paulus hier als Gefangener schreibt, was vielleicht auf seinen Stil so mäßigend wirkte. Hatte er das Gefühl, daß ihm der Zensor über die Schulter blickte? Das scheint mir nicht ausgeschlossen, denn auch in den wenigen polemischen

Teilen des Briefes, im 3. und 4. Kapitel, ist Paulus zurückhaltender als etwa in seiner Auseinandersetzung mit den Falschbrüdern und Widersachern im Galaterbrief.

Dieser andere Ton mag aber auch mit der seelischen Verfassung des Gefangenen zusammenhängen. Er sehnt sich nach dem Tode, ahnt sein Martyrium, aber er weiß, daß er noch ausharren muß, um der Menschen willen, die durch ihn zu einem neuen Leben im Glauben erweckt wurden (1,18–26).

Man hat angenommen, daß der Philipperbrief, der mit seinen nur vier Kapiteln zu den kurzen Briefen Pauli gehört, eigentlich aus zwei Briefen zusammengesetzt ist, einem Dankbrief an die Gemeinde in Philippi, die Paulus moralisch und materiell unterstützt hat, und einem Lehrbrief. Ich glaube nicht, daß diese Trennung notwendig ist, komme wieder zurück auf die auch in diesem Brief so stark hervortretende jüdische Wesensart des Paulus, die solche systematischen Sonderungen nicht kennt. Das Persönliche, Materielle und Theologische gehen bei ihm ineinander über, sind nicht voneinander zu trennen. Da sich Paulus in seiner Existenz als Zeuge Jesu Christi empfindet, ist eine solche Sonderung auch sachlich nicht gegeben. Paulus tritt damit ganz in die Erbfolge der Propheten Israels, die ihre Existenz symbolisch empfunden haben. Man denke nur etwa an die unglückliche Ehe des Propheten Hosea, die dieser selbst als Gleichnis für das gestörte Verhältnis zwischen Gott und Israel empfand und deutete.

So sieht auch Paulus immer wieder sich selbst in der Nachfolge Christi als Paradigma für die ganze Gemeinde. Auch eine gewisse Ahnung des Märtyrertodes (2,17f.) gehört hierher, denn durch ein solches Ende »al Kiddusch Haschem«, zur Heiligung des göttlichen Namens, würde erst die Imitatio Christi vollendet, zugleich auch eine Nachfolge im Sinne des Stephanus vollzogen, die Blutzeugenschaft erworben und damit das Vorbild für die Gemeinde gegeben. Die Lust am Martyrium ist nicht nur im Urchristentum bezeugt, sondern noch im mittelalterlichen Judentum. Rabbinische Autoritäten mußten davor warnen, sich zum Martyrium zu drängen. Das Bewußtsein, durch die Leiden des Martyriums in die Herrlichkeit Gottes einzugehen, war im Judentum bis in das späte Mittelalter hinein und weiter so stark, daß sich daraus Gefahren für die Gemeinschaft entwickelten.

Paulus steht hier in seinem Denken und Empfinden und in seiner Siegesgewißheit des Unterliegenden ganz auf der Linie des gläubigen Judentums, das die Bezeichnung »Kedoschim«, Heilige, eigentlich nur für Märtyrer kennt.

Paulus muß aber noch für die Seinen leben. Zu ihnen rechnet er uneingeschränkt die Christen in Philippi, in Mazedonien, mit denen ihn offenbar besondere Bande der Freundschaft verbunden haben. Die mazedonischen Christen in Philippi, einer alten Siedlung, die nach dem Vater Alexanders des Großen benannt wurde, waren bestimmt Heidenchristen, wahrscheinlich zum Teil römische Exsoldaten. Die Apostelgeschichte (16,9) weiß zu berichten, daß Paulus, als er durch Phrygien und Galatien zog, eine Eingebung zuteil wurde, die Reiseroute zu ändern. Paulus hatte die Vision eines Mazedoniers; diese nächtliche Erscheinung bat ihn, nach Mazedonien zu kommen, um dort das Evangelium zu predigen.

Der Philipperbrief weiß davon zwar nichts, aber das spricht nicht gegen die Vision als solche, denn Paulus hat vermutlich, wenn diese Vision, dieser *Traum,* sich ereignet hat, den Philippern schon bei seinem ersten Besuch davon erzählt.

Die jüdische Gemeinde in Philippi muß klein gewesen sein, sie hatte offenbar keine eigene Synagoge, sondern nur eine Gebetsstätte am Fluß (Apg. 16,13). Der Grund dafür, daß die Gebetsversammlung am Wasser stattfand, mag, wie Ismar Elbogen in seinem Werk ›Der jüdische Gottesdienst in seiner geschichtlichen Entwicklung‹ (1931) S. 449 annimmt, darin zu suchen sein, daß die rabbinischen Quellen erwähnen, Gott habe sich den Propheten außerhalb Palästinas stets an Orten geoffenbart, die am Wasser gelegen waren. Josephus Flavius berichtet von einem Volksbeschluß der Bürger von Halikarnaß, wahrscheinlich zu Cäsars Zeit, durch welchen den Juden gestattet wurde, nach der Väter Sitte am Meere Synagogen zu bauen (›Jüd. Altertümer‹ XIV 10,23).

Man muß freilich nicht allzuweit gehen, um eine Begründung für den Gebetsplatz am Wasser zu finden. Noch aus mittelalterlichen Synagogen wissen wir, daß die Synagoge und das rituelle Tauchbad, die Mikwa, oft in *einem* Gebäude untergebracht waren. Das Tauchbad war am Fluß am leichtesten zu installieren.

Wenn Paulus am Sabbath in Philippi die jüdische Gemeinde beim Gebet am Wasser antrifft, so muß das nicht heißen, daß es dort keine Synagoge gab. Vielleicht war sie damals im Bau begriffen oder nicht erwähnenswert. Jedenfalls setzt sich Paulus in Philippi weniger mit jüdischen Widersachern auseinander, wie uns der Philipperbrief zeigt, aber dennoch legt er gerade in diesem Brief an die ersten von ihm gewonnenen Christen *in Europa* ein stolzes jüdisches Bekenntnis ab (3,5–6). Paulus betont, was ja an sich selbstverständlich ist, daß er am achten Tage beschnitten wurde, daß er aus dem Volke Israel stammt, aus dem Stamme Benjamin, ein echter Hebräer, ein Mann, der die Thora studiert hat, ein Pharisäer ist. Ja, er verschweigt nicht, daß er aus Glaubenseifer heraus die ersten christlichen Gemeinden verfolgt und selbst die rabbinischen Gesetze genauestens eingehalten hat. All dies scheint ihm der Betonung zu bedürfen, denn die Leute in Philippi kennen ihn von dieser Seite nicht.

Jetzt warnt er sie vor jenen Eiferern, die wir bereits aus den anderen Briefen kennen, die die Heiden zur Beschneidung anhalten wollen. Er nennt sie spöttisch die Leute der »Zerschneidung«, so wie er im Galaterbrief Beschneidung und Kastration in Verbindung brachte, so daß man versucht ist, bei Paulus fast von einem Kastrationskomplex zu sprechen. Er, der genau weiß, daß Beschneidung mit Verschneidung und Zerschneidung nichts zu tun hat, benutzt polemisch diese Assoziationen, die auf die Unkenntnis seiner Leser abzielen. Nimmt man andererseits die Entwertung der Sarx, des Fleisches, als einen Grundzug des Paulus hier mit hinein, seinen offenbaren Sex-Haß und seine eigene sexuelle Abstinenz, so ergeben sich Zusammenhänge, die nur angedeutet werden können, da das Material zu einer psychologischen Durchleuchtung der Persönlichkeit des Paulus nicht ausreicht.

In demselben polemischen Satz (3,2), in dem Paulus vor der Zerschneidung warnt, warnt er auch vor den Hunden: »Sehet auf die Hunde, sehet auf die bösen Arbeiter, sehet auf die Zerschneidung.« Man hat die drei hier genannten Typen meist zusammen gesehen. Die bösen Arbeiter sind die Männer der Werkgerechtigkeit, die Zerschneidung ist die Persiflage der Beschneidung, und die Vertreter solcher Irrlehren im Sinne des Paulus werden als Hunde beschimpft.

Das halte ich nicht für richtig. Die Hunde sind die griechischen Verführer, die bösen Arbeiter und Zerschneider die jüdischen oder judaisierenden Verführer.

Die »Hunde« sind Homosexuelle, Befürworter der Knabenliebe im Sinne von Sokrates und Plato. Hier ist ein griechisches Laster gemeint, das Paulus ja auch sonst mehrfach als Entartung anprangert. Freiheit vom Gesetz darf nicht im Sinne der Päderastie mißdeutet werden.

Die Offenbarung Johannis gebraucht das Wort »Hunde« im

selben Sinn: »Draußen sind die Hunde und die Zauberer und die Unzüchtigen und die Totschläger und die Götzendiener und die Lügner« (22,15). Jesus lehrt (Matth. 7,6): »Ihr sollt das Heilige nicht den Hunden geben ...«, worunter natürlich nicht die Hunde im wörtlichen Sinne zu verstehen sind, sondern Lustknaben; und das Gesetz (5. Mos. 23,19) schärft ausdrücklich ein: »Du sollst keinen Hundelohn in das Haus des Herrn bringen«, wobei dieser Hundelohn zusammen mit dem Hurenlohn genannt wird, was die Absicht des Gesetzgebers klar ersichtlich macht.

Es sind immer dieselben zwei Bedrohungen, die Paulus für seine geistlichen Kinder sieht: die griechische Zügellosigkeit und die jüdische Bigotterie. Man darf das eine über dem anderen nicht vergessen und Paulus nicht einseitig antijudaistisch abstempeln; er war nicht minder streitbar in seiner Ablehnung des griechischen Heidentums, angefangen von dessen Idolatrie bis zu den orgiastischen Ausschweifungen der Hellenen und Römer.

Der Brief an die Philipper ist in der unmittelbaren Erwartung des eschatologischen Ereignisses geschrieben, das hier »der Tag Christi« genannt wird. Dieser Tag Christi ist mit dem Tag des Gerichtes, wie er beim Propheten Joël bezeugt ist, identisch. Es ist der Tag des Gerichtes und der Auferstehung, dem Paulus entgegeneilt wie ein Läufer in der Arena.

Wie im 1. Korintherbrief sich ein Gedicht findet, genannt ›Der Lobpreis der Liebe‹, so findet sich auch im Philipperbrief, den Paulus vermutlich gemeinsam mit seinem jungen Schüler Timotheus verfaßt hat, eine Dichtung, das Christuslied (2,5–11):

»Sinnet bei euch auf das, was man auch in Christus Jesus (sinnt),
der in Gottes Gestalt sein Dasein hatte,
beutete das Gott-gleich-Sein nicht aus,
sondern er entäußerte sich,
nahm Knechtsgestalt an,
ward den Menschen gleich
und der Erscheinung nach als Mensch erfunden.

Er erniedrigte sich selbst
und wurde gehorsam bis zum Tode
– ja, bis zum Tode am Kreuz –.

Darum hat Gott ihn auch erhöht
und ihm den Namen über alle Namen verliehen,
damit in dem Namen Jesu ›sich alle Knie beugen sollen‹
– der Himmlischen, Irdischen und Unterirdischen –
und ›jede Zunge bekenne‹: ›Herr ist Jesus Christus‹
– zur Ehre Gottes des Vaters –.«

(Übersetzung von Gerhard Friedrich)

Es ist unwesentlich, ob dieses Lied von Paulus selbst verfaßt oder nur zitiert wurde. Die philologische Analyse legt die Vermutung nahe, daß es nicht von Paulus herrührt, da hier Wörter verwendet werden, die sonst nicht zum Sprachschatz des Apostels gehören, jedoch bedient sich derselbe Mensch in der hymnischen Dichtung anderer Worte als in seiner Lyrik. (Wenn wir nur die Briefe Stefan Georges hätten und eins oder zwei seiner Gedichte, wäre der Zusammenhang von Briefautor und Dichter auch nicht ohne weiteres ersichtlich.)

Wie dem auch sei, der jüdische Hintergrund dieses Liedes ist offenbar, steht es doch ganz im Schatten des Deuterojesaja. Der Erhöhte, der Knechtsgestalt angenommen hat, ist die Fortführung der Lieder vom Knechte Gottes (Jes. 53), und die Knie, die sich beugen sollen, und die Zungen, die bekennen müssen, gehen auf den Gottesspruch (Jes. 45,23) zurück.

Dieses Motiv ist auch in die Liturgie der Synagoge eingegangen, in das Alejnu-Gebet aus dem 2. Jahrhundert, in welchem es heißt:

»Daß dir sich beugen wird alles Knie,
zuschwören alle Zunge.
Vor dir, DU, unser Gott,
werden sie sich beugen, werden hinfallen,
der Herrlichkeit deines Namens
Ehre geben.«

(Übersetzung nach ›Sendung und Schicksal, aus dem Schrifttum des nachbiblischen Judentums‹. Herausgegeb. v. N.N. Glatzer u. L. Strauss 1931, S. 342.)

Über der Ähnlichkeit sind die Unterschiede nicht zu vergessen. An die Stelle Gottes tritt im Christus-Lied Jesus, der verherrlicht werden soll, freilich zur Ehre Gottes des Vaters, so daß doch wiederum die Grundintention des Jesajatextes und des jüdischen Gebetes beibehalten ist. Natürlich mußte für jüdische

Leser dieser Hymnus immer schockierend wirken, denn niemals ist der jüdische Messianismus so weit gegangen, dem Messias, dem Christus, göttliche Ehren zu erweisen. Wir wollen hier nichts harmonisieren, sondern zeigen, daß Paulus auch dort, wo er inhaltlich in schärfsten Gegensatz zum Judentum tritt, die jüdische Form beibehält. Er kann gar nicht anders denken, sprechen und schreiben als jüdisch, denn er ist und bleibt »ein Pharisäer von Pharisäern«.

Es ist rührend zu sehen, wie Paulus sich (3,1) gleichsam dafür entschuldigt, daß er immer dasselbe schreibt. Es ist dies die Monotonie der Wahrheit, der subjektiv erkannten Wahrheit, die er immer wieder neu bekennen muß. Nur so erlangt er selbst die Gewißheit der Auferstehung. Das ist das Ziel seines Lebens. Er sorgt nicht für den Bauch (3,19), sondern für den verklärten Leib der Auferstehung und hofft, daß auch seine Freunde in Philippi und seine Gehilfen in das Buch des Lebens eingetragen werden. Dieses Buch des Lebens (4,3) ist ein rein hebräischer Begriff, Sepher Hachajim, der sich auch in der Liturgie der Synagoge findet: »Unser Vater, unser König, schreibe uns ein in das Buch des Lebens.«

Auch der Friede Gottes, welcher *höher* ist denn alle Vernunft (4,7), ist aus dem liturgischen Sprachgebrauch der Synagoge zu verstehen: »Der Friede stiftet in seinen *Höhen*, der schaffe Friede uns und ganz Israel.«

Im Schlußteil seines Briefes an die Philipper dankt Paulus für die materiellen Zuwendungen, die er nur von dieser Gemeinde angenommen hat, die offenbar wohlhabender war als andere. Die Gaben, die ihm Epaphroditus überbracht hat, vergleicht er mit dem Opferrauch »Reach nichoach« des Tempeldienstes (2. Mose 29,18 u. ö.), ein kühnes Bild, wenn man bedenkt, daß hier die Gabe für den Briefschreiber mit einem Sakral-Opfer verglichen wird. Aber Paulus kann nicht anders, als in hebräisch-biblischen Begriffen denken, selbst wenn er an seine lieben Mazedonier schreibt, bei denen wohl oft nichts angeklungen ist, wenn er die nur ihm so kindvertrauten Termini benützte.

Würden wir nach der Chronologie verfahren, so müßte der 1. Thessalonicherbrief an der Spitze unserer Untersuchungen stehen, denn dieser Brief ist wohl der erste uns erhaltene des Paulus und das älteste Schriftstück im Neuen Testament insgesamt. Da aber alle Datierungen der paulinischen Briefe hypothetisch bleiben müssen, da wir kein Datum von der Hand des Apostels haben, halten wir uns auch hier an die übliche Reihenfolge im Kanon des Neuen Testaments. (Diese Anordnung erleichtert auch die Auffindung der verschiedenen Briefanalysen in diesem Kapitel.)

Paulus kam wohl im Herbst des Jahres 49 auf seiner zweiten Missionsreise nach Thessaloniki, dem heutigen Saloniki. Er kam von Philippi.

Er predigte zunächst wieder in den Synagogen, denn die Stadt verfügte über eine blühende jüdische Gemeinde, die eigentlich bis in die jüngste Vergangenheit hinein bestand und erst in der Zeit der NS-Verfolgungen im Zweiten Weltkriege mehr oder minder ausgerottet wurde.

Nach der Apostelgeschichte (17,1–8) kann der Aufenthalt Pauli in Thessaloniki nur etwas über drei Wochen gewährt haben. Die Erfahrungen, die Paulus dort mit der jüdischen Gemeinde gemacht hat, waren für ihn besonders schmerzlich und ärgerlich. Nicht nur die Gegnerschaft der ortsansässigen Juden bekam Paulus zu fühlen (damit mußte er rechnen), sondern auch ihre Denunziation bei den römischen Behörden. Hier aber mußte der ganze Zorn des Paulus ausgelöst werden, gerade aus seinem jüdischen Grundgefühl heraus, einem Gefühl, dem etwa eine spätere liturgische Formel im täglichen Achtzehngebet noch Ausdruck verleiht: »Die Denunzianten sollen keine Hoffnung haben.« Die Denunziation trägt denselben Charakter wie die Anklage der Clique des Hohenpriesters in Jerusalem gegen Jesus vor Pilatus. In beiden Fällen wird den römischen Behörden das Königtum Jesu als Verschwörung gegen den Cäsar hingestellt. Paulus und sein Mitarbeiter Silas werden als Aufrührer des Weltkreises angeprangert und schließlich aus der Stadt verwiesen.

Nimmt man nun mit Albrecht Oepke und anderen modernen Exegeten an, daß der 1. Thessalonicherbrief unmittelbar nach dem Besuch des Paulus in der Stadt auf einer der nächsten Stationen geschrieben wurde, so wird der zügellose Zorn, der hier zum Ausdruck kommt (2,15), menschlich verständlich, wenn auch nicht entschuldbar.

Andere Exegeten, wie z.B. der Katholik Heinrich Vogels, setzen den Brief erst um 52 in Korinth an. Forscher wie Hadorn und Michaelis denken sogar an das Jahr 55 und meinen, daß der Brief auf der dritten Missionsreise des Paulus geschrieben wurde.

Rein psychologisch spricht am meisten für eine unmittelbare Äußerung des Paulus nach den leidigen Erfahrungen mit der jüdischen Gemeinde zu Thessaloniki, die zu dem unerlaubten Mittel der Auslieferung eines Juden durch Juden an die römischen Behörden gegriffen hatte. Paulus gießt die ganze Schale seines Grimms über sie aus. Er schreibt an die Thessalonicher, gemeint sind nun vorwiegend die Heidenchristen dort: »Denn ihr seid Nachfolger geworden, liebe Brüder, der Gemeinden Gottes in Judäa in Christo Jesu, weil ihr eben dasselbe erlitten habt von euren Landsleuten, was jene von den Juden. Die haben den Herrn Jesus getötet und die Propheten und haben uns verfolgt und gefallen Gott nicht und sind allen Menschen feind. Und daß sie das Maß ihrer Sünden erfüllen, für immer, verbieten sie uns, den Heiden zu ihrem Heil zu predigen. Aber der Zorn ist schon über sie gekommen zum Ende hin« (2,14–16). Wir haben hier den stärksten Ausfall des Paulus gegen das jüdische Volk als Kollektiv vor uns. In diesem Zornwort klingt keine Pleroma-Hoffnung an, wie sie später in Röm. 11,12 ausgesprochen wird, wo von der endzeitlichen Rettung der Vollzahl (Pleroma) Israels die Rede ist. Ganz im Gegenteil. Der Zorn Gottes ist über die Juden beschlossen, ebenfalls endzeitlich. Otto Michel hält es für möglich, daß dieses Zornwort ursprünglich hebräisch, beziehungsweise aramäisch überliefert war: »angebrochen ist der Zorn bis zum Ende« (anders: in seiner ganzen Schwere, in seiner endgültigen Gestalt, um ihnen ein Ende zu machen.) Michel betont: »Die Vorstellung ist apokalyptisch und denkt von der Festsetzung eines Gerichtsverlaufs aus. Gott greift erst dann mit seinem Gericht ein, wenn das Maß der Verschuldung voll ist (Strack, Billerbeck, 1939). Altes Testament, Rabbinat und Apokalyptik geben hier einen Beitrag, der die Verbreitung dieser Vorstellung zeigt.« (Otto Michel, ›Fragen zu 1. Thessalonicher 2,14–16: Antijüdische Polemik bei Paulus‹. In: ›Antijudaismus im neuen Testament? Exegetische und Systematische Beiträge‹ 1967.)

Den beispiellos heftigen Ausfall des Paulus gegen sein jüdisches Volk muß man aber im Kontext sehen. Nicht minder zornig scheint Paulus auf die Griechen in Thessaloniki zu sein, denn er schreibt den Heidenchristen, daß sie von ihren Landsleuten nun erdulden mußten, was die Judenchristen im Lande Judäa von ihren Landsleuten zu erleiden hatten. An diese Feststellung knüpft sich aber dann ein geschichtlicher Rückblick und ein eschatologischer Ausblick nur in bezug auf die Juden.

Sie haben für Paulus ein anderes spezifisches Gewicht als die Griechen, die Gojim, die Heiden.

Das feindselige Verhalten der Griechen gegenüber ihren bekehrten Landsleuten bleibt in den Augen des Paulus episodär gegenüber demselben Verhalten, wenn es von Juden ausgeht. Noblesse oblige. Die Juden, als Gottes erste Liebe, als Volk der Erwählung, der Offenbarung, der Propheten und als das Volk Jesu Christi haben ein ganz anderes Maß an Verantwortung als die Griechen. Paulus reagiert hier nicht anders als der Prophet Amos: »Euch allein habe ich erkannt aus allen Geschlechtern der Erde, um an euch heimzusuchen alle eure Sünden.« (Amos 3,2)

Freilich läßt sich der erzürnte Paulus hier zu Verallgemeinerungen hinreißen, die auch exegetisch nicht haltbar sind. Kann man wirklich sagen, daß die Juden Jesus getötet haben, ohne den Pilatus auch nur zu erwähnen? Allerdings folgt hier Paulus der Pfingst-Predigt des Petrus (Apg. 2,23). Da unser Text im 1. Thessalonicherbrief freilich älter ist als der Lukas-Text der Apostelgeschichte, ist es fraglich, wer hier von wem inspiriert wurde. Wahrscheinlich liegt aber beiden Äußerungen eine vielleicht bereits liturgisch erstarrte Formel zugrunde, die in den heidenchristlichen Gemeinden üblich war. Man hatte dort ein leicht verständliches Interesse daran, die Schuld am Tode Jesu den Juden allein anzulasten und die römischen Behörden möglichst unerwähnt zu lassen. Peinlich ist es, daß Paulus diese Formulierung hier übernimmt. Peinlich wäre es, wenn Petrus tatsächlich in seiner Pfingstpredigt die ihm von Lukas in den Mund gelegte Formulierung gebraucht hätte.

Kann man wirklich sagen, daß die Juden »*die* Propheten« getötet haben? (Es ist auch ein Wort Jesu überliefert, das Jerusalem den Vorwurf des Prophetenmordes macht. Auch der Talmud kennt diesen Vorwurf, aber nicht so allgemein gehalten, sondern auf einen Propheten Sacharja, der nicht mit dem Schriftpropheten selben Namens identisch sein soll, beschränkt.) Man kann tatsächlich nicht sagen, daß die Propheten getötet wurden. Wir wissen zwar von einem Martyrium des Jesaja, aber nur aus einer apokryphen Schrift. Offenbar wurde der unbekannte Blutzeuge, der bei Deuterojesaja erwähnt wird, der sogenannte Knecht Jahwes, getötet. Aber viele Propheten überlebten, obwohl sie politische Nonkonformisten waren. Von einem allgemeinen Prophetenmord zu sprechen, ist sachlich unbegründet.

Wenn Paulus nun schließlich behauptet, daß die Juden Gott mißfallen, so ist das wiederum eine Verallgemeinerung, die ein Überspannen des prophetischen Bogens darstellt. Für das prophetische Zornwort scheint mir eine Formulierung wie diese typisch: »In kurzem Unmut habe ich dich verlassen, doch mit großem Erbarmen werde ich dich sammeln. Im Aufwallen des Zornes verbarg ich einen Augenblick mein Antlitz vor dir, aber mit ewiger Güte habe ich mich deiner erbarmt, spricht der Herr, dein Erlöser.« (Jes. 54,7–8)

Hier haben wir die Dialektik von Zorn und Gnade, von Gericht und Erbarmen, die in dieser Paulusstelle völlig fehlt.

In seinem Kommentar zu dieser Stelle bemerkt Albrecht Oepke (1965) unter der Überschrift ›Paulus und das Judentum‹: »Paulus steht bei aller Schärfe des Gegensatzes bewußt mit dem Judentum auf dem gleichen Mutterboden der alttestamentlichen Offenbarung.« Das scheint mir zu wenig gesagt. Es ist nicht nur alttestamentlicher Boden, es ist pharisäisches und jüdisch-hellenistisches Erbgut, das auch hier unverkennbar bleibt.

Oepke fährt fort: »Das ist weder ›Antisemitismus‹ noch der ›Haß des Konvertiten‹. Zu seiner jüdischen Herkunft hat sich auch der Christ Paulus nicht ohne Stolz bekannt.« Das ist gewiß richtig; unrichtig aber ist es, einen Trennungsstrich zwischen Paulus dem Juden und Paulus dem Christen zu machen. Er blieb immer Jude; wie sehr er es blieb, wird uns aus seiner Redeweise klar, gerade auch wenn er sich an Heidenchristen wendet, wo er ganz unbeabsichtigt seine jüdische Terminologie beibehält.

Ein klares Beispiel dafür ist in diesem Brief seine Warnung (4,4) gegen die bei den Heiden immer wieder um sich greifende Unzucht, der nur durch ein geregeltes Eheleben gewehrt werden könne. Paulus schreibt hier: »Ein jeglicher unter euch soll sein eigenes Gefäß in Zucht und Ehren zu halten wissen.« (Neuere Übersetzungen schreiben hier statt »Gefäß«: Frau. Paulus benutzt aber tatsächlich den Ausdruck »Gefäß«, meint selbstverständlich die Ehefrau. Dieser krasse Ausdruck ist auch talmudisch bezeugt. So etwa spricht im Traktat Megilla der König Ahasveros von seiner Lieblingsfrau als von dem »Gefäß, dessen ich mich bediene«.)

Der Ausdruck »Gefäß« für die Frau ist im Griechischen nicht bekannt und wird hier von Paulus wahrscheinlich unbewußt eingeführt, da er eben immer in den Begriffen des rabbinischen Lehrhauses gedacht hat.

Dabei ist es unverkennbar, daß selbst noch bei gewissen Ausbrüchen des jüdischen Selbsthasses zugleich ein jüdisches Selbstbewußtsein da ist, das die Erstgeburt Israels in der heilsgeschichtlichen Gemeinschaft festhält. Man kann diesen Gegensatz auflösen. Das wahre Israel, zu dem sich Paulus rechnet, *beginnt* mit dem Israel nach dem Fleische, aus dem auch das Israel nach dem Geiste hervorgeht, freilich dann alle Grenzen und »Zäune« durchbrechend. Selbst wo Paulus etwa in der Äußerung, daß die Juden allen anderen Menschen feindlich seien, mit einem Antisemiten wie Tacitus übereinstimmt, der von der feindlichen Gesinnung der Juden gegen alle Nichtjuden schrieb, hat eine solche Bemerkung bei Paulus einen anderen Sinn, einen mehr theologischen. Bei ihm geht es um eine ganz spezielle Feindseligkeit, nämlich die Verhinderung seiner Missionstätigkeit.

Schon im 1. Thessalonicherbrief klingt jener Zweiklang an, den wir dann immer und immer wieder feststellen können: nach jedem Verweis gegen die Juden folgt ein Verweis gegen die Heiden, wobei hier neben ihrer Unzucht auch ihre geschäftliche Unredlichkeit (bitte, bei den Heiden, nicht bei den Juden!) gerügt wird.

Seinen geistlichen Kindern aber verheißt Paulus nun Auferstehung der Toten und Entrückung derjenigen, die bei Ankunft des Herrn noch am Leben sind. Das wird als ein Wort des Herrn (4,15) tradiert. Endlich bezieht sich Paulus in seiner eschatologischen Schau auf Jesus, aber uns ist ein solches Wort Jesu nicht bekannt. Nirgends ist davon im Evangelium die Rede, daß die noch Lebenden den Entschlafenen nicht zuvorkommen werden, daß die Toten offenbar vorher auferstehen, ehe die Lebenden in einer Wolke dem Herrn in der Luft entgegenschweben.

Auch neuere Exegeten nehmen nicht an, daß uns hier ein Jesuswort verlorengegangen ist, denken vielmehr an eine mystische Offenbarung des Paulus. Tatsächlich liegt dieser Gedanke nahe, weil diese ganze phantastische Vorstellung viel besser in die Ideenwelt des hellenistischen Judentums hineinpaßt, in der Paulus lebte und dachte, als in die weit schlichtere Glaubenswelt des Jesus von Nazareth.

Wiewohl Paulus schon in diesem Briefe in unmittelbarer Erwartung dieser Ereignisse schreibt, muß er (5,1) zugeben, daß Zeit und Stunde nicht genannt werden können. Wohl aber ermuntert er seine Gläubigen (5,5–8), sich als Söhne des Lichtes im Kampf gegen die Finsternis zu fühlen und die Rüstung anzulegen, die diesem Kampfe entspricht, den Panzer des Glaubens und der Liebe und den Helm der Hoffnung. Heute kennen wir diese Terminologie genau. Es ist die der Kriegsrolle von Qumran, wo vom Kampf der Söhne des Lichtes gegen die Söhne der Finsternis und von der Rüstung der Söhne des Lichtes ausführlich die Rede ist.

Mit dem Hinweis auf den treuen Gott, der die Gemeinde berufen hat und seine Verheißungen auch in die Tat umsetzen wird, schließt Paulus diesen Brief. Diese Formel entspricht der liturgischen Formel nach Verlesung der Prophetenperikopen in der Synagoge: »Getreu bist du, Herr unser Gott ... das Wort zu erfüllen.«

Wir verzichten auf eine Analyse des 2. Thessalonicherbriefes, da dessen Echtheit in Frage gestellt wurde. Eine andere eschatologische Einstellung zeigt sich in ihm. Die vielen Rückbezüge auf die hebräische Bibel haben Forscher wie Harnack dazu veranlaßt anzunehmen, daß dieser 2. Brief nach Thessaloniki an eine judenchristliche Gemeinde gerichtet war.

Wir wollen in diesen Streit der Gelehrten nicht eintreten, sondern wenden uns dem letzten unter denjenigen Briefen des Paulus zu, die unbestritten seine Urheberschaft aufweisen, dem Philemonbrief. In der üblichen Zählung ist er der letzte der paulinischen Briefe. Er ist der kürzeste unter den Briefen des Apostels, ein reiner Privatbrief. Er gehört zu den Briefen, die Paulus aus der Gefangenschaft, entweder aus Rom oder Ephesus, geschrieben hat. Manches spricht dafür, daß wir den Empfänger vielleicht in Kolossä zu suchen haben, also in jener Gemeinde, an die der Kolosserbrief gerichtet ist, den wir hier nicht behandeln, da seine paulinische Urheberschaft zu umstritten blieb.

Im Mittelpunkt des Briefes an Philemon steht die Frage der Behandlung eines entlaufenen Sklaven, Onesimus. Drei Auffassungen des Problems sind hier zu berücksichtigen: die Auffassung des römischen Rechtes, die Auffassung des jüdischen Rechtes und schließlich die Auffassung des Paulus selbst, der sich nur noch an das Gesetz Christi gebunden weiß, für den es eigentlich in diesem neuen Äon nicht mehr Herren und Sklaven gibt, sondern nur noch Glieder am mystischen Leibe Christi, Bürger eines neuen Israel.

Paulus, der hier vermutlich im Jahre 62, als »alter Paulus« und ein »Gebundener Jesu Christi« (8) im Gefängnis schreibt, wo er mit dem entlaufenen Sklaven des Philemon zusammentrifft, mit jenem Onesimus, der auch im Kolosserbrief (4,9) erwähnt wird, bekehrt den Onesimus. Paulus zeugt ihn in Banden, wie er sich ausdrückt, und damit wird für ihn dieser Onesimus, der Philemon offenbar Schaden zugefügt hat, zu einem neuen Menschen, der nunmehr kein Sklave mehr ist, sondern eben ein Bruder (16), sowohl für Paulus selbst wie auch für Philemon, seinen gesetzlichen Herrn. Paulus übernimmt die Schuld des Onesimus (19), deutet fein an, daß Philemon ihm, dem Paulus, ja ebenfalls sein neues Leben schuldet. Bald hofft Paulus frei zu sein, bittet schon, das Gastgemach für ihn zu richten (22), und gedenkt, dann mit Philemon, dessen lieber Frau Appia, dem Onesimus, der dem Paulus nun so sehr ans Herz gewachsen ist (12), und dem gesamten Hausstand des Philemon vereinigt zu sein.

Der Brief, den Paulus dem entlaufenen Sklaven mitgibt, ist gewissermaßen der Wechsel dafür, daß Paulus für alle Schulden des Onesimus aufkommt. (18–19)

Sieht man die Episode, die hinter diesem kurzen Brief steht, auf dem Hintergrunde des harten römischen Sklavenrechtes, so wird einem jene Revolution klar, von der H. W. Bartsch in seinem bereits erwähnten Paulus-Buch spricht. In Rom gab es eine Spezialabteilung der Polizei, die nach entlaufenen Sklaven zu fahnden und sie ihren Herren zur härtesten Bestrafung zurückzubringen hatte. Wie anders tritt uns da das alte jüdische Gesetz entgegen: »Du sollst nicht einen Sklaven, der sich zu dir vor seinem Herrn flüchtet, seinem Herrn ausliefern. Bei dir soll er bleiben, in deiner Mitte, an dem Orte, den er in einer deiner Städte wählt, wo es ihm gut dünkt. Du darfst ihn nicht bedrükken.« (5. Mose 23,16–17)

Wenn auch die Thora das antike Sklavenrecht als solches nicht aufheben konnte, die Institution sogar in zweierlei Gestalt beibehielt, in Gestalt des hebräischen und des heidnischen Sklaven, so wird doch das Sklavenrecht relativ gemildert, und der entflohene Sklave, der sich den Mißhandlungen, welchen er ausgesetzt war, entzieht, genießt den Schutz desjenigen, zu dem er geflohen ist.

In den Proverbia wird uns eingeschärft: »Verleumde nicht den Sklaven bei seinem Herrn ...« (Sprüche 30,10). Auch die spätere Spruchweisheit des Judentums setzt diese Linie fort: »Hast du einen Sklaven, so halte ihn wie dich selbst, denn wie du selber ist er dir nötig.« (Sirach 33,31)

Im hellenistischen Judentum lehrte Philo von Alexandrien: »Niemand ist von Natur aus ein Sklave.« Der Gedanke der menschlichen Freiheit, der die Sklaverei als solche verneint, wird auch im talmudischen Schrifttum oft betont. So etwa führt Siphra zu 3. Mos. 25,39 aus: »›Wenn dein Bruder neben dir verarmt und sich dir verkauft ...‹, so mußt du ihn als Bruder behandeln ...«

Ist hier nicht genau dasselbe gesagt wie im Philemon-Brief, nämlich, daß der Herr seinen Sklaven als Bruder behandeln soll? Paulus bleibt auch in der Entscheidung, die er hier fällt, auf der Linie jüdischer Tradition. Er betont, daß Onesimus dem Philemon ja auch ein Bruder nach dem Fleische ist, das heißt ein Grieche. Paulus überträgt hier, bewußt oder unbewußt, wenn er diese Gemeinsamkeit im Fleische betont (16), die Grundsätze der Thora und der Rabbinen auf das Verhältnis eines Griechen zu seinem griechischen Sklaven. Thora und Rabbinen lehrten, daß der hebräische Knecht bei seinem hebräischen Herrn niemals ganz unbefristet versklavt sein kann und daß er immer der Bruder bleibt, auch als Sklave.

Griechen und Römern war diese Haltung unbekannt. So mußte einem Philemon der Freibrief, den Paulus dem Onesimus ausstellte, als Legitimation des neuen Menschen in Christus Jesus erscheinen; wir aber erkennen, daß Paulus auch hier im Sinne jüdischer Ethik handelte, die ihm schon vor dem Damaskus-Erlebnis innerster Besitz gewesen sein muß.

So spricht uns aus den Briefen des Paulus, zumindest aus denen, deren Echtheit unbestritten ist, immer und immer wieder die jüdische Stimme des Mannes an, der die Lehren seiner Jugendjahre nicht vergessen konnte. Was Paulus formte, lag vor Damaskus, was ihn umformte, erfolgte in Damaskus, in der Vision vor den Toren der Stadt. Aber auch der Gewandelte zeigt noch bis ins Alter hinein die Spuren dessen, was im rabbinischen Sprachgebrauch »Girsa de Jankutha« genannt wird, der unveräußerliche Besitz der Kenntnisse, die in der Jugend erworben werden.

Immer wieder begegnen wir bei Paulus im Selbstzeugnis seiner Briefe bestimmten Zentralbegriffen, die in ihrem jüdischen Zusammenhang zu sehen unser Anliegen war:

Der Rechtfertigung aus Glauben, die nach Paulus in Verbindung mit dem Propheten Habakuk steht und die wir im Lichte einer zu wenig beachteten Talmudstelle sahen; der Lehre von der Prädestination, die nach Paulus auf Stellen in der Abrahamsgeschichte und der Sinaitradition basiert; dem Geheimnis Israels, dem er in Römer 9–11 so bewegten Ausdruck verleiht; dem Lobpreis der Liebe; der Vorstellung vom mystischen Leib Christi; der Lehre von der Auferstehung, jenem Kerngut pharisäischer Lehrmeinungen.

Ohne irgendwelchen Anspruch auf systematische Vollständigkeit zu erheben, wurden hier einige Kerngedanken Pauli herausgegriffen. Bei der Analyse der Brieftexte war es durchgehend mein Bemühen zu zeigen, daß hier jüdisches Gedankengut vorliegt. Es bleibt aber ein Zentralbegriff, der bisher immer als ganz außerhalb des Judentums stehend betrachtet wurde: die Erniedrigung Christi, wie sie etwa im Christuslied (Phil. 2,5–11) zum Ausdruck kommt. In der gewissermaßen menschlichen Schicht dieses Vorstellungsbereiches ist der Zusammenhang mit den Liedern vom Knechte Gottes gegeben, worauf allgemein hingewiesen wird, so daß hier der alttestamentliche Rückbezug klar in die Erscheinung tritt.

Wie aber steht es um die göttliche Schicht? Wenn sich Gott, nach Paulus, in Jesus Christus offenbart hat, dann hat sich Gott selbst in ihm erniedrigt. Hier ist der Unterschied zu der Konzeption der Lieder vom Knechte Gottes offenbar. In diesen Liedern (Jes. 53) haben wir es nur mit der Erniedrigung eines Gerechten zu tun, nun aber mit der Selbsterniedrigung Gottes. Ist hier nicht endgültig der Schritt vom Judentum zu etwas anderem, etwas Neuem, nämlich zum Christentum vollzogen?

Es ist das Verdienst von Peter Kuhn, in seiner Studie ›Gottes Selbsterniedrigung in der Theologie der Rabbinen‹ (1968) die einschlägigen Texte, die oft weit verstreut waren, zusammengestellt, übersetzt und erläutert zu haben. Der Stoff wird hier gegliedert in Gottes Verzicht auf seine Ehre, Gott als Diener der Menschen, Gottes Selbsthingabe an den Menschen, Gottes Herabsteigen vom Himmel auf die Erde und Gottes Selbstbeschränkung auf einen bestimmten Raum innerhalb der Welt. Peter Kuhn, ein junger katholischer Theologe, geht von einer Stelle im babylonischen Talmud, Traktat Megilla 31a aus: »Rabbi Jochanan sagte: An jeder Stelle (der Schrift), an der du die Macht des Heiligen, gepriesen sei Er, findest, findest du gleich daneben seine Selbsterniedrigung. Das wird in der Thora beschrieben, in den Propheten wiederholt und in den Schriften ein drittes Mal gebracht:

In der Thora steht geschrieben: ›Denn der Herr, euer Gott, ist der Gott aller Götter und der Herr aller Herren‹ (Dt. 10,17), und anschließend steht geschrieben: ›Der da Recht schafft der Waise und der Witwe‹ (Dt. 10,18).

Wiederholt ist es in den Propheten: ›So spricht der Hohe und Erhabene, der da ewig thront und dessen Name heilig ist ...‹ (Jes. 57,15), und anschließend steht geschrieben: ›... und doch bei dem, der niedrig und demütigen Geistes ist‹ (Jes. 57,15).

In den Schriften wird es ein drittes Mal gebracht, da ja geschrieben steht: ›Bereitet (den Weg) dem, der im höchsten Himmel einherfährt, Jah ist sein Name‹ (Ps. 68,5), und anschließend steht geschrieben: ›Vater der Waisen und Richter der Witwen‹ (Ps. 68,6).«

Von hier aus wird sichtbar, was Kuhn im Schlußkapitel über jüdische und christliche Anschauung von der Selbsterniedrigung Gottes darlegt: »Die Vorstellung von der Selbsterniedrigung Gottes gehört nun zu den Grundbestandteilen der Aggadah: Wir treffen sie sowohl in der babylonischen wie in der palästinensischen Schule des Rabbinismus und in beiden Schulen wiederum in der ganzen Zeit ihres bestehens an. Bei dieser umfassenden Grundlegung in der Tradition ist es verständlich, daß das Motiv der Selbsterniedrigung Gottes in den folgenden Jahrhunderten der jüdischen Geistesgeschichte bis heute wirksam bleiben konnte.«

Der Unterschied in der Vorstellung von der Selbsterniedrigung Gottes im Judentum und bei Paulus (und damit im Christentum) liegt nun wiederum nur darin, daß dieser Akt bei Paulus gewissermaßen personifiziert wird, sich nur und ausschließlich in Jesus Christus ereignet. Das heißt aber nicht, daß der Gedanke der Selbsterniedrigung Gottes dem Judentum fernlag oder -liegt.

Ganz allgemein kann man sagen: Paulus übernahm die Bausteine zu seinem theologischen Gebäude, bewußt und unbewußt, aus dem Judentum. Es gibt in diesem gewaltigen Bau der paulinischen Theologie kaum einen Bestandteil, der nicht jüdisch wäre. Manchmal erscheint es uns so, als ob hier etwas ganz anderes, Neues und Fremdes auftreten würde, aber bei näherem Hinsehen zeigt sich der jüdische Hintergrund der Gedankenwelt des Paulus, auch dort, wo er scheinbar in schroffem Gegensatz zum Judentum steht. Stück um Stück erschließt sich uns die Gedankenwelt des Paulus als jüdisches Gedankengut, wenn wir ihr in allen ihren Verästelungen nachspüren. Diese Arbeit beginnt eigentlich erst jetzt in vollem Umfange. Die Forschung erinnert hier an Archäologie. Vorsichtig müssen spätere Schichten der Interpretation und des Mißverständnisses, der Dogmatisierung und Systematisierung abgetragen werden, bis das so lang verschüttete antike Mosaik der paulinischen Gedankenwelt sichtbar wird, wobei jedes einzelne Steinchen in diesem Mosaik Beachtung fordert. Es kommt dabei darauf an, nicht nur das Mosaik als solches freizulegen, sondern auch zu ermitteln, woher die einzelnen Steinchen genommen wurden.

7
Ein Brief nach Qumran

Den Abschluß der traditionellen Sammlung der Paulus-Briefe bildet der sogenannte Hebräerbrief. In den katholischen Bibeln wird er tatsächlich im Anschluß an den Philemonbrief gebracht, während die protestantischen Bibeln ihn meist zum Schlusse der Briefe zwischen dem 3. Brief des Johannes und dem Jakobusbrief plazieren. Die Anschrift »An die Hebräer« ist erst im zweiten Jahrhundert bezeugt und stammt wohl nicht vom Verfasser selbst, sondern vermutlich von jenem Redaktor, der den Brief den Paulusbriefen zuzählte. Wieweit sich der Redaktor auf eine Gemeindetradition stützen konnte oder nur auf den Inhalt des Briefes selbst, können wir heute nicht mehr feststellen. Die Ostkirche betonte frühzeitig, daß Paulus der Verfasser des Hebräerbriefes gewesen sei, obwohl der Kirchenvater Origenes gegen diese Auffassung literarkritische Bedenken angemeldet hatte. Bezüglich des Inhalts aber waren sich die Kirchenväter darüber einig, daß hier, wenn der Brief auch von Schülern oder Mitarbeitern verfaßt worden ist, doch der Geist des Paulus zum Ausdruck kommt.

Der Hebräerbrief ist mehr Predigt, rabbinischer Lehrvortrag, Drascha, als eigentlicher Brief; nur in einer Schlußbemerkung (13,22) wird er als Brief kenntlich.

Noch Heinrich Vogels hat in seinen Anmerkungen zur Übersetzung des Neuen Testaments von Franz Sigge (1958) bemerkt: »Wo die Gemeinde zu suchen ist, an die der Brief sich wendet, ist ebensowenig zu ermitteln wie sein Verfasser. Die Abfassungszeit liegt nicht in der ersten christlichen Generation (2,3), doch scheint der Tempeldienst in Jerusalem noch zu bestehen.«

Ähnlich bemerkt William Cornelius van Unnik in seiner ›Einführung in das Neue Testament‹ (1967): »Der Brief an die Hebräer ist ein wirklicher Brief, wie der Briefschluß beweist, wenn auch die Adresse fehlt. Wir wissen also nicht, an wen er gerichtet und von wem er geschrieben ist. Auch die Frühzeit der christlichen Kirche gibt darüber keine Auskunft, wenn auch als Verfassername verschiedentlich Barnabas auftaucht. Später hielt man Paulus für den Absender.«

Ich glaube nicht, daß man hier so vorsichtig sein muß. Ob Paulus selbst oder Barnabas, sein langjähriger Reisegefährte und

Mitarbeiter, der Mann, der die Kontakte zwischen Paulus und der Urgemeinde in Jerusalem hergestellt hat und mit dem sich Paulus schließlich auch einmal ernsthaft gestritten haben mag, als Verfasser anzusehen ist, scheint mir weniger wichtig, da diese beiden hellenistischen Juden in enger Arbeitsgemeinschaft standen. (Wer unterscheidet denn heute in Grimms Märchen, welches Märchen von welchem der Brüder Grimm aufgezeichnet wurde? So ähnlich stelle ich mir die Zusammenarbeit von Paulus und Barnabas vor.)

Eine ganz andere Frage aber ist die der Adresse. Ist sie wirklich nicht zu eruieren? Die Überschrift von späterer Hand: »An die Hebräer« ist tatsächlich unklar. Wir wissen sehr wohl, was bei Paulus die Überschriften: An die Römer, An die Korinther, An die Thessalonicher, An die Philipper usw. bedeuten. »An die Römer« bedeutet nicht, daß der Römerbrief einfach an alle Römer gerichtet ist, so etwa wie Mark Anton an der Bahre Cäsars das Wort an die Römer richtet. Paulus schreibt natürlich nur an die christlichen Gemeinden in Rom, Korinth, Thessaloniki, Philippi usw. Wenn der Brief nun an die Jerusalemer gerichtet wäre, dann wäre es klar, daß er an die christliche Gemeinde zu Jerusalem adressiert ist; so aber ging er unter der Überschrift »An die Hebräer« in den Kanon des Neuen Testaments ein.

Welche Hebräer sind damit gemeint? Das Herzstück des Hebräerbriefes, das Christus als den wahren Hohenpriester darstellt (4,14–10,18), kann die Antwort darauf geben. In diesem Zusammenhang bemerkt Alois Stöger in seiner Studie ›Die Christologie der Paulinischen und von Paulus abhängigen Briefe‹ (enthalten in: ›Der historische Jesus und der Christus unseres Glaubens‹, herausgegeben von Kurt Schubert, 1962): »Seit der Entdeckung der Qumranschriften findet die Darstellung des Messias als Priester einleuchtende Erklärung ... Die Qumranschriften ... lehren das Kommen eines Laienmessias aus dem Stamme Juda (David), der das Gottesreich auf Erden errichten wird, und eines Priestermessias aus dem Stamme Aaron, der dem Laienmessias übergeordnet ist. Nach dem Hebräerbrief vereinigt Christus den Laienmessias und den Priestermessias in sich. Der Verfasser des Hebräerbriefes korrigiert die Anschauungen der Qumranleute nach dem historischen Jesus.«

Alois Stöger verweist in diesem Zusammenhang auf das wichtige Werk von Hans Kosmala ›Hebräer – Essener –

Christen‹ (1959). Das erste Kapitel dieses Buches trägt die Überschrift: ›Der Hebräerbrief und seine Empfänger‹ und weist auf Zusammenhänge zwischen der Gedankenwelt der Sekte von Qumran und dem Hebräerbrief hin.

Heute erschließt sich uns aus den Rollenfunden von Qumran mehr und mehr das Bild einer essäischen Sekte mit zaddokidischem Einschlag, die sich vom Getriebe der Welt in die judaische Wüste am Toten Meer in die Nähe von Jericho zurückgezogen hatte, um dort ein monastisches Höhlenleben zu führen, freilich wohl nicht in völliger Ehelosigkeit.

Der Zusammenhang zwischen Johannes dem Täufer und Qumran wurde allmählich sichtbar, und damit erschienen auch Beziehungslinien zwischen Qumran und Jesus. Bedenkt man, daß wir die erste Kunde von Qumran durch den Jerusalemer Archäologen Sukenik im Jahre 1948 erhielten, so muß es uns klar sein, daß hier trotz emsiger Arbeit jüdischer und christlicher Gelehrter in vielen Ländern erst Stückwerk vorliegt und vorliegen kann. Immer deutlicher aber wird uns werden, daß »die Hebräer« des Hebräerbriefes die Leute von Qumran waren. Nun versteht man manches, was bisher so unklar bleiben mußte.

Die Vorstellung, daß eine im Glauben wieder wankend gewordene christliche Gemeinde durch diesen Brief gestärkt werden sollte, muß vielleicht korrigiert werden, wobei freilich hier und dort spätere Retuschen zu entfernen wären. Nicht eine im Glauben erschütterte judenchristliche Gemeinde ist Empfänger dieses Briefes, sondern die Essäergemeinde von Qumran. Nun verstehen wir, warum der Hebräerbrief, und *nur* dieser, Christus als den Hohenpriester in den Mittelpunkt seiner Verkündigung rückt. Hier ergab sich der theologische Anknüpfungspunkt für die Auseinandersetzung mit Qumran. Die Sekte von Qumran hatte, wie gesagt, den Glauben, daß es zwei Messiasse gebe, einen priesterlichen und einen davidischen, königlichen. (Die Vorstellung von zwei Messiassen ist nicht Sondergut von Qumran, denn auch das rabbinische Judentum lehrte, daß es zwei Messiasse geben werde, den unterliegenden Messias, Sohn Josephs, und den sieghaften Messias, Sohn Davids.) Die Synoptiker haben diese Tradition aufgenommen, Jesus als Sohn Josephs *und* Sohn (Nachkomme) Davids dargestellt, so daß in seiner Person diese beiden Vorstellungen vereinigt sind. Das ist die Antwort der Synoptiker an die rabbinische »Christologie«.

Der Hebräerbrief ist im selben Sinne eine Antwort auf die »Christologie« von Qumran. Jesus ist der Hohepriester und der königliche Messias in einem. Deshalb wird hier das Vorbild eines Priesterkönigs aus der Vätersage gewählt, die Gestalt des alten Stadtkönigs von Jerusalem, Malkizedek, so daß Christus ein Hohepriester nach der Weise des Melchisedek (5,6-10) genannt wird.

Dieser Malkizedek oder Melchisedek zieht Abraham mit Brot und Wein nach dem Sieg im Tale der Könige entgegen (1. Mose 14,18–20), was nun gleichsam als Urbild der Eucharistie verstanden wird.

In diesem Melchisedek, eigentlich nur einer Randfigur in der Abrahamsgeschichte, ist aber exemplarisch ein Priesterkönig gegeben, Priester des Höchsten Gottes, El Eljon, der nun als Präfiguration Christi ausgesprochen mythologisiert wird: ohne Vater, ohne Mutter, ohne Stammbaum wird er (7,3) als ewig gesehen: »So gleicht er dem Sohne Gottes und bleibt Priester in Ewigkeit«.

Es ist nicht ganz von ungefähr, daß Melchisedek diese mythologische Aufwertung im Hebräerbrief erfährt, auch die Aggadah hat sich seiner gern bedient. Sie identifiziert ihn mit Adoni-Zedek, dem König von Jerusalem, der wiederum mit dem Sem, dem Sohn Noahs, identisch sein soll. (Auch hier ist das außergewöhnliche Alter des Melchisedek angedeutet, wird sein in der Bibel nicht genannter Stammbaum nachgeliefert.) Die Aggadah betont ausdrücklich, daß Gott selbst den Sem, den Sohn Noahs, zu seinem Hohenpriester gemacht habe. Gott verlieh ihm den Namen Melchisedek, König von Salem. Den Psalmvers (110,4): »Du bist ein Priester in Ewigkeit nach der Ordnung Melchisedeks«, bezieht die Aggadah auf Abraham, während der Hebräerbrief diesen Vers natürlich auf Jesus bezieht. (Das aggadische Material ist bei Bin Gorion, ›Die Sagen der Juden‹, nachzulesen.)

Die Mythologisierung des Melchisedek steht nicht isoliert da. Auch Henoch und andere Gestalten des Alten Testaments haben in der apokryphen und apokalyptischen Literatur solche Mythologisierungen erfahren.

Schon vor der Entdeckung der Rollen von Qumram fiel es manchen Forschern auf, daß die »Taufe«, die im Hebräerbrief erwähnt wird (6,2), nicht die christliche Taufe sein kann, sondern daß es sich hier um jene rituellen Waschungen handelt, die bei den Essäern eine so große Rolle spielten. Harnack sagte respektlos von ihnen: »Die Leutchen kamen gar nicht mehr aus der Badewanne«.

Heute wissen wir, daß in Qumran tatsächlich große Bäder angelegt wurden, und das Klima in der Jordansenke hat dieses ständige Tauchen nahegelegt.

Der Hebräerbrief setzt ein als eine Art Midrasch, vor allem auf Psalmentexte, die hier homiletisch ausgelegt werden. Im Kernstück wird das Ritual des Jom Kippur, des Versöhnungstages, umgedeutet. Nicht mehr das Blut der Opfertiere, vom Hohenpriester auf den Sühnedeckel als Bundesblut gesprengt, entsühnt, sonder das Blut Christi, der nun in einer Person auch der Hohepriester und das Opfertier ist.

Neuplatonische Ideen, wie sie im hellenistischen Judentum geläufig waren, sind im Hebräerbrief klar erkennbar. Der Tempeldienst ist nur das Schattenbild des himmlischen Tempeldienstes, in welchem eben Christus als Hohepriester fungiert. Ständig nimmt, Satz um Satz, der Hebräerbrief auf die hebräische Bibel Bezug, anfänglich mehr auf die Psalmen, dann auf den Pentateuch, aber auch die anderen Teile des Alten Testaments. Von Josua über Richter, von Samuel bis zu den Königsbüchern, Daniel und den Sprüchen sowie den Propheten werden die Schriften des hebräischen Kanons zitiert. Aber auch die paulinischen Briefe gehören mit zum Lehrgute des Hebräerbriefes, nicht aber Worte Jesu. In dieser Jesusferne überbietet der Hebräerbrief fast noch die echten paulinischen Briefe. Der Glaube an Engel, an eine Hierarchie der Engel und die Vermittlung der Offenbarung durch Engel spielt auch im Hebräerbrief eine hervorragende Rolle, erweist ihn wiederum als Geist vom Geiste des Paulus.

Wenn (2,3) der Verfasser des Briefes die Empfänger vor der Illusion warnt, bei Mißachtung des Heils, das in Christus angeboten ist, entfliehen oder entrinnen zu können vor dem Zorne Gottes, so kann man auch darin einen Hinweis auf Qumran sehen, hatte sich doch ein Teil dieser Gemeinde nach Damaskus geflüchtet. Der sogenannte Damaskus-Bund, eine schon vor Qumran entdeckte Schrift dieser Sekte, gibt davon Kunde.

Man kann nicht fliehen oder entrinnen, denn nunmehr ist das Heil im Sinne des Paulus universell, an kein Volk (und Land) mehr gebunden; entsprechend ist auch das Gericht ebenso universell.

Der Hebräerbrief bietet im 11. Kapitel jene berühmte Galerie der Glaubenshelden, unter denen vor allem Abraham und Mose hervorragen. Das Leben dieser Gottesmänner ist Beispiel dafür, daß »der Glaube ein zuversichtliches Vertrauen auf das ist, was man hofft, und eine feste Überzeugung von Dingen, die man nicht sieht«. (11,1)

Das wird den bedrohten Leuten von Qumran als Trost gesagt, Leuten, die mit dem Establishment in Jerusalem auf Kriegsfuß stehen, die den amtierenden Hohenpriester bestimmt nicht als priesterlichen Messias sehen. In der Wüste leben sie einsam, aber der Verfasser des Hebräerbriefes sagt ihnen auf seine Weise: Ihr seid nicht allein. Vielmehr führt er ihnen eine »Wolke der Zeugen« (12,1) vor Augen, die alle zu Jesus aufsehen, den Anfänger und Vollender des Glaubens, der vorbildlich das Martyrium des Kreuzes und alle Schande auf sich genommen hat.

Wer den Brief an die Hebräer geschrieben hat, wissen wir nicht genau: Paulus oder Barnabas oder ein späterer Schüler des Paulus oder ein Schüler eines Schülers. Aber daß es Geist vom Geiste des Paulus ist, der im Hebräerbriefe spricht, ist zu spüren. So hätte Paulus zu Hebräern gesprochen; zu welchen Hebräern? Zu jenen echten Hebräern von Qumran, die wie Johannes in der Wüste für Gott einen Weg bahnen wollten, eine Straße für den Herrn in der Araba, in der Steppe.

8
Die Lehrer des Paulus

Wir wissen aus dem Neuen Testament nichts über einen Lehrer Jesu, wohl aber über einen Lehrer des Paulus. In seiner Apologie vor den jüdischen Bürgern Jerusalems betont Paulus: »Ich bin ein jüdischer Mann, geboren zu Tarsus in Cilicien, aber erzogen in dieser Stadt (Jerusalem), zu den Füßen Gamaliels unterwiesen mit allem Fleiß im väterlichen Gesetz ...« (Apg. 22,3).

Dieser Gamaliel begegnet uns in der Apostelgeschichte noch einmal, in seiner weisen und ausgeglichenen Rede im Synhedrion (Apg. 5,34ff.): »Da stand aber auf im Hohen Rat ein Pharisäer mit Namen Gamaliel, ein Schriftgelehrter in Ehren gehalten von allem Volk, und hieß die Apostel (Petrus und die übrigen; nicht Paulus) ein wenig hinaustun und sprach: Ihr Männer von Israel, sehet euch vor mit diesen Menschen, was ihr tun wollt. Den vor diesen Tagen stand auf Theudas und gab vor, er wäre etwas, und hingen ihm an eine Zahl Männer, bei vierhundert; der ist erschlagen, und alle, die ihm zufielen, sind zerstreut und zunichte geworden. Danach stand auf Judas aus Galiläa in den Tagen der Schätzung und machte viel Volks abfällig ihm nach; und der ist auch umgekommen, und alle, die ihm zufielen, sind zerstreut; und nun sage ich euch: Lasset ab von diesen Menschen und lasset sie gehen! Ist der Rat oder das Werk aus den Menschen, so wird's untergehen; ist's aber aus Gott, so könnt ihr sie nicht hindern; auf daß ihr nicht erfunden werdet als solche, die wider Gott streiten wollen.«

Diese Rede ist deshalb von so großer Bedeutung, weil sie einen legitimen Ausdruck des jüdischen Geschichtsverständnisses darstellt. Gott ist der Herr der Geschichte. In ihr erweist sich seine Führung. Quantität wird hier insofern Qualität, als das Andauern einer geschichtlichen Erscheinung als ihre Legitimation im heilsgeschichtlichen Sinne gewertet wird. Tausend Jahre sind vor Gott, nach einem berühmten Psalmwort, zwar nur wie ein Tag, aber in menschlicher Perspektive bedeuten sie zumindest einen Hinweis auf ewige Kategorien. So etwa wollen die vorsichtig abwägenden Worte des Gamaliel verstanden werden.

Er bewahrt mit diesem Rat, der die Quintessenz seiner Geschichtstheologie darstellt, die Apostel vor dem Schicksal des Stephanus, und sie kommen mit der Geißelung davon.

Manche Forscher haben allerdings die Rede des Gamaliel vor dem Synhedrion für völlig ungeschichtlich gehalten, da hier jener Theudas erwähnt wird, der damals noch gar nicht aufgetreten war. Josephus Flavius erwähnt ihn in seinen ›Jüdischen Altertümern‹ XX 5, 1 als »Propheten«, die in den vierziger Jahren des ersten Jahrhunderts n. Chr. unter dem Prokurator Cuspius Fadus aufgetreten sei. Theudas wollte seine Anhänger trockenen Fußes durch den Jordan führen, endete aber durch Hinrichtung. In der Rede des Gamaliel tritt nun dieser Theudas noch vor Judas auf, jenem Galiläer, der um 7 n. Chr. aufgetreten ist. Da Gamaliel seine Rede bestimmt vor dem Jahre 44, dem Ende des Theudas, gehalten hat, können diese Angaben der Apostelgeschichte nicht richtig sein. Das ist aber kein Grund dafür, die Rede und ihren Kerngedanken der Geschichtstheologie zu streichen. Lukas, der Verfasser der Apostelgeschichte, oder ein späterer Redaktor, haben hier vermutlich den Namen Theudas interpoliert, zumal wir es doch hier ohnedies nicht mit einer wörtlichen Wiedergabe der Rede des Gamaliel zu tun haben.

Es ist also anzunehmen, daß diese Rede gehalten wurde, und in einer späteren Niederschrift und Überarbeitung wurde der beanstandete Anachronismus eingefügt.

Wer war Gamaliel? Er ist uns nicht nur aus diesen beiden Notizen aus der Apostelgeschichte bekannt, sondern aus zahlreichen Stellen in der Mischna und im Talmud. Er führt dort natürlich seinen Namen in der hebräischen Urform Gamliel, die uns aus dem Alten Testament bekannt ist als Name eines Fürsten des Stammes Menasse. (4. Mose 1,10 u. ö.)

Gamliel war der erste, der den Titel Rabban führte, der dem Präsidenten des Synhedrions zugedacht war. Die früheren Lehrer führten nur, soweit sie überhaupt Titel hatten, die Bezeichnung Rabbi.

Rabban Gamliel war ein Enkel des berühmten Hillel und ein Zeitgenosse des Königs Agrippa, der uns ja auch wiederum aus der Apostelgeschichte, Kap. 25 und 26, bekannt ist.

Rabban Gamliel trat einerseits streng für die Reinheit der pharisäischen Theologie ein, zeichnete sich aber auf sozialem Gebiet durch Milde und Weitherzigkeit aus, so durch Einbeziehung der heidnischen Armen, Kranken und Toten in die jüdischen Sozialdienste, die sich vorher nur auf Glaubensgenossen erstreckt hatten.

In der populären Spruchsammlung ›Pirke Aboth‹ (Sprüche der Väter 1, 16) wird Gamliel zitiert: »Schaffe dir einen Lehrer an, entledige dich des Zweifels und verzehnte nicht nach purer Mutmaßung.«

Hier zeigen sich Grundzüge des pharisäischen Lehrgutes. Niemand soll allein studieren, sondern mit einem Lehrer, um so die mündliche Tradition lebendig zu erhalten. Zweifel soll man nicht aufkommen lassen, sondern sich ohne falsche Scham an die Lehrautoritäten wenden, um die Fragen entscheiden zu lassen. Den Zehnten, der hier wohl für alle Opfergaben und Ritualien steht, soll man nicht nach oberflächlicher Schätzung geben, sondern nach den genauen Berechnungen, die von den Autoritäten hierfür geschaffen wurden.

In diesem strengen und klaren Geiste wurde Paulus von Gamliel erzogen. Und doch würden wir uns ein ganz falsches Bild von der Persönlichkeit des Rabban Gamliel I, des Älteren, machen, wenn wir in ihm nur einen verknöcherten Dogmatiker und Religionsjuristen sehen würden. Ganz im Gegenteil. Er muß ein sinnenfreudiger Herr gewesen sein, der die Wonnen dieser Welt durchaus zu schätzen wußte.

Joseph Klausner weist in seinem Buche ›Von Jesus zu Paulus‹ darauf hin, daß wir vermutlich im babylonischen Talmud, Traktat Sabbat 30b, eine Stelle besitzen, in welcher von dem Zusammenstoß zwischen Gamliel und seinem Schüler Paulus die Rede sein könnte: »Einst saß Rabban Gamliel (im Lehrhaus) und erklärte: In der messianischen Zeit werden die Frauen täglich gebären, denn es heißt: ›Schwangere und Gebärende zusammen‹ (Jer. 31,7). Da spottete *ein gewisser Schüler* (Paulus?) über ihn, indem er sprach: ›Es gibt nichts Neues unter der Sonne‹ (Pred. 1,9). Gamliel erwiderte: Komm, ich will dir dergleichen auf dieser Welt zeigen, und zeigte ihm eine Henne. Abermals lehrte Gamliel: In der messianischen Zeit werden die Bäume täglich Früchte tragen, denn es heißt: ›Er wird Zweige treiben und Frucht bringen‹ (Ez. 17,23), Zweige und Früchte täglich. Da spottete ein gewisser Schüler über ihn: ›Es gibt nichts Neues unter der Sonne.‹ Gamliel erwiderte: Komm, ich will dir dergleichen auf dieser Welt zeigen, und zeigte ihm einen Kapernstrauch. Abermals trug Gamliel vor: In der messianischen Zeit werden im Land Israel Brote und wollene Gewänder fertig wachsen, denn es heißt: ›Es wird Überfluß an Korn im

Lande sein‹ (Ps. 72,16). Da spottete ein gewisser Schüler über ihn: ›Es gibt nichts Neues unter der Sonne.‹ Gamliel erwiderte: Komm, ich will dir dergleichen auf dieser Welt zeigen, und zeigte ihm Schwämme und Pilze (die als fertige Gerichte wachsen) und den Bast der jungen Palmen, bezüglich der wollenen Gewänder.«

Hier haben wir eine Schilderung der messianischen Zeit, die an das Schlaraffenland erinnert, märchenhaft, naiv, sinnenfreudig. Mit Recht weist nun Klausner darauf hin, daß wir in Römer 14,17 die direkte Antwort und Absage des Schülers an den Lehrer vor uns haben: »Denn das Reich Gottes ist nicht Essen und Trinken, sondern Gerechtigkeit und Friede und Freude im Heiligen Geist.«

Aber nicht nur in dieser eschatologischen Frage spüren wir den Widerspruch des Paulus gegen die Lehrergestalt des Rabban Gamliel, der für Paulus wohl auch eine Art Vatertypus darstellte, da der leibliche Vater Pauli bei der Erziehung des Sohnes offenbar keine entscheidende Rolle spielte, in Tarsus zurückblieb, während der Sohn in Jerusalem studierte. (Hier berühren sich übrigens wiederum Jesus und Paulus. Bei beiden bleiben die Väter ganz schattenhaft.) Die asketische Haltung des Paulus ist auffällig. Er, der, wie wir nachzuweisen suchten, in seinem Denken so stark vom jüdischen Traditionsgut geprägt wurde, ist in bezug auf Sexus und Eros neuplatonisch geformt. Die Materie ist schlecht, der Geist ist gut; das Fleisch (sarx) ist der Inbegriff der Materie, des Schlechten, das zu überwinden ist, durch den Geist und im Geiste. Das Weib erscheint dem Manne Paulus als die Verführung des Fleisches, von der er sich selbst befreit weiß.

Auch diese zweifellos verkrampfte Haltung des Paulus ist als Reaktion auf die Unbefangenheit seines Lehrers Rabban Gamliel zu verstehen. Ein drastisches Beispiel für die Haltung des Gamliel in solchen Fragen wird uns im babylonischen Talmud, Traktat Kethuboth 10b, überliefert, wo von der Jungfrauenprobe des Gamliel berichtet wird: »Einst kam ein Mann vor Rabban Gamliel und klagte: Meister, ich habe meiner Angetrauten beigewohnt und kein Blut bei ihr gefunden. Die Frau entgegnete: Meister, ich bin Jungfrau geblieben. Da sprach Gamliel: Holt mir zwei Mägde, eine Jungfrau und eine Deflorierte. Als man sie ihm vorführte, ließ er sie auf dem Spundloch eines Weinfasses aufhocken. Bei der Deflorierten drang der Weinduft durch; bei der Jungfrau aber drang der Weinduft nicht durch. Danach ließ er die junge Frau aufhocken, und der Weinduft drang bei ihr nicht durch. Da sagte Gamliel zu dem jungen Ehemann: Geh, freue dich deines Kaufes.« Die Rabbinatskollegen des Gamliel fanden diese Jungfrauenprobe doch etwas anstößig und stellten die Frage, ob denn Rabban Gamliel die Jungfrauenprobe mit anschließender Beriechung bei der jungen Frau selbst angestellt habe. Die Antwort lautete: er kannte diese Methode bereits aus der Tradition. Diese Tradition schließt sich an die Stelle vom Bann von Jabesch Gilead an, die im letzten Kapitel des Richterbuches (Ri. 21,12ff.) berichtet wird. Dem Kriegsbann entgingen vierhundert Jungfrauen. Der Talmud fragt nun, in Jebamoth 60b, wie man denn die Jungfräulichkeit dieser vierhundert Mädchen feststellen konnte. Rabbi Kahana erklärte: Man ließ sie auf dem Spundloch eines Weinfasses aufhocken; bei den Deflorierten drang der Duft durch, bei den Jungfrauen drang der Duft nicht durch.

Feiner besaitete Rabbinen, zu denen allerdings Rabban Gamliel offenbar nicht gehörte, schlugen eine magische Jungfrauenprobe vor. Man führte das fragliche Mädchen vor den Hohenpriester und ließ sie auf das Stirnblatt des Würdenträgers blikken. Erbleichte sie dabei, so galt sie als Jungfrau, war dies nicht der Fall, so galt sie als defloriert. Offenbar handelt es sich hier um ein Ordal, ähnlich dem Eiferwasser (4. Mose 4,16ff.), dem der talmudische Traktat Sota gewidmet ist.

Rabban Gamliel aber zieht die völlig unmagische Methode der Spundlochprobe vor.

Man kann sich unschwer vorstellen, daß diese Haltung des Rabban Gamliel auf seinen sensiblen Schüler Paulus, der im Talmud nur »Otho Talmid« (jener Schüler) genannt wird, abstoßend wirkte und den asketischen Widerspruch auslöste.

Daß ein Jude, der von der Überlieferung abwich, nicht mit Namen genannt wird, hier also nur als »jener Schüler« auftritt, ist auch im Falle Jesu bezeugt, der im rabbinischen Sprachgebrauch als »Otho Isch« (jener Mann) fungiert, im Gegensatz eben zu Paulus, der in seinem Schülerverhältnis zu Rabban Gamliel gesehen wird.

Rabban Gamliel ist bis heute im Judentum lebendig geblieben durch seinen Lehrsatz: »Wer am Passah nicht diese drei benennt, nämlich: das Passah-Opfer, das ungesäuerte Brot der Mazza und das bittere Kraut Maror, hat seiner Pflicht nicht genügt.« Dieser Satz, der die drei Elemente des Festes festlegt, ist dem Mischna-Traktat Pessachim entnommen und in die volkstümliche Aggadah für die Lesung in der Festnacht des Passah-Festes aufgenommen worden. Daher sind der Satz und sein Sprecher Rabban Gamliel jedem jüdischen Kinde bekannt, das in der Tradition zu Hause ist.

Im Zusammenhang mit dem Passah-Fest wird uns in b. Pess. 88b eine Anekdote aus dem Leben des Rabban Gamliel überliefert, die ebenfalls von gewisser Bedeutung für uns ist: »Einst sprachen der König und die Königin zu ihren Dienern: gehet, schlachtet für uns das Passah-Opfer. Da gingen sie und schlachteten zwei Passah-Opfer. Als sie darauf zum König kamen und ihn fragten (welches Lamm gegessen werden soll), erwiderte er ihnen: fragt die Königin. Darauf fragten sie die Königin. Sie erwiderte ihnen: fragt Rabban Gamliel. Da fragten sie diesen, und er erklärte: Der König und die Königin, die sich um die Schlachtung nicht kümmern, dürfen vom ersten Lamm essen, wir aber dürfen weder vom ersten noch vom zweiten essen (denn wir müssen das Opfer selbst schlachten).«

Wer sind hier der König und die Königin? Es handelt sich nicht um Gleichnisgestalten, sondern zweifellos um historische Personen, nämlich König Agrippa und seine Schwester Berenice, die auch bei dem Verhör des Paulus vor dem Prokurator Festus in Cäsarea anwesend sind (Apg. 25 und 26). Paulus wendet sich in Fragen jüdischer Theologie bei diesem Verhör an Agrippa, betonend, daß dieser sich in solchen Fragen auskenne. Wir wissen aber, daß die Schwester des Agrippa, Prinzessin Berenice, ihm offenbar intellektuell überlegen war. Es ist an sich ungewöhnlich, daß einer Frau in Ritualfragen die Entscheidung anheim gestellt wird, selbst einer Prinzessin oder Königin. Und in der Tat verweist die kluge Berenice die Fragesteller an den zuständigen Mann, Rabban Gamliel.

Eine ähnliche Anekdote wird in Fortsetzung der zitierten berichtet. Man findet eine tote Eidechse im Schlachthause und fürchtet daher, daß alle Schlachtungen rituell unrein geworden sind. Die Frage wird dem König vorgetragen, der die Fragesteller an die Königin verweist, die sie wiederum zu Rabban Gamliel schickt. Dieser stellt fest, daß es im Schlachthaus nicht kalt, sondern heiß war, und ordnet an, einen Becher kalten Wassers über die Eidechse zu gießen. Die Eidechse zuckt unter dem kalten Wasserstrahl zusammen, erweist sich also als noch lebendig, und die Schlachtungen sind daher als rituell zulässig gerettet.

Wir führen diese Anekdoten an, um die enge Beziehung von

Agrippa und insbesondere Berenice zu Rabban Gamliel zu erweisen. Hieraus folgt das Interesse des Agrippa und der Berenice an dem Verhör des Paulus, der für sie primär ein Schüler des Rabban Gamliel war.

Haben wir Rabban Gamliel in seiner Eschatologie und in seiner Gerichtspraxis als sinnenfreudigen Herrn gezeichnet, so müssen wir andererseits auf seine Strenge in theologischen Fragen hinweisen. Nach Weise der strengsten Pharisäer war er allen Übersetzungen kanonischer Schriften abhold. Bekanntlich gab es eine Richtung, die die Übersetzung der hebräischen Bibel ins Griechische, die Abfassung der Septuaginta, der Zerstörung des Tempels gleichstellte, während andere Pharisäer durchaus für die Verbreitung biblischer Schriften in Übersetzung waren. Rabban Gamliel aber ließ eine Übersetzung des Buches Hiob zwischen Quadersteinen auf dem Tempelplatze einmauern (b. Sabb. 15a).

Es ist mir nicht klar, ob es sich hier um eine aramäische oder griechische Übersetzung handelte. Jedenfalls sollte die Übersetzung, die zugleich immer Interpretation ist, dem Gebrauch entzogen werden. Rabban Gamliel ließ den Text aber nicht verbrennen, da er ja auch in der Übersetzung noch heiliger Text ist, wohl aber von den Bauleuten vermauern, um ihn absolut unschädlich zu machen. Er wünschte also keine Ausbreitung biblischer Lehren unter Heiden. Hier haben wir nun einen Ansatzpunkt für die mächtigste Auflehnung »jenes Schülers« gegen den Lehrer. Paulus rebelliert gegen die Engherzigkeit des Rabban Gamliel und wird zum Völkerapostel, der den Heiden das Heil bringen will.

Wir haben in der Mischna mehrere Stellen, die von praktischen organisatorischen Einrichtungen sprechen, so etwa in der Prozeßordnung, die auf Gamliel zurückgehen. Hier scheint es mir, daß Paulus im übertragenen Sinne seinem Lehrer gefolgt ist. Auch er behält das wache Interesse für organisatorische Fragen der Gemeindeordnung bei, selbst in bezug auf die Schlichtung von Streitigkeiten innerhalb der Gemeinden. Aber diese organisatorischen Bemühungen treten zurück gegenüber dem großen Antagonismus, der zwischen der Theologie des Paulus und den Lehrmeinungen des Rabban Gamliel besteht.

Wir können in der Lehre und im Leben des Paulus eine große (bewußte oder unbewußte) Rebellion gegen die Vater-Imago erkennen, die sich ihm in der Patriarchengestalt des Rabban Gamliel zeigte. Er strebt von diesem Vaterbild weg zum Sohn, zum Sohne Gottes, der sich in ihm offenbart hat, der sich durch ihn den bisher vom Heile ausgeschlossenen Heiden offenbaren will und der die Kreuzigung des Fleisches fordert zur Erlangung der Bürgerschaft im Reiche des Geistes.

War Gamaliel der unmittelbare Lehrer des Paulus in dessen Jerusalemer Studienjahren, so ist aber dennoch ein weiterer Lehrer des Paulus zu erwähnen, obwohl wir nichts über eine Begegnung zwischen Paulus und diesem Lehrer wissen.

Philo von Alexandria muß in einem weiteren Sinne als Lehrer des Paulus angesehen werden. Wir wissen über diesen jüdischen Philosophen und Theologen im hellenistischen Alexandrien biographisch sehr wenig. Er stammte wohl aus einer bereits stark griechisch assimilierten, wohlhabenden jüdischen Schicht dieser Metropole der jüdischen Diaspora. Im Jahre 40 nahm Philo, bereits als alter Mann, an der jüdischen Delegation zu Caligula nach Rom teil.

Wenn wir auch über das Leben Philos sehr wenig wissen, so ist uns, was hier viel wichtiger ist, das Werk Philos zugänglich. Er ist der einzige Autor der jüdisch-hellenistischen Diaspora dieser Zeit, von dem ganze Schriften, nicht nur Bruchstücke erhalten blieben. (Es ist das Verdienst des jüdischen Forschers Isaak Heinemann, uns das Werk Philos wieder nahegebracht zu haben, in Editionen seiner Schriften und in den Arbeiten: ›Die griechische Weltanschauungslehre bei Juden und Römern‹, 1932; ›Philons griechische und jüdische Bildung‹, 1932.)

Philo und Paulus verbindet der Versuch, eine Synthese von Judentum und Griechentum zu verwirklichen. Der fundamentale Unterschied zwischen Philo und Paulus scheint mir aber darin zu liegen, daß Paulus den Juden ein Jude und den Griechen ein Grieche sein wollte, während Philo den Juden ein Grieche und den Griechen ein Jude sein wollte.

Philo wollte seinen jüdischen Glaubensgenossen zeigen, daß man die Elemente der griechischen Bildung mit dem Judentum vereinigen kann, um so ein gebildeter Grieche zu sein, der aber nun nicht zur Schule Platos oder Epikurs oder der Stoiker gehört, sondern zur Schule Mosis. Den Griechen aber wollte Philo diesen »Philosophen Moses« als den weisesten der Weisen in der Sprache griechischer Philosophie und Mystik darstellen.

Offenbar hat Paulus die allegorische Bibeldeutung direkt von Philo übernommen. Das geht bis in die Einzelheiten hinein. Wie Philo in die Geschichte von Abraham, Hagar und Sara geistige Zusammenhänge hineinliest, die dort keineswegs gegeben sind, so tut dies mit derselben Geschichte, mit derselben Methode, aber mit anderer Zielsetzung der Apostel Paulus.

Philo ist zu seiner allegorischen Deutung im Rahmen griechischer Traditionen gekommen. Das späte Griechentum, der Hellenismus, verstand die Götter Homers und die Erzählungen der Ilias und der Odyssee nicht mehr wörtlich, sondern sah in ihnen sinnbildliche Einkleidungen natürlicher oder ewiger Vorgänge. Wenn Homer zum Beispiel mit derber Sinnlichkeit schildert, daß die Freier der Penelope, die dem Odysseus die Treue wahrt und ihnen daher nicht zu Willen ist, sich an den Mägden schadlos halten, so wird diese Episode philosophisch umgedeutet. Die Freier sind Philosophenschüler, die sich an die Spezialwissenschaften halten, solange sich ihnen die Königin der Wissenschaften, die Philosophie, versagt.

Homer hätte mit homerischem Gelächter auf diese Umdeutung geantwortet. Nicht aber Philo, der sich nun dieser Methode in seiner Exegese der Genesis bedient. Abraham zeugt mit seiner ägyptischen Magd Hagar einen Sohn Ismael, da Sara, die legitime Ehefrau Abrahams, lange Zeit unfruchtbar war. Philo sieht nun in Hagar, wie in den Mägden der Penelope, die dienenden Wissenschaften, mit denen der Philosophenschüler Umgang haben muß, ehe er bei der Fürstin (das bedeutet ja der Name »Sara«) der Wissenschaften, der Philosophie (und Theologie), Einlaß finden kann.

Wenn wir diese spiritualistische Umdeutung bei Philo lesen, wundert es uns nicht mehr, wenn wir bei Paulus im vierten Kapitel des Galaterbriefes ebenfalls eine Umdeutung der Hagar-Geschichte lesen, wobei Hagar völlig willkürlich zum Gleichnis der Gesetzesgemeinde wird und Sara mit dem himmlischen Jerusalem gleichgesetzt erscheint.

Auch in der Frage der Beschneidung folgt Paulus weitgehend dem Vorbild des Philo, der bereits gelehrt hatte, daß die Beschneidung kein Bundeszeichen Israels sei, sondern ein Hinweis auf die Pflicht zur Eindämmung des Trieblebens.

Aus dieser Haltung heraus wird auch eine gewisse Mißachtung der Frau bei Philo sichtbar, die wir bei Paulus wiederfinden. Heinemann sagt: »Auch in seiner (Philos) Symbolik ist das Weibliche stets das Hinabziehende. Und die Ehe ist ihm reine Zeugungsgemeinschaft, weiter nichts.«

Das erinnert an die Einstellung des Paulus, wie sie im 1. Thessalonicherbrief (4,4) zum Ausdruck kommt, wo er die Ehefrau als »Gefäß« bezeichnet, sich hier allerdings einer talmudischen Redewendung bedienend.

Gemeinsam haben Paulus und sein indirekter Lehrer Philo auch das Problem der Übersetzung. Heinemann hat nachdrücklich darauf hingewiesen, daß durch die griechische Übersetzung biblischer Normen bei Philo zahllose Mißverständnisse entstanden sind und entstehen mußten. Viele Begriffe wie die der biblischen Heiligkeit oder der »Nächstenliebe« sind in ihrer griechischen Verkleidung nicht mehr wiederzuerkennen; so wie aus Mose, dem Propheten, dem Bringer der Gottessprüche und Gottessatzungen, ein Philosoph wurde.

Wir haben ausführlich dargestellt, daß diese notwendigen Mißverständnisse Leben und Werk des Paulus durchziehen. Auch im Erfolg haben Philo und Paulus Ähnlichkeit miteinander. Obwohl Philo Jude war und Jude bleiben wollte, ja das Judentum den Griechen zu vermitteln bestrebt war, wurde er von den Juden vergessen und beeinflußte im Mittelalter, in der Scholastik, die Entwicklung der christlichen Theologie, da ihn bereits die Kirchenväter ausführlich zitiert hatten. Unter dem Namen Philo Judäus (Philo der Jude) ging er in die christliche Tradition ein, während er bei den Juden nur sehr selten unter dem Namen Jedidja von Alexandrien erwähnt wird.

Nicht zuletzt ist es die griechische Sprache, unlösbar verbunden mit dem griechischen Denken, die Philo dem Judentum entfremdet hat und die andererseits dazu führte, daß die Lehrer der Kirche ihr Wissen über das Judentum gerade von Philo bezogen, dem die Rabbinen wiederum die Legitimation versagten. Es ist alles so überaus ähnlich wie bei Paulus, wobei Philo freilich von sich aus nie aus dem Judentum herausstrebte. Aber strebte denn Paulus wirklich aus dem Judentum heraus?

Was Philo anstrebte, erfüllte Paulus, wenn auch in einem anderen Sinne. Philo strebte die Ausbreitung jüdischen Lehrgutes unter den Griechen an. Paulus gelang es, sein jüdisches Lehrgut unter den Griechen auszubreiten, wobei freilich das Judentum des Paulus vom offiziellen Judentum nicht mehr gedeckt wurde. Das war aber auch bei Philo der Fall.

Natürlich darf man keinen Augenblick übersehen, daß zwischen Philo und Paulus die Gestalt Jesu steht. Philo hat von Jesus von Nazareth keine Notiz genommen. Vielleicht wußte er nichts von ihm. Und doch wurde Philo unwissentlich und unwillentlich ein Wegbereiter Jesu. Es war Philo, der die Logoslehre entwickelte, die vor allem im Johannes-Evangelium zentral geworden ist. Der griechische Begriff des Logos erfuhr bei Philo eine jüdische Umdeutung, die dann bei Paulus und vor allem bei Johannes auf die Gestalt Jesu appliziert werden konnte.

Joseph Klausner bemerkt hierzu: »Indes ist der Logos des Philo von dem des Heraklit und der Stoiker wesentlich verschieden. Während für die beiden letzteren die Weltvernunft oder die ›beseelte Materie‹ mit der Gottheit identisch ist, so daß sie zu einem *Pantheismus*, ja in gewissem Sinne zu einem *Materialismus* gelangen – auch ›beseelte Materie‹ ist eben nur Materie –, bedeutet für Philo, den *Juden*, die Gottheit ein von der Welt gesondertes, aber niemals in der Welt eingeschlossenes Wesen; und darum ist Philos Logos eine Art platonischer ›Idee der Ideen‹; nur daß bei *Philo* der Logos von der Gottheit getrennt und doch gleichzeitig in ihr enthalten ist; er ist eine Hypostase, die im Verhältnis zur Welt etwas Selbständiges ist, aber im Verhältnis zur Gottheit einen Wesensteil von ihr bildet, wie die ›intelligiblen Kräfte‹, wie die ›Schechina‹ im Talmud, wie der ›Wille‹ bei Gabirol. In der Tat gelangten bedeutende Gräzisten zu dem Schluß, daß der ›Logos‹ Philos und das ›Wort‹ des Evangeliums Johannis, der von Philo abhängig ist, mit dem ›Logos‹ Heraklits, der Stoa und Epiktets nur den Namen gemeinsam haben; der philonische ›Logos‹ sei eine fast vollständig originale Schöpfung, die reife Frucht der jüdischen Exegese.« Von hier aus wird der Einfluß Philos auf das Christentum verständlich. Der gleichsam leere Logosbegriff wird mit der Gestalt Jesu gefüllt.

Natürlich ergibt sich daraus, wie gesagt, der Unterschied. Der Logos Philos ist eine Emanation Gottes. Das ist auch der Logos im Neuen Testament, aber er ist Fleisch geworden, was er bei Philo nicht wurde.

Auch in der Christologie im weiteren Sinne besteht zwischen Philo und Paulus ein deutlicher Unterschied. Der Messias Philos ist ein starker Held, während der Christus des Paulus der leidende Gottesknecht ist, der den Fluch des Gehenkten auf sich genommen hat; eine Vorstellung, die Philo, dem Juden, und Philo, dem Griechen, fernlag.

Ohne also tiefgehende Unterschiede zwischen Philo und Paulus zu verschweigen oder zu bagatellisieren, müssen wir doch die Ähnlichkeit zwischen diesen beiden Gestalten des hellenistischen Judentums erkennen. Wie Philo an die griechische Monolatrie anschloß, die Lehre von einem Gott, der der größte im

Kreise der Götter und Menschen ist, und von hier aus den jüdischen Monotheismus entwickelte, so schloß Paulus in seiner Areopagrede in Athen an den »unbekannten Gott« der Griechen an, um von hier aus seine Theologie zu entwickeln. Wie ähnlich ist das alles und doch auch wiederum verschieden.

Es unterliegt keinem Zweifel, daß Philo einen tiefgehenden Einfluß auf Paulus hatte. Dieselbe Septuaginta, dieselbe griechische Bibelübersetzung, bildete das Fundament der Gedankenwelt Philos wie der des Paulus. Sie sind beide Söhne der hellenistischen Diaspora, die den jüdischen Isolationismus radikaler Pharisäer durchbrechen wollten und den Weg zum griechischen Menschen suchten.

Paulus ist nur zu verstehen, wenn man ihn auf dem Hintergrunde jenes hellenistischen Judentums sieht, das durch Philo repräsentiert wurde, wenngleich Paulus andererseits entscheidende positive und negative Denkanstöße vom pharisäischen Judentum erhielt, wie es durch Gamaliel repräsentiert wurde.

Beide Elemente versinken freilich im Damaskuserlebnis zunächst ins Wesenlose, kehren dann aber wieder, überstrahlt von dem Lichte dieses Erlebnisses, das der Motor im Leben des Paulus geblieben ist.

Paulus hatte zwei konträre Lehrer: Gamaliel und Philo. Die Stimme der Berufung aber, die er hörte, gehörte keinem von beiden.

9
Das Licht der Völker

Das Judentum hat den ersten Schritt von der Stammesreligion zur Weltreligion in der Zeit des babylonischen Exils (586–538 v. Chr.) und danach vollzogen.

Ein Niederschlag dieser Entwicklung findet sich im zweiten Teil des Jesajabuches, beim sogenannten Deuterojesaja:

> »Es ist ein Geringes, daß du mein Knecht bist, die Stämme Jakobs aufzurichten und die Bewahrung Israels wiederzubringen; aber ich habe dich auch zum Licht der Völker gemacht, daß du seist mein Heil bis an der Welt Ende.« (Jes. 49,6)

Dieser Auftrag Gottes ist an seinen Knecht gerichtet, den Knecht Jahwes. Er soll das Licht der Völker (Heiden) sein bis an die Enden der Welt. Ein solcher Missionsauftrag war dem älteren Israel fremd. In den ältesten Schichten der hebräischen Bibel haben wir noch die Dreiheit von Volk, Land und Gott vor uns. Der Gott Israels schließt mit den Stämmen Israels seinen Bund und gibt das Land Israel dem Volke als Unterpfand des Bundes zu Lehen. Erst das Exil lockert diese Vorstellung, obwohl, wie uns etwa Psalm 137 »An den Wassern Babels« lehrt, es den Verbannten schwer wird, das Lied Zions, das Gotteslied, auf fremder Erde zu singen.

Der jüdische Monotheismus mit einem universalen Aspekt wird aus der Tragödie des Exils geboren und bleibt dem Exil verhaftet. Der glaubensstarke Teil des Volkes kehrt aus dem Exil nach Juda zurück, um den zweiten Tempel unter Esra und Nehemia zu errichten (521–515), aber dieser Tempel erlangt, vor allem nach seinem großartigen Ausbau durch Herodes den Großen (37 v. – 4 n. Chr.), bis zur Zerstörung Jerusalems durch Titus (70 n. Chr.) eine ganz andere Bedeutung, als sie der erste Tempel hatte. Dieser war das Zentrum zuerst des Zwölfstämmereiches, dann, nach der Zerstörung des Nordreiches Israel durch Assyrien (721 v. Chr.), des Südreiches Juda.

Der zweite Tempel aber, vor allem in seiner späteren Phase, wird das Zentrum einer weiten Diaspora, die zum Beispiel in Alexandrien in Ägypten einen bedeutenden Brennpunkt hatte.

Durch die Diaspora erhält das universalistische Element im Judentum einen neuen Auftrieb. Proselyten und Halbproselyten schließen sich den jüdischen Diasporagemeinden an. Das Lehrgut des Judentums wird mehr und mehr in zwei Fremdsprachen verbreitet, in Aramäisch und in Griechisch, so daß neben den Heiligen Schriften der hebräischen Bibel Werke des Judentums in aramäischer und griechischer Sprache entstehen.

Nach der Zerstörung des zweiten Tempels wird allmählich die Diaspora allein maßgebend. Das in alle Welt verstreute Volk muß universalistisch ausgerichtet sein, verliert aber nie die Rückbindung an das Land des Ursprungs, das auch als Land der Zukunft gesehen wird, also wieder zu dem wurde, was es in Urvätertagen war: Land der Verheißung.

In der Geschichtszeit zwischen der Rückkehr aus dem babylonischen Exil und der Austreibung in das römische Exil, in der letzten Epoche dieses historischen Abschnittes, lebte und wirkte der Apostel Paulus.

Das Wort vom Licht der Völker ist unausgesprochen das Leitmotiv seines Lebens geworden. Zu wem ist dieses Wort ursprünglich gesagt? Zum Knechte Gottes. Wer aber ist dieser Knecht?

Hier scheiden sich die Wege der Exegese. Vermutlich handelte es sich ursprünglich um einen unbekannten Blutzeugen, einen Märtyrer, einen Propheten, den wir nicht mit Namen kennen. Im Verständnis des Judentums aber wurde dieser Knecht zur Personifizierung des ganzen Volkes. Das Volk Israel selbst empfand sich, verachtet und leidend, als der Knecht Gottes, sah sich im Spiegel dieser Gestalt.

Das Christentum aber bezog die Lieder vom Knechte Gottes als Weissagungen auf Jesus von Nazareth.

Paulus verkündigte diesen Jesus von Nazareth als den Christus seines Damaskus-Erlebnisses. Indem er diese Verkündigung »bis in den äußersten Westen« (Spanien?) hinaustrug, wie aus dem 1. Clemensbrief hervorgeht, wurde er selbst zum Licht der Völker. Ihm ist damit gelungen, was Philo und anderen Vertretern der hellenistischen Diaspora nicht in gleichem Maße gelungen ist und gelingen konnte. Der Preis, den Paulus zahlte, war hoch. Paulus opferte, um den Völkern das Licht zu bringen, das ihn selbst vor Damaskus umflossen hatte, das wesentlichste Kernstück des Judentums, das Gesetz, welches Philo und andere hellenistische Juden nur allegorisch aufzuweichen bereit waren.

Und doch hat, ungeachtet dieser Problematik, Paulus einen geschichtlichen und heilsgeschichtlichen Auftrag erfüllt, den das Judentum vernachlässigt hat.

Diese Problematik hat ihre Aktualität bis auf den heutigen Tag bewahrt. Ja, gerade heute ist das Problem wieder von eminenter politischer Aktualität, denn mit der Kraft der Verzweiflung hat das jüdische Volk noch einmal in unseren Tagen den Versuch unternommen, die Stämme Jakobs aufzurichten und die Bewahrten Israels wiederzubringen, nämlich im Staat Israel. Es hat darüber den Auftrag, das Licht der Völker zu sein, oft ganz vergessen.

Wenn zu Beginn der zionistischen Bewegung, an der Wende vom 19. zum 20. Jahrhundert, liberal-jüdische Gegner der nationalen Bewegung des Judentums den Universalismus und den Missionsauftrag der Synagoge als Gegenargument ausspielten, so stand dahinter wenig existentieller Ernst. Es handelte sich mehr um einen ideologischen Überbau über den Versuch der Assimilation der Juden an ihre Umwelt. Von einer planmäßigen Mission des Judentums, im Sinne der Ausbreitung seines Lehrinhaltes, konnte nicht die Rede sein.

Die Errichtung des Staates Israel 1948 und die Wiedervereinigung Jerusalems in israelischer Hand 1967 wurden jedoch, ohne daß die Juden dies gewollt hätten, von Millionen Nichtjuden in der Welt als ein Licht betrachtet, das in der Heilsgeschichte aufleuchtet. Diese Sicht wäre aber ohne die Vorarbeit des Paulus niemals möglich gewesen. So wurden Paulus und das von ihm begonnene Werk der Ausbreitung des Glaubens, der im Glauben Israels wurzelt, zum späten Eideshelfer Israels. Verschlungen und auf unendlich weite Sicht angelegt erscheinen uns Spätgeborenen die Wege der Geschichte, auf denen der große Wanderer Paulus die ersten Schritte tat.

Er war sich seiner Sendung bewußt und bekannte mit Stolz: »Ich habe den guten Kampf gekämpft, ich habe den Lauf vollendet, ich habe Glauben gehalten ...« (2. Tim. 4,7).

Er hatte am Ende seines Lebens das Bewußtsein, den Lauf vollendet zu haben. In Wirklichkeit begann er erst.

Paulus hat also etwas von der Sendung Israels erfüllt, was ohne ihn nicht in den geschichtlichen Vollzug gelangt wäre. Woran liegt das?

Das Judentum hatte und hat eine Scheu vor missionarischer Ausbreitung. Der Gedanke des Bundesvolkes, das eine sakrale Blutsgemeinschaft bildet, blieb zu stark im Volksbewußtsein verankert und erwies sich stärker als das weltweite Sendungsbewußtsein einzelner Propheten.

Fast unverständlich wirkt daher der zweite der sieben Weherufe über die Pharisäer, der uns als ein Wort Jesu bei Matthäus (23,15) aufbewahrt ist: »Wehe euch, Schriftgelehrte und Pharisäer, ihr Heuchler, die ihr Land und Meer durchzieht, damit ihr *einen* Proselyten gewinnt ...« Die Vermutung liegt nahe, daß es sich hier nicht um ein Wort Jesu handelt, sondern um eine spätere Polemik der Anhänger des Paulus gegen die Vertreter des Judenchristentums im gesetzlichen Sinne. Vor allem wenn man die Fortsetzung dieses Logion ansieht: »und wenn er's geworden ist (nämlich ein Proselyt, ein Ger Zedek), macht ihr aus ihm ein Kind der Hölle, zwiefältig mehr, als ihr seid.«

Die Schriftgelehrten und Pharisäer, die Land und Meer durchziehen, um einen Proselyten (Luther übersetzt: »Judengenossen«) zu machen, sind uns praktisch unbekannt. Hingegen ist uns sehr wohl bekannt, daß Sendlinge des Jakobus, Schriftgelehrte und Pharisäer *innerhalb* des jungen Christentums, Paulus und Barnabas auf den Fersen waren, um die neugewonnenen Gläubigen unter den Griechen zu judaisieren, ihnen klarzumachen, daß sie ohne Beschneidung, Sabbath, Speisegesetze, Reinheitsvorschriften keine wahren Jünger Jesu sein könnten. Wenn die so beeinflußten Proselyten dann dilettantische Versuche zur Einhaltung des überaus komplizierten Gesetzes machten, so mußte das zum Versagen führen. Das wird wohl mit diesem Weheruf in Wirklichkeit gemeint sein, denn von einer übereifrigen Missionstätigkeit der Schriftgelehrten und Pharisäer wissen wir nichts.

Ganz im Gegenteil: in jenem bekannten Wort im Talmud von den Proselyten werden sie mit einem Aussatz am Volkskörper Israels verglichen (Jeb. 47b). Die gegenläufige Auffassung, daß Israel nur in die Verbannung geschickt wurde, um dort Proselyten zu gewinnen (Pess. 87b), ist naturgemäß aus einer späteren Zeit heraus zu verstehen. Paulus lebt ja in der Zeit vor dem zweiten Exil, so daß eine Diaspora-Deutung in diesem Sinne in seinen Tagen noch nicht möglich war.

Die starke Zurückhaltung des gleichsam offiziellen Judentums gegenüber dem Missionsgedanken mag nicht zuletzt mit dem Idumäer-Erlebnis des Volkes zusammenhängen. Die Idumäer, Nachkommen des biblischen Edom, südliche Nachbarn und Feinde Judas, wurden unter dem Hasmonäerkönig

Hyrkan I um 126 v. Chr. zur Beschneidung und damit zur Annahme des Judentums gezwungen. Diese Zwangsbekehrung eines ganzen Nachbarvolkes rächte sich. Herodes kam aus einem idumäischen Geschlecht, und es wurde als Schande und Strafe empfunden, daß ein Idumäer als König in Jerusalem auf dem Throne Davids residierte. Rückbezogen auf Edom wurde dieser Name dann in der späteren jüdischen Literatur stets für den Erbfeind der Juden, insbesondere für Rom benutzt. Noch Heinrich Heine gebraucht dieses Symbol in seinem Gedicht ›An Edom‹, in der Nachlese von 1824. Das Idumäer-Erlebnis steckte den Zeitgenossen des Paulus noch in den Knochen. Ein gewaltiges Umdenken war nötig, um dieses nationale Trauma zu kompensieren. Von hier aus wird vielleicht auch die immer wieder so heftig von Paulus vorgetragene Abwertung der Beschneidung verständlicher. Die Zwangsbeschneidung der Idumäer hat sich gerächt. Jetzt will Paulus ohne dieses blutige Bundeszeichen die Gemeinde eines neuen Bundes sammeln.

Der Mißbrauch der Beschneidung Fremder wird ja schon in den Vätersagen angedeutet (1. Mose 34,25–30), wo von der Rache der Jakobssöhne an den Leuten von Sichem berichtet wird, die am dritten Tage nach der Beschneidung, geschwächt von dieser Prozedur, von Simon und Levi niedergemetzelt werden. Auch hier spiegelt sich etwas von der Problematik illegitimer Ausbreitung eines Stammesritus auf andere Sippen und Völker.

Erst indem Paulus alle spezifischen Bindungen der eigenen Volksgemeinschaft löste, machte er die Bahn frei für die weltweite Verkündigung der Botschaft, zu der er sich berufen fühlte.

War aber diese Botschaft noch die Botschaft Israels? War diese Botschaft noch die Botschaft Jesu, sein Evangelium? Die erste Frage wurde vom geschichtlichen Judentum verneint. Es fühlte sich durch Paulus verraten, nicht vertreten.

Die zweite Frage wurde von den Jüngern Jesu, den Zeitgenossen des Paulus, verneint. Auch sie fühlten sich durch Paulus verraten und nicht vertreten. Die Spuren dieses Konflikts sind in der Apostelgeschichte und in den Briefen des Paulus noch klar zu erkennen.

So hat Paulus eine doppelte Ablehnung erfahren: vom Judentum und vom Urchristentum, und trotzdem war es Paulus, der den Auftrag an Israel, »Licht der Völker« zu sein, stellvertretend vollzog.

Franz Rosenzweig hat einmal bemerkt, daß nicht das Judentum, sondern das Christentum die hebräische Bibel Israels bis auf die fernsten Inseln ausgebreitet hat, ganz im Sinne der deuterojesajanischen Verpflichtung. Aber hätte denn das Christentum die Thora Israels der ganzen Welt vermitteln können, wenn nicht Paulus den kühnen Schritt über alle Demarkationslinien hinweg gewagt hätte?

Freilich hat Paulus das Gesetz in einer Weise interpretiert, die das Judentum als Verfälschung und Entstellung ablehnen mußte, aber indem er es interpretierte und seine Gleichnisse aus der Thora nahm, die Worte der Propheten anführte, schuf er damit die Notwendigkeit ständiger Auseinandersetzung mit diesen Quellen seines Glaubens, seines jüdischen Glaubens.

Hier könnte man paradoxerweise sagen, daß die Interpretation *vor* dem Text da war. Ich bin nicht sicher, ob die Hörer und Leser des Paulus, Griechen und Römer, Cyprioten und Leute aus Kleinasien, seine Anspielungen auf Abraham, Sara und Hagar, seine Zitate aus Habakuk und anderen Propheten sofort verstanden haben und verstehen konnten. Sie haben vielleicht erst gehört, daß Jesus den Fluch des Gesetzes aufgehoben hat, indem er selbst den Fluch des Gehenkten am Kreuze auf sich nahm, bevor sie die betreffenden Verse im Deuteronomium gelesen hatten.

Die Predigt und die Episteln des Paulus wiesen immer und immer wieder auf die Bibel Israels hin, und so mußten die von ihm Angeredeten und Angeschriebenen zur Bibel Israels greifen, freilich in der griechischen Version der Septuaginta. Sie wurde durch die Glaubenspropaganda des Paulus zum Bestseller der antiken Welt.

Man darf nicht vergessen, daß die Briefe des Paulus älter sind als die Evangelien, daß also durch die Missionstätigkeit des Paulus das Augenmerk der hellenistischen Welt zunächst auf das Alte Testament gelenkt wurde, noch ehe es ein Neues Testament gab.

Wir wissen es wohl, daß es Jahrhunderte gedauert hat, bis das Alte Testament in der Kirche unbestritten als heilige Schrift verehrt wurde. Noch um 160 wollte Marcion in Überspitzung der paulinischen Thesen das Alte Testament abschaffen. Es gelang ihm nicht. Ein Kryptomarcionismus aber wucherte immer fort bis hin zu Harnack und den Deutschen Christen Mitte der dreißiger Jahre.

Die Völker wehrten sich gegen dieses heilige Buch Israels und mußten sich doch der Herausforderung stellen, die ihnen in der Gestalt des Pharisäers Saul aus Tarsus zum ersten Male entgegentrat. Auch er, der so heiß um sie geworben hat, wußte um die Erstgeburt Israels. Auch er, gerade er, verglich dieses Israel mit dem guten Ölbaum Gottes, in welchen die Völker nur wie ein wildes Reis eingepflanzt werden, um so eine Veredelung zu einem höheren geistigen Israel zu erfahren. Die Säfte und Kräfte zu diesem Veredlungsprozeß aber kommen, in der Sicht des Paulus, aus der Wurzel Israels. So wurden die Völker immer wieder durch den Völkerapostel, der ein Jude war und geblieben ist, auf ihre geistige Abhängigkeit gegenüber Israel hingewiesen und auf die Dankesschuld dem jüdischen Volke gegenüber.

Der Jude Paulus verkündigte den Völkern den Juden Jesus. In ihm allein sollten sie ihr Heil finden. Mußte das nicht zu jener Reaktion führen, die uns aus der Kirchengeschichte und der Weltgeschichte nur allzu bekannt ist?

Es ist eine immer wiederkehrende psychologische Erfahrung, daß Beglückte ihre Wohltäter nicht lieben, sondern eine affektreiche Beziehung zu ihnen haben. Es ist dem Empfänger von Wohltaten peinlich, zugeben zu müssen, daß er von dem Spender dieser Wohltaten abhängig ist. Er will sich daher von ihm emanzipieren und ihn diskreditieren. Schließlich kann es vorkommen, daß der Empfänger der Wohltaten aus dieser komplexen Konstellation heraus zum bittersten Widersacher seines Wohltäters wird.

Die Völker, die durch Paulus auf Jesus hingewiesen wurden, haben nun freilich Paulus heiliggesprochen und Jesus zum Gott gemacht, aber die ganze negative Reaktion entlud sich gegen das Volk Jesu und Pauli. Dabei konnten die Völker diese Reaktion mit einem leidlich guten Gewissen vollziehen, da Jesus und Paulus von ihrem eigenen jüdischen Volke nicht rezipiert werden konnten.

Eine Verstrickung, die viele Jahrhunderte währte, beginnt sich erst heute zu lockern und zu lösen. Es sind die ersten Anfänge einer solchen Lockerung und Lösung, die dankbar verzeichnet werden sollen.

Einerseits wird es wachen Christen klar, daß Jesus ein Jude gewesen ist, als solcher lehrte, litt und starb und daß auch seine Jünger und schließlich Paulus, der erfolgreichste Apostel, nur vom Judentum her wirklich zu verstehen sind.

Andererseits beginnt im Judentum der Prozeß der Heimholung Jesu in sein jüdisches Volk. Paulus aber steht noch etwas abseits. Aber auch seine Stunde bricht nun an. Sein glühendes Bekenntnis zu Israel wird wieder gehört, vielleicht zum ersten Male so, wie er es bekannt hat: »Gott hat sein Volk nicht verstoßen, welches er zuvor erwählt hat.« (Röm. 11,2)

Die Erwählung Israels bleibt auch für Paulus eine unumstößliche Heilstatsache, denn Gott können seine Verheißungen niemals gereuen (Röm. 11,29). Paulus ist entschlossen, sein eigenes Heil für die Gewinnung seiner jüdischen Brüder hinzugeben, denn er weiß, daß die Gotteskindschaft, die Gottesherrlichkeit, das Gesetz Gottes, der (wahre) Gottesdienst und die Verheißungen Gottes unverbrüchlich bei Israel bleiben. (Röm. 9,2–4)

Dieses Wissen verursacht ihm die große Traurigkeit, denn er liebt sein Israel, das ihn nicht mehr kennen will.

Die Geschichte des Paulus ist, vom Judentum her gesehen, die Geschichte einer tragischen Verfehlung. Wer könnte hier noch von Recht und Unrecht, von Schuld sprechen?

Erschauernd blickt Paulus selbst in diesen göttlichen Abgrund, in dem Dämonie und Gnade walten: »O welch eine Tiefe des Reichtums, beides, der Weisheit und Erkenntnis Gottes! Wie unbegreiflich sind seine Gerichte und unerforschlich seine Wege!« (Röm. 11,33)

In der Tat: Weisheit und Erkenntnis, aber auch Gericht und dunkle Wege sind im Leben und Werk und im Weiterwirken des Paulus geballt. Er steht vor uns als die problematischste Gestalt nicht nur des Neuen Testaments, sondern vielleicht der ganzen jüdischen Geschichte.

Reich an Weisheit und Torheit, an Geradlinigkeit und Widerspruch entzieht sich diese Gestalt immer wieder einer klaren und umfassenden Beurteilung.

Juden haben ihm vorgeworfen, daß er die reine jüdische Lehre Jesu griechisch-gnostisch verfälscht habe.

Christen haben ihm vorgeworfen, daß er den pharisäischen Geist talmudischer Rabulistik in das Evangelium hineingetragen habe.

Paulus wollte den Juden ein Jude und den Griechen ein Grieche sein. Er wurde aber oft für die Juden ein gesetzloser heidnischer Grieche und für die Griechen ein pharisäischer Rabbi.

Er aber wußte, daß ihm keine Wahlmöglichkeit gegeben war.

Aus vielen Zeilen seiner Briefe spricht die Erkenntnis der Entfremdung gegenüber seiner Umwelt. Paulus wußte, daß er den Völkern das Licht brachte, aber der Bringer dieses Lichtes blieb selbst im Dunkel.

Anhang
Jesus und Paulus in jüdischer Sicht[1]

Während für christliche Theologie, durch Vorverständnis und dogmatische Fixierung, Jesus von Nazareth der Gründer der Kirche ist und bleibt, wurde für ein religionsgeschichtliches Verständnis im 19. Jahrhundert, dem sich auch jüdische Historiker wie Joseph Klausner anschlossen, Paulus mehr und mehr zum eigentlichen Schöpfer des Christentums.

Theologie und Exegese des Neuen Testaments konnten sich auf Worte Jesu berufen, etwa in der Caesarea-Philippi-Perikope: »Du bist der Fels auf dem *ich* meine *Ekklesia* baue ...« (Matth. 16,18).

Eine kritische Betrachtung hingegen zog die Echtheit solcher Worte Jesu in Frage und ging von der historischen Erkenntnis aus, daß die paulinischen Briefe älter als die Evangelien sind. Nun ergab sich das Bild einer rasch fortschreitenden und sich ausbreitenden Missionstätigkeit des Paulus und seiner Mitarbeiter. Umstände und Widerstände brachten es mit sich, daß sich diese Tätigkeit immer stärker auf die heidnische, hellenistische Welt konzentrierte, was notwendig zu einer Übersetzung der Botschaft, des Evangeliums führte. Übersetzung ist hier nicht nur im philologischen Sinne, sondern zugleich im psychologischen Verständnis gemeint. Von der hebräisch-aramäischen Predigt, wie sie in Galiläa und Jerusalem einsetzte, führt ein weiter Weg zur Verkündigung des Paulus in der hellenistischen Diaspora bis nach Athen und Korinth und schließlich bis nach Rom selbst.

Zuhause geblieben ist eigentlich nur Jakobus, der Bruder Jesu, um den sich die gesetzestreue Gemeinde der *Ebioniten* schart, die nach der Zerstörung des Tempels im Jahre 70 völlig verschwindet und kirchengeschichtlich gesehen Episode blieb.

Die Frage, wer der Gründer der Kirche war, Jesus oder Paulus, ist wohl nicht restlos zu klären und erscheint mir auch von zweitrangiger Bedeutung zu sein.

Um die Frage zu beantworten, müßte der Begriff »Kirche«

[1] Vorlesung, gehalten im Swedish Theological Institute in Jerusalem im Wintersemester 1974.

(Ekklesia) eindeutig geklärt werden. Der Begriff ist aber nicht eindeutig, sondern zumindest doppeldeutig.

Das weiß die Kirche selbst, wenn sie sich als Kirche aus Juden und Heiden definiert. Diese Definition blieb, auf die Länge der Zeit gesehen, eine Idealkonstruktion. Das judenchristliche Element verlor mehr und mehr an Bedeutung; erst im ausgehenden 19., beginnenden 20. Jahrhundert sieht man hier und dort, vor allem im Protestantismus, gewisse Ansätze zu einer Erneuerung des Judenchristentums, wobei der jüdische Charakter von Christen aus Israel bewahrt bleiben sollte. Es handelt sich dabei aber um ganz randhafte Erscheinungen, die auch im heutigen Staate Israel keine soziologische Bedeutung erlangten.

Die Kirche *wurde* primär heidenchristlich, was tragische Folgen hatte. Sie entfremdete sich mehr und mehr ihrem jüdischen Erbe, das nach Verschwinden der Judenchristen nicht mehr tradierbar war.

So erscheint, aus einer kirchengeschichtlichen Perspektive, Paulus als der Gründer der Kirche. Das Werk des Paulus aber ist nicht denkbar ohne die judenchristliche Urgemeinde in Jerusalem, trotz aller Spannungen, die zwischen diesem inneren Kreise und der von Paulus immer mehr erweiterten Peripherie bestanden.

Es ist der Paulusforschung aufgefallen, daß *Jesus von Nazareth* in der Verkündigung des Paulus so gut wie keine Rolle spielt. Ich sage: Jesus von Nazareth – nicht Christus. Der Christus ist ja das A und Ω der paulinischen Verkündigung, einsetzend mit dem ältesten Auferstehungszeugnis des Christentums 1. Kor. 15.

Paulus will bis zur Selbstauslöschung in seiner *Imitatio Christi,* die eine Identifikation mit Christus ist, gehen, aber das Leben Jesu bleibt außerhalb seiner theologischen Konzeption. Das, was wir heute den »historischen Jesus« nennen, wird bei Paulus nicht sichtbar. Noch seltsamer ist, daß auch die Worte Jesu im paulinischen Lehrgut fast nicht zitiert werden, während Paulus eine Fülle von alttestamentlichen Zitaten bringt und sogar, in seiner Areopagrede in Athen, einen griechischen Klassiker anführt.[2]

[2] J. Blank: (Paulus und Jesus. Eine theologische Grundlegung. München 1968) nimmt (S. 129, 323f.) eine Zusammenstellung von etwas über 29 Anspielungen Pauli auf Jesustraditionen vor. Vergl. R. Pesch, H. A. Zwergel: Kontinuität in Jesus. Freiburg 1974, S. 29. Hier wird eine Liste dieser (sehr dürftigen) Belegstellen gegeben.

Einen Niederschlag hat diese paulinische Sicht noch im weit späteren *Apostolikum,* dem Glaubensbekenntnis der Kirche gefunden. Hier wird von Jesus von Nazareth nur bekannt: »... empfangen vom Heiligen Geist, geboren aus der Jungfrau Maria, gelitten unter Pontius Pilatus, gekreuzigt, gestorben und begraben ...« Das ist alles, was vom Leben Jesu ausgesagt wird. Es folgen sofort metaphysische und eschatologische Aussagen, die sich bereits auf den auferweckten und auferstandenen *Kyrios* beziehen. Zwischen Geburt und Passion klafft ein leerer Raum des Desinteresses am wirklichen Leben Jesu, wie es vor allem die Synoptiker bezeugen.

Man hat an diesem Schweigen des Paulus, das bis in das *Apostolikum* reicht, viel herumgerätselt. Vordergründig mag es wohl mit der simplen Tatsache zusammenhängen, daß die Gemeinden, die in den Paulinischen Briefen angeschrieben wurden, die *Vita* Jesu bereits kannten und nur der Interpretation bedurften.

Mir scheint diese entschärfende und verharmlosende Erklärung nicht auszureichen; vielmehr glaube ich, daß sich in dieser Tatsache etwas von der Denkstruktur des Paulus dokumentiert, die ihn radikal von Jesus von Nazareth unterschied.

Das Denken des Paulus wurde vom Hellenismus geformt, trägt neuplatonische Züge, so daß in seinem Hintergrunde die Ideen stehen. Es ist die *Idee* des auferstandenen Christus, die sich in Paulus in seinem Damaskus-Erlebnis zur Gestalt verdichtet.

Ich glaube an die Echtheit dieses Damaskus-Erlebnisses, im Gegensatz zu Günther Bornkamm und anderen Neutestamentlern der Bultmann-Schule. Das Zeugnis der Apostelgeschichte kann ich nicht wie Leo Baeck als theologische Belletristik abtun und das Selbstzeugnis im Galaterbrief kann nicht übersehen werden.

Das Christus-Erlebnis des Paulus vor Damaskus bleibt aber selbstverständlich das Geheimnis seiner Seele. Wir haben es mit den Reflexionen und dialektischen Selbstinterpretationen des Paulus zu tun und diese zeigen den Duktus der *Ideenlehre.*

Wenn ich sagte, daß Paulus vom neuplatonischen Denken des Hellenismus geformt wurde, so bedarf diese Aussage einer Korrektur und Erweiterung. Paulus wurde von diesem Denken mitgeformt und sein hellenistisches Erbgut führte ihn auch in gnostische Regionen des Geistes.

Was meint mitgeformt? Paulus sagt es uns selbst, daß er, der Jude aus der Diaspora, in Jerusalem zu Füßen des Rabban Gamaliel die *Thora* studierte und so »ein Pharisäer von Pharisäern wurde« (Apg. 23,6), also ein Schüler des pharisäischen Rabbinismus.

Zugleich aber ist er im hellenistischen Denken zuhause. Damit wird er zum *typischen Repräsentanten des Diaspora-Judentums, das immer ein synthetisches Judentum war und geblieben ist.* Paulus war römischer Staatsbürger jüdischen Glaubens und hellenistischer Kultur.

Ganz anders stellt sich uns die Gestalt Jesu dar. Er ist *Ur- und Nur-Jude, der inmitten seines Volkes und Landes lebt und lehrt.*

Während Paulus bekennt, daß er den Griechen ein Grieche und den Juden ein Jude sein will, um allen alles zu sein, lehnt Jesus jede Erweiterung seiner Botschaft und Wirksamkeit in übernationale Dimensionen radikal ab: »Ich bin nur gesandt zu den verlorenen Schafen aus dem Hause Israel« (Matth. 15,24), bekennt er sich im Sinne pharisäischer Konzentration auf das Volk der Erwählung und warnt seine Jünger: »Gehet nicht auf der Heiden Straßen und übernachtet nicht in der Samariter Städte« (Matth. 10,5).

Er bekennt eindeutig: »Das Heil kommt von den Juden« und wirft den Samaritanern vor, daß sie nicht wissen, was sie anbeten, während wir wissen, was wir anbeten (Joh. 4,22).

Ich habe in meinem Buch ›Bruder Jesus‹[3] allerdings darauf hingewiesen, daß dieser *nationale Radikalismus* Jesu Durchbrechungen erfährt, vor allem auch durch das Gespräch mit nichtjüdischen Frauen.

Das Gleichnis vom barmherzigen Samariter ist ein wunderbares Zeugnis der Überwältigung Jesu von der Bewährung der Nächstenliebe außerhalb des Judentums, ebenso wie sein Wort »Solchen Glauben habe ich in Israel nicht gefunden« (Matth. 8,10) ein Erweis seiner Überwältigung durch den lebendigen Glauben eines Heiden bleibt.

Typologisch gesehen stellen Jesus und Paulus die bis heute gültigen Grundtypen des Judentums dar:

Jesus der Israel-Jude im eigenen Volk und Land, den wir heute einen *Zabar* oder *Sabra* nennen würden, ein Volksjude

[3] Schalom Ben-Chorin: Bruder Jesus. Der Nazarener in jüdischer Sicht. München 1967. Taschenbuchausgabe: München 1977.

und Volljude, während Paulus der Diaspora-Jude ist, Bürger zweier Welten, der jüdischen und der hellenistischen und Wanderer zwischen diesen Welten.

Was aber ist ihnen wesenhaft gemeinsam?

Ihr Pharisäertum.

Ich bin mir wohl bewußt, daß diese Formulierung für christliche Ohren befremdlich, vielleicht sogar schockierend wirkt, so daß ich in der gebotenen Kürze einen Wahrheitsbeweis für diese These anzutreten habe.

Im Falle des Paulus liegt es offen zutage, daß er, aus dem Lehrhaus des Rabban Gamaliel stammend, wo er in seinem Judentum wuchs (Gal. 1,14), zu dieser Richtung gehörte. Auch der Paulus nach Damaskus bleibt Pharisäer. Seine Exegese erweist das, obwohl sie zugleich von jenem allegorischen Denken des hellenistischen Judentums stark beeinflußt ist, wie wir es aus den Schriften des Philo kennen.

Aber Jesus? Es gibt einen ganz einfachen Beweis für die Zugehörigkeit Jesu zum Pharisäertum. Er wird von seinen Jüngern *Rabbi* genannt. *Rabbi* ist ausschließlich ein pharisäischer Titel für einen *Schriftgelehrten.* Weder die Sadduzäer noch die Essäer gebrauchten diesen Würdenamen.[4]

Wohl wird Jesus auch als Prophet bezeichnet, aber nicht im engeren Kreise, sondern vom *Am Haarez,* vom unwissenden Volk, das ihn den Propheten aus Galiläa (Mark. 6,15) nennt, oder gar von der Samaritanerin am Jakobsbrunnen zu Sichem (Joh. 4,19), die überwältigt von der Begegnung mit Jesu ihren Mitbürgern verkündet, daß ein Prophet in die Stadt gekommen sei, ja, der Messias selbst.

Für die Jünger aber, die den Meister kennen, ist er der Rabbi und seine Lehrmethode ist nicht die der Propheten, sondern die der Rabbinen. Jesus bringt keine Gottessprüche, wie der alttestamentliche *Navi,* der Prophet der hebräischen Bibel. Er legt Texte der Heiligen Schrift aus, zwar gewaltig und im Bewußtsein seiner Vollmacht, aber er steht damit doch in der Tradition der Tannaiten seiner Zeit, deren Auslegungen, auch wenn sie kontrovers waren, als »Worte des lebendigen Gottes« empfunden wurden.

Und er lehrt in Gleichnissen. Es wäre ganz verfehlt, die

[4] Auch die Jünger Johannes des Täufers nannten ihren Meister *Rabbi* (Joh. 3,26), so daß wir auch diesen der *pharisäischen Opposition* zuzählen können.

Gleichnisse Jesu isoliert zu betrachten. Sie gehören in die große Literaturgattung der *Meschalim* in *Aggada* und *Midrasch*, die gleichnishafte Auslegung und Illustration des Bibeltextes durch die Rabbinen.

Dabei ist der persönliche Stil der Gleichnisse Jesu nicht zu übersehen. Auch die rabbinischen Gleichnisse schließen nicht immer an ein Bibelwort an, sondern interpretieren bestimmte Aspekte der biblischen Botschaft durch narrative Theologie, durch Erzählung. Sie schließen sich oft zu Gleichnissen zusammen, die sich auf einen »König von Fleisch und Blut« beziehen, wobei diese Gestalt des Königs transparent wird und den König der Könige, also Gott erkennen läßt. Dieselbe Methode wendet Jesus an. Auch er spricht vom König, oder auch von einem Hausherrn. Auch diese Bezeichnung ist den Rabbinen geläufig. Man denke nur an das bekannte Wort aus den ›Sprüchen der Väter‹ (Aboth II, 20): »Der Tag ist kurz, die Arbeit ist groß, die Werkleute sind träge, der Lohn ist gut und der Hausherr drängt«.

Könnte das nicht so aus dem Munde Jesu stammen?

Von dem katholischen Exegeten Prof. Franz Mussner wurde ich darauf hingewiesen, daß die Gleichnisse Jesu einen besonderen stilistischen Duktus zeigen. Sie beginnen in der Sphäre des Alltäglichen, fast der Banalität, und brechen plötzlich um in eine irrationale Sphäre der göttlichen Paradoxie.

Ich kann hier diese, mir richtig erscheinende These nicht im einzelnen erläutern, auch nicht auf die Frage eingehen, ob und inwieweit sich auch dafür Parallelen in der *Aggada* aufzeigen ließen. Die Eigenständigkeit der Gleichnisse Jesu bleibt für mich unbestritten, aber ich sehe diese Gleichnisse im Rahmen der Literaturgattung der *Meschalim*, die für das pharisäische Judentum typisch war.

Wenn wir Jesus und Paulus als Pharisäer bezeichnen, so spricht die Tatsache, daß sie beide in schärfster Auseinandersetzung mit den Pharisäern standen, nicht dagegen. Es handelte sich um eine innere Auseinandersetzung und bekanntlich sind diese immer die heftigsten.

Wir wissen von der Selbstkritik der Pharisäer in ihrer inneren Auseinandersetzung.

Der *Talmud* (Jerusalemischer Talmud Traktat *Berachoth* IX, 5; Babylonischer Talmud Traktat *Sota* 22b) unterscheidet selbst fünf Klassen von Pharisäern, wobei die Kategorie der »gefärbten Pharisäer« genau jenen Heuchlern entspricht, die im

Neuen Testament schlechthin als Pharisäer bezeichnet werden. Die Ablehnung, die diese gefärbten Pharisäer durch die Pharisäer selbst erfahren, ist nicht minder kritisch als die Ablehnung durch Jesus in seinen Streitgesprächen.

Auch die Kategorie des sogenannten »Schulterpharisäers« ist hier zu nennen. Zunächst erscheint er im talmudischen Schrifttum als der Typus des Frommen, der sich das Joch des Gesetzes *sichtbar* auf die Schulter legt, aber im Sinne des Neuen Testaments kann er auch legitim als der Fanatiker gesehen werden, der dem Volke so viel auf die Schulter legt, daß der einfache Mann unter dieser Bürde des Gesetzes zusammenbricht.

Die Pharisäer kritisierten die Pharisäer, und Jesus ist einer der schärfsten Kritiker in dieser inneren Auseinandersetzung, in die später der Pharisäer Schaul aus Tarsus, der Apostel Paulus seinerseits eintritt.

Auch wenn Jesus seine Jünger beten lehrt, in dem jüdischen Gebet um das Reich Gottes *Avinu schebaschamajim* (»unser Vater im Himmel«) verbleibt er innerhalb der pharisäischen Gebetstradition, die diese Anrede Gottes oft gebraucht und die uns überliefert, daß die Meister bestimmte Gebete formten.

Christliche Apologetik hat gern die *Bergpredigt* als Beweisstück für die Unvergleichbarkeit und Einzigartigkeit der Lehre Jesu herausgestellt. Wenn die Bergpredigt mit ihren Seligpreisungen der Machtlosigkeit auch durchaus und unverkennbar die Züge der Individualität Jesu trägt, so wie wir dies auch bei den Gleichnissen festgestellt haben, so fügt sich andererseits aber auch dieses Kernstück des Evangeliums in die rabbinische Lehrtradition der Zeit der Tannaiten ein. Das »Ich aber sage euch« dieser Predigt ist zwar Ausdruck einer Vollmacht und Autorität des Sprechers, die er polemisch seinen theologischen Kontrahenten entgegenstellt, aber das tun auch die Rabbinen, die sich ihrer Vollmacht bewußt sind. Sie gründen ihre Autorität auf das Schriftwort: »Nicht im Himmel ist sie (die *Thora*)« (5. Mose 30,12). Da die *Thora,* die geoffenbarte schriftliche Lehre, nicht mehr im Himmel ist, sondern Israel zum Studium und zur Erfüllung übergeben wurde, leiteten die Lehrer Israels daraus die Vollmacht zu gültiger Interpretation ab.

Dasselbe tut Jesus von Nazareth, aber in der Tat mit einem noch stärkeren Vollmachtsanspruch. Es ist hier allerdings das traditionsgeschichtliche Element nicht zu übersehen. Wir haben bekanntlich keine Aufzeichnungen der Predigt Jesu aus dem unmittelbaren Hörerkreis, sondern den Niederschlag des *Kerygma* der Urgemeinde, die bereits aus einem nachösterlichen Glauben den *Kyrios,* den auferstandenen Herrn, durchgängig bezeugte. Infolgedessen werden Lehrmeinungen Jesu, die sich eigentlich nahtlos in die rabbinische Tradition einfügen lassen, mit einem überhöhten Sonderpathos vorgetragen.

In meinem Buch ›Bruder Jesus‹[5] habe ich versucht, die Parallelen im rabbinischen Schriftgut zu den Lehren der Bergpredigt aufzuzeigen, wobei uns heute ferner klar wird, daß sich manches in diesen Fundamentalsätzen des Christentums auf die Sekte von *Qumran* bezieht, was Strack und Billerbeck in ihrem berühmten ›Kommentar zum Neuen Testament aus *Talmud* und *Midrasch*‹ (1922ff.) noch nicht ahnen konnten.

Daß sich die Exegese des Paulus durchaus in den Bahnen pharisäisch-rabbinischer Hermeneutik bewegt, haben wir bereits festgestellt. Die Beweise für diese These habe ich in meinem Buch ›Paulus. Der Völkerapostel in jüdischer Sicht‹ zu erbringen versucht.

Wesentlich für die Erkenntnis der pharisäischen Grundhaltung bei Jesus und Paulus scheint mir aber das *Gesetzesverständnis.*

Alle Versuche, Jesus als Gegner des Gesetzes, als Verächter der *Thora* und als Gesetzesbrecher hinzustellen, müssen am Zeugnis des Neuen Testaments scheitern. Wenn noch in neuerer Zeit Ethelbert Stauffer einen Antagonismus zwischen Jesus und der *Thora* mehr konstruierte als konstatierte, so kommt hier ein Kryptomarcionistisches Vorverständnis zum Tragen.

Worte wie: »Ich bin nicht gekommen das Gesetz aufzuheben, sondern es zu erfüllen ... eher werden Himmel und Erde vergehen als ein Jota am Gesetz.« (Matth. 5,17–18) kennzeichnen die wahre Haltung Jesu zu den *Mizwoth,* den geoffenbarten Geboten.

Ebenso wesentlich aber scheint mir auch die Verhaltensweise Jesu, dem keine Gesetzesübertretungen vorgeworfen werden können.

Winzige Verstöße gegen die rabbinische Praxis, wie die Unterlassung der Handwaschung vor dem Mahle, oder das Ausraufen von Ähren am Sabbath werden nicht Jesus, sondern seinen Jüngern vorgeworfen. Die Krankenheilungen Jesu am

[5] Schalom Ben-Chorin: Bruder Jesus. Der Nazarener in jüdischer Sicht. München 1967. Taschenbuchausgabe: München 1977.

Schabbath sind rabbinisch gesehen kontrovers, denn man kann aus der Auffassung der *Halacha,* des Religionsgesetzes selbst den Grundsatz ableiten, daß der Dienst am Kranken am Sabbath gestattet, ja geboten ist und alles was der Lebensrettung dient, den Sabbath verdrängt und aufhebt.

Selbst Paulus bleibt trotz seiner Relativierung des Gesetzes innerhalb der rabbinischen Tradition. Wenn er die Ritualien als völlig unverbindlich erklärt, so gilt das primär für die Heidenchristen, also Menschen, die auch nach der strengsten rabbinischen Auffassung nicht auf das Ritualgesetz Israels zu verpflichten sind. Das rabbinische Exklusiv-Prinzip geht so weit, daß gelegentlich behauptet wurde, daß ein Heide, der den Sabbath hält, todesschuldig sei. (Diese Exklusivität findet ihre Parallele in dem Worte des Augustinus: »Die guten Taten der Heiden sind schillernde Sünden.«)

Derselbe Paulus beschneidet bekanntlich noch seinen Schüler Timotheus, da dieser der Sohn einer jüdischen Mutter, wenn auch eines griechischen Vaters war (Apg. 16,3). Paulus verfährt hierbei streng nach der pharisäischen Auffassung, daß der Sohn einer jüdischen Mutter ein Jude ist und also zu Beschneidung verpflichtet (Mischna Kiddushin III, 12).

Wenn Paulus selbst aber sich nicht mehr an das Gesetz gebunden fühlt, gemeint ist hier immer nur das Ritualgesetz, so ist auch diese Abstinenz gegenüber den Praktiken des Rabbinismus aus dem pharisäischen Lehrgut zu erklären. Hier müssen wir die *Äonentheologie* der Rabbinen berücksichtigen. Nach zahlreichen rabbinischen Lehrmeinungen ist das messianische Reich Gottes das Ende des Gesetzes. Darauf haben schon vor meinem ›Paulus‹-Buch zwei jüdische Paulus-Interpreten nachdrücklich aufmerksam gemacht, Leo Baeck und Hans-Joachim Schoeps.

Da Paulus den Äon des Messias für angebrochen hielt, leitete er daraus eine aktuelle Suspendierung vom Gesetz ab. Daß sich Paulus in seiner Äonentheologie verspekuliert hat, wie vor und nach ihm alle messianischen Aktualisten, geht u.a. daraus hervor, daß er fest damit rechnete, daß einige seiner Zeitgenossen nicht entschlafen werden, wohl aber (ins ewige Leben hinein) verwandelt (1. Kor. 15,51).[6]

Wir können also zusammenfassend sagen, daß Jesus und Pau-

[6] Übrigens hat wohl auch Jesus selbst angenommen, daß manche seiner Zeitgenossen nicht mehr sterben würden (Mark. 9,1).

lus in Lehre und Tat sich grundsätzlich an die Maximen des pharisäischen Judentums hielten.

Den Höhepunkt für das Pharisäertum Jesu und Pauli können wir aber gerade dort erkennen, wo nach landläufiger Meinung sich Judentum und Christentum trennen: *in der Botschaft von der Auferstehung Christi.*

Bekanntlich war die Lehre von der Auferstehung der Toten ein trennendes Moment zwischen Pharisäern und Sadduzäern, wovon das Neue Testament selbst Zeugnis ablegt. Die Rabbinen ihrerseits gingen so weit, apodiktisch zu erklären: Wer die Auferstehung der Toten leugnet, hat keinen Anteil an der kommenden Welt (Mischna Sanhedrin X, 1).

Die Lehre von der Auferstehung der Toten ging auch in die Liturgie der Synagoge ein und wird täglich dreimal im *Achtzehn-Bitten-Gebet* ausdrücklich bekannt.

Ebenso ist die Lehre von der Auferstehung der Toten in die *Dreizehn Glaubensartikel* des Maimonides aufgenommen: »Ich glaube mit ganzem Glauben an die Auferstehung der Toten.«

Dieser dogmatische Text des späteren rabbinischen Judentums, der auf die Lehre der Pharisäer zurückgeht, deckt sich vollkommen mit dem letzten Satz des *Apostolikums*: »Ich glaube ... an die Auferstehung des Fleisches und ein ewiges Leben.«

Pharisäisches Judentum und Christentum stimmen hier vollständig überein. Aber das Christentum ging noch um einen Schritt weiter, wurde sozusagen ein *Super-Pharisäismus.* Während die Pharisäer die Auferstehung als eschatologische Hoffnung verkündigten, legte die Urgemeinde davon Zeugnis ab, daß die erwartete Auferstehung bereits in der Auferstehung Jesu Ereignis geworden ist, wobei dieses Ereignis als Unterpfand für die künftige Auferstehung aller Toten, oder der Gerechten, verstanden wurde. Jesus wird als der Erstling der Auferstehung gesehen (Apg. 26,23), aber auch die zu wenig beachtete Notiz Matth. 27,52–53 ist hier zu berücksichtigen: »Und die Erde erbebte und die Felsen zerrissen, und die Gräber taten sich auf und standen auf viele Leiber der Heiligen die da schliefen und gingen aus den Gräbern nach seiner (Jesu) Auferstehung und kamen in die heilige Stadt und erschienen vielen.«

Wir haben hier die reine pharisäische Lehre von der Auferstehung der Toten, aber nicht mehr als pure Hoffnung, sondern als geschehenes Ereignis. Glaube und Denken aber sind die der Pharisäer.

Gibt es nicht dennoch sowohl bei Jesus wie bei Paulus einen fundamentalen Unterschied gegenüber dem pharisäischen Judentum? Müssen wir diesen Unterschied nicht in der Ausbreitung des Christentums, seiner Missionstätigkeit sehen?

Wohl haben wir angeführt, daß Jesus von Nazareth sich nur zu den verlorenen Schafen aus dem Hause Israel gesandt sah, aber der Aussendungs- und Taufbefehl des Auferstandenen: »Darum geht hin und machet zu Jüngern alle Völker ...« (Matth. 28,19) hebt diese nationale Exklusivität für das christliche Bewußtsein auf.

Wir wissen wohl, daß die trinitarische Formel, die hier im Matthäus-Text angegliedert wird, erst nach dem Konzil von Nicea (325) nachweisbar ist. Der ältere Markus-Text begnügt sich mit: »Gehet hin in alle Welt und predigt das Evangelium aller Kreatur« (Mark. 16,15).[7]

In Fortsetzung des Aussendungsbefehls wird auch hier von Taufe gesprochen, aber ohne Erwähnung der Trinität, für die es im pharisäischen Judentum tatsächlich keinerlei Anhaltspunkte gibt.

Die Taufe, *Tvila*, hingegen ist gut pharisäische Lehrtradition. Der Proselyt, der zum Judentum übertritt, muß bis heute Beschneidung und Taufe (Tauchbad) auf sich nehmen, die Proselytin nur die Taufe, das Tauchbad in der *Mikwa*, dem rituellen Tauchbad.

Wir müssen uns auch die urchristliche Taufe, ebenso wie die vorchristliche des Johannes, im Sinne dieses pharisäischen Rituals vorstellen, wie es noch heute praktiziert wird. Die kirchliche Praxis der Kindertaufe in ihrer heutigen Form geht nicht auf das Neue Testament zurück und hat daher auch immer wieder den Protest von Wiedertäufern und Baptisten aller Art ausgelöst, die auf die (jüdische) Urform der Taufe zurückgingen.

Auch die Missionstätigkeit des Paulus, der den Aussendungsbefehl zur Losung seines Lebens nach Damaskus gemacht hat, unterscheidet ihn nicht prinzipiell von den Pharisäern.

Von welchen Pharisäern? Das ist tatsächlich die Frage. Es gab unter den Pharisäern hier eine tiefgehende Meinungsverschiedenheit. Während eine Richtung partikularistisch die *Thora* Israel allein vorbehalten wollte, trat die andere Richtung für die

[7] Ich folge hier der Darstellung von Shlomo Pines von der Hebräischen Universität, Jerusalem, wurde aber von Martin Hengel von der Universität Tübingen darauf verwiesen, daß die Stelle auch vorniceanisch bezeugt sei, allerdings ohne Wesensgleichheit der Personen.

Ausbreitung des Judentums unter den Nichtjuden ein. Gerade dieser Richtung wendet sich die Kritik des Neuen Testaments zu: »Sie durchziehen Länder und Meere um einen Proselyten zu machen« (Matth. 23,15).

Für die innerpharisäische Dialektik in dieser Sache möchte ich zwei Beispiele anführen.

Durch die alexandrinische Übersetzung des Alten Testaments ins Griechische wurde die hebräische Bibel als *Septuaginta* gegen Ende des zweiten vorchristlichen Jahrhunderts der hellenistischen Welt bekannt. Dieses Ereignis verglichen die späteren Pharisäer einerseits mit der Offenbarung am Sinai, andererseits aber mit der Zerstörung des Tempels.

Die Proselyten werden im *Talmud* einmal mit einem Aussatz verglichen, von dem Israel befallen wird; andererseits aber heißt es, daß Israel nur in die Verbannung geschickt wurde, um Proselyten zu machen.

Man sieht also, wie divergierend die Auffassungen der Pharisäer in diesem Punkte war.

Einen Niederschlag der beiden pharisäischen Lehrmeinungen haben wir im Neuen Testament: einerseits die nationale Selbstbeschränkung des irdischen Jesus, andererseits der Aussendungsbefehl des Auferstandenen.

Und weiter: einerseits die auf strikte Gesetzeserfüllung bestehende Richtung des Jakobus und bis zu einem gewissen Grade des Petrus, und andererseits der Universalismus des Diaspora-Juden Paulus.

Die Parallelen zwischen Jesus und Paulus und den Pharisäern lassen sich überall aufzeigen, in Leben und Lehre. Dabei wird es klar, daß Jesus von Nazareth ein palästinensischer *Rabbi* war, Paulus aber ein Gelehrtenschüler, *Talmid Chacham* aus der hellenistischen Diaspora.

Wenn wir Jesus so nachdrücklich als einen *Rabbi* und damit als einen *Pharisäer* zeichneten, so ist noch dem Einwand zu begegnen, daß er anläßlich seiner Ablehnung in seiner Heimatstadt Nazareth von sich sagt: »Der Prophet gilt nichts in seinem Vaterland« (Matth. 13,57). Aber hier zitiert er ein Sprichwort: *Ejn Navi be-Iro* (»Kein Prophet gilt in seiner Stadt«).

Wie sehr Jesus von den Seinen als *Rabbi* gesehen wurde, wird gerade in der Perikope klar, die von seinem Gespräch mit der Samaritanerin am Jakobsbrunnen in Sichem erzählt (Joh. 4). Während die Samaritanerin verblüfft ausruft: »Herr, ich sehe, daß du ein Prophet bist« (19), und sich schließlich bis zu der

Anerkennung der Messianität Jesu steigert (29), schalten die Jünger gleichsam zurück: »Indes aber ermahnten ihn die Jünger und sprachen: Rabbi, iß!« (31).

Gewollt oder ungewollt wird hier deutlich, wie die fremde Umwelt Jesus sah (und im Christentum bis heute sieht) und wie er dem inneren Kreis seiner jüdischen Jünger erscheinen mußte.

Und was für Jesus gilt, gilt in dieser Hinsicht auch für Paulus, der nicht nur in Predigt und Exegese ein pharisäischer Schriftgelehrter blieb, sondern auch in typisch rabbinischer Weise bestimmte *Responsa* in seine Briefe einfließen ließ, Antworten auf Fragen der Gemeinden in bezug auf konkrete Situationen. In der Entscheidung solcher Fragen lag und liegt bis heute eine der Hauptaufgaben des rabbinischen Lehramtes.

Bei allen diesen Parallelen soll aber keineswegs die Individualität Jesu und Pauli übersehen werden. »Das sei ferne!«, wie der Apostel so oft ausruft.

Aber tragen nicht auch die führenden Pharisäer wie Hillel und Schammai, wie Rabbi Akiba und Choni der Kreiszieher, ganz eigene unverwechselbare Züge? Jeder der Meister weist seine Eigenständigkeit auf, aber sie alle bilden zusammen eine »Wolke der Zeugen« für die Wahrheit Israels.

Ich kann aus jüdischer Sicht Jesus und Paulus nicht anders sehen als in diesen Zusammenhängen. Ich erwarte nicht, daß meine Perspektive die Ihre wird, aber ich hoffe, daß Sie diese Perspektive in den Blick bekommen und ihr das Verständnis nicht versagen, so wie mir Ihr ganz anders geartetes Verständnis als ein *Mysterium* der christlichen Seele vorgegebene und aufgegebene Wirklichkeit bleibt.

Das christliche Verständnis aber, an das ich nicht zu rühren gedenke, muß sich aus seiner eigenen Immanenz der jüdischen Wurzel wieder stärker bewußt werden als dies in den Jahrhunderten einer Fehlentwicklung der Fall war. Möchten die Christen doch erkennen, was Paulus im Römerbrief so deutlich gesagt hat: »So sollst du wissen, daß du die Wurzel nicht trägst, sondern die Wurzel trägt dich« (Röm. 11,18).

Diese Wurzel ist Israel, ist das Judentum, ja das pharisäische Judentum.

Ich habe Jesus und Paulus in Worten des Neuen Testaments zu Ihnen sprechen lassen. Ich habe nichts hinzuzufügen.

Nachbemerkung

In den Monaten April bis Juli 1969 wurde dieses Buch geschrieben. Diese relativ kurze Zeit stellt aber nur einen vorläufigen Abschluß einer lebenslangen Beschäftigung mit der Gestalt und den Problemen des Paulus dar.

Während der Arbeit an diesem Buch machte mich die Herausgeberin der Briefe Martin Bubers, Frau Dr. Grete Schäder, darauf aufmerksam, daß sich im Buber-Archiv in Jerusalem Briefe von mir an Martin Buber vom Beginn der vierziger Jahre fanden, in welchen ich Gedanken über Paulus äußerte, die dem Duktus dieses Versuches voll entsprechen.

Der Briefwechsel mit Martin Buber über diese Fragen schloß sich an Bubers Vorlesungen in Jerusalem über Judentum und Christentum an, in denen bereits jene Auffassung des Paulus deutlich wurde, die Buber dann später in seinen ›Zwei Glaubensweisen‹ eröffentlicht hat.

Bubers Argument, daß durch Paulus eine Entfremdung der jüdischen Glaubensweise Ereignis wurde, konnte und kann ich nicht teilen, worüber auch im vorliegenden Buche Rechenschaft gegeben wird.

Die Gestalt des Paulus hat mich schon in meinen Jugendjahren fasziniert. In einem Gedicht ›Paulus‹, das dem Zyklus ›Der Rabbi von Nazareth‹ beigegeben ist, hieß es bereits im Jahre 1934:

> Ich liebe dich, Verfluchter meiner Brüder,
> ich hör dein großes Herz wie meines schlagen!
> Du bist bei mir in meinen bangsten Tagen,
> von deiner Art ist meines Lebens Wagen,
> von deinem Gut sind meines Geistes Güter.

Das Gedicht schließt mit dem Bekenntnis:

> O Paulus: Urbild des verlornen Sohnes,
> ich küsse deinen ausgebrannten Mund,
> die Dornenkrone deines eignen Hohnes
> ist mir das Siegel und der heilige Bund.

Was vor mehr als einer Generation der junge Lyriker in ekstatischer Sprache stammelte, wurde Jahrzehnte später in einer ausgewogeneren Sprache dargelegt, aber der Grundimpuls ist geblieben, die Sicht hat sich nicht verändert. Was ich in der Jugend intuitiv geschaut habe, hat sich mir in reiferen Jahren Zug um Zug aus der Beschäftigung mit den Quellen und ihrer Erforschung bestätigt. Es handelt sich dabei um eine Art Wiedererkennen im platonischen Sinne.

Die Beschäftigung mit Paulus geht für mich aber noch weiter zurück. Schon in den Jahren 1931 bis 1934 wurde ich durch den katholischen Theologen und späteren Religionswissenschaftler Professor Joseph Schnitzer an der Universität München, dem wir ein frühes Werk über Paulus, im Sinne der kritischen Forschung, verdanken, auf Gestalt und Problematik des Völkerapostels hingewiesen.

Wenn also die Gestalt des Paulus mir lange gegenwärtig war und blieb, so scheint es mir doch, daß jeder Autor, der sich um Paulus bemüht, auf ein Motiv in der Apostelgeschichte stößt, das ihm nun selbst widerfährt. In der Apostelgeschichte wird von den Aposteln Petrus, Johannes und Paulus erzählt, daß sie in wunderbarer Weise aus dem Gefängnis befreit wurden. Ein Engel löst ihre Bande und öffnet ihnen die verschlossene Pforte, oder ein Erdbeben, rechtzeitig vom Himmel gesandt, übt das Werk der Befreiung. Dieses Wunder wiederholt sich. Meint man den Paulus endlich in das Gefängnis des eigenen Buches eingesperrt, ihn durch eine immer und immer wieder durchdachte Konzeption dingfest gemacht zu haben, so entschwindet er doch wieder, wie über die Stadtmauer von Damaskus oder aus dem Gefängnis. Die Gestalt ist nicht ganz zu fassen und wird nie ganz zu fassen sein. Nicht nur, daß wir zu wenig Authentisches über ihn wissen, nicht nur, daß Apostelgeschichte und Briefe in offenbaren Widersprüchen zueinander stehen, nicht nur, daß es fraglich ist, welche Briefe nun wirklich von Paulus selbst herrühren; auch dort, wo wir scheinbar auf festem Grunde stehen, öffnen sich Abgründe eines problematischen Charakters, die nicht ausgelotet werden können.

Was war die Krankheit des Paulus? Wo liegen die Wurzeln seines Antifeminismus? Was hat Paulus wirklich vor Damaskus erlebt? Was gab ihm die Kraft, gegen alle Konventionen seiner Zeit und Umwelt mit dem Heldenmut eines Gladiators in der Arena des Glaubens aufzutreten?

War Paulus von leidenschaftlicher Liebe zu Israel erfüllt oder von jüdischem Selbsthaß zerfressen?

Sind theologische Vorstellungen, denen wir bei Paulus begegnen und die uns so an anderer Stelle nicht bezeugt erscheinen, sein geistiges Eigentum, oder haben wir nur den Kontext verloren?

War wirklich die Liebe das treibende Motiv im Leben des Paulus, die Agape, von der er so herrlich gesungen hat, oder aber der Haß, der aus vielen Sätzen seiner Briefe spricht?

War Paulus ein vom Intellekt getriebener Eristiker oder ein naiver Mensch, der sich seiner Naivität rühmt, offenbar einer *zweiten* Naivität?

Fragen über Fragen. Ich habe sie alle zu beantworten versucht, aber an das Ende jeder Antwort muß ich ehrlicherweise ein Fragezeichen setzen.

Damit gehe ich in den Fußstapfen des Paulus selbst, der viele seiner Aussagen in der Form von Fragen, freilich von rhetorischen Fragen vorgebracht hat. Dieses Fragen gilt nicht zu Unrecht als eine jüdische Eigenart, ihm haftet der Tonfall des Talmudstudiums an, das die Fragen in einem rhythmischen Singsang tradiert, wobei die Fragen wichtiger als die Antworten sind.

Trotzdem wurden hier Aussagen gemacht, die oft in Widerspruch zum traditionellen Paulusbild stehen und stehen müssen, nicht zuletzt deshalb, weil hier eine jüdische Aussage über Paulus, also keine christliche, versucht wurde.

Ich muß hier wiederholen, was ich bereits in der Nachbemerkung zu meinem Buch ›Bruder Jesus‹ gesagt habe: es handelt sich dort wie hier um *eine* jüdische Aussage, keineswegs um *die* jüdische Interpretation des Paulus.

Die Gefahr des Mißverständnisses im kollektivistischen Sinne ist bei Aussagen dieser Art immanent. Die Aussagen eines jüdischen Autors werden sehr oft von christlichen Lesern als die Stimme des Judentums aufgefaßt. Schreibt der Autor außerdem noch in Jerusalem, so kommt seiner Aussage im Verständnis oder Mißverständnis vieler Leser noch eine besonders exemplarische Bedeutung zu.

Von alledem kann nicht die Rede sein. Hier ist nicht mehr gegeben als der Niederschlag einer langen und intensiven Beschäftigung eines heutigen Juden mit der Gestalt, der brüderlichen Gestalt des Juden Paulus. Wie dieser eigentlich allein stand, so muß dies auch sein Interpret von sich bekennen. Ich spreche nicht für das Judentum (wer könnte das heute?), nicht einmal für eine bestimmte Richtung, Strömung, Denomination oder Partei im Judentum.

Trotzdem kommt einer Aussage dieser Art auch wiederum eine gewisse überindividuelle Bedeutung zu. In der Aussage eines Juden, der sich seiner jüdischen Existenz voll bewußt ist, der sich mit Geschichte, Gegenwart und Hoffnung seines Volkes verbunden weiß, ist natürlich auch ein Stück Kollektivbewußtsein mitgegeben.

Es muß aber klar ausgesprochen werden, daß nur ein relativ kleiner Sektor im heutigen Judentum die Problematik kennt, die eine Konfrontation mit Paulus in sich birgt. Für Millionen Juden ist Paulus eigentlich ein Unbekannter, weit mehr noch als Jesus. Die Gründe dafür liegen auf der Hand. Das Leben des Paulus läßt sich nicht so geschlossen erzählen wie das Leben Jesu. Eine komplizierte Theologie, die aus den schwer zugänglichen Briefen erschlossen werden muß, stellt schon für viele Christen ein unüberwindliches Hindernis für eine Begegnung mit Paulus dar, wieviel mehr für Juden, die das Neue Testament meist als nicht zugehörig betrachten!

Aber selbst wenn der jüdische Leser den Versuch macht, in die Gedankengänge des Paulus einzudringen, stellt sich ihm so viel Fremdes und Befremdliches entgegen, daß er bald entmutigt das Buch sinken läßt.

In der Bibliographie wird dennoch nachdrücklich darauf hingewiesen, daß eine ganze Reihe jüdischer Autoren in den letzten Jahrzehnten sich um Paulus bemühten. Ich bin sicher, daß diese Versuche, in die sich der meinige einreiht, nicht mehr abreißen werden.

So haben wir also den hier vorliegenden Versuch geortet. Es ist meine Hoffnung, daß er dort anknüpfen kann, wo Paulus oft notgedrungen vor fast zwei Jahrtausenden das Gespräch abbrechen mußte. Immer wieder lesen wir in der Apostelgeschichte und in den Selbstzeugnissen des Paulus, daß seine Versuche zu Gesprächen in der Synagoge gescheitert sind. Das wäre heute nicht anders, aber inzwischen haben sich jenseits der offiziellen Synagogen und Kirchen weite Kreise gebildet, die man bereits ein drittes Gottesvolk[1] nannte; sie begegnen einander vorbehaltlos in der Haltung des Dialogs. Diese Menschen sind oft von einem Grundgefühl getragen, das »Warten auf Gott« ge-

[1] Erich Müller-Gangloff, Horizonte der nachmodernen Welt. Stuttgart 1962, S. 168ff.

nannt wurde. Diese Wartenden sind heute erreichbar. Ihnen kann hier Paulus so begegnen, wie ihn ein heutiger Jude aus der Diaspora in Israel sieht. Paulus sehe ich immer mit zwei ausgestreckten Händen, wie er oft in byzantinischen Darstellungen abgebildet wurde. Die Hände sind beiden hingestreckt, den Juden und den Völkern.

Paulus steht zwischen Israel und den Heiden. Er wollte vermitteln, aber er wirkte oft trennend. Vieles von dieser trennenden Wirkung geht auf Mißverständnisse zurück, keineswegs alles. Die Mißverständnisse sollen hier nach Möglichkeit ausgeräumt werden. Wenn auf diese Weise eine neue, klarere Sicht des Paulus, wenn auch nur teilweise, möglich wird, dann wäre damit ein freierer Blick vom Judentum auf das Christentum und vom Christentum auf das Judentum ermöglicht.

Jede Darstellung und Interpretation des Paulus geht natürlich zunächst und vorwiegend auf das Neue Testament zurück. In der hier vorliegenden Arbeit wurde meistens der revidierte Luthertext vom Jahre 1956 benutzt. Ferner wurden hinzugezogen: die sogenannte Zürcher Bibel (letzte Revision 1931) sowie die Übersetzungen von Franz Sigge (Fischer-Bücherei 1958), Hans Bruns (Gießen 1961) und zuweilen auch die Übersetzung in eine heute gangbare Sprache ›Gute Nachricht für Sie, N.T. 68‹ (Stuttgart 1967). Dieser sehr problematische Versuch war mir nur manchmal wichtig, wenn mir gewisse theologische Begriffe des Paulus in der traditionellen Übersetzung so fremd für das heutige Bewußtsein zu sein schienen, daß eine Übertragung in heutiges Sprachbewußtsein erwogen werden mußte.

Den Zitaten aus dem Alten Testament liegt ebenfalls der revidierte Luthertext von 1964 zugrunde, jedoch zog ich hier immer wieder auch jüdische Übersetzungen mit heran, vor allem die Verdeutschung der Schrift von Martin Buber und Franz Rosenzweig. Zuweilen mußte ich jedoch auch selbst übersetzen, um bestimmte Nuancen des hebräischen Textes verständlich zu machen.

Die Arbeit brachte auch talmudische Zitate mit sich, die, soweit es sich um den babylonischen Talmud handelt, der vollständigen Übersetzung von Lazarus Goldschmidt (Berlin 1930ff.) entnommen sind. Dankbar durfte ich auch auf die Auswahl aus dem Talmud von Reinhold Mayer (München 1963) zurückgreifen.

Midraschim wurden meist den ›Sagen der Juden‹ von Micha Josef Bin Gorion (Berlin 1935) entnommen.

Die hebräischen Quellen, die nicht übersetzt sind, führe ich hier nicht an. Die Zitierung der Bibel, des Alten und Neuen Testaments geschieht in der üblichen Weise, ebenso die Zitierung des Talmud, wobei Traktat und Blattzahl angegeben werden, während die Seiten mit a und b bezeichnet sind. Diese Methode ist allgemein gebräuchlich.

Es versteht sich von selbst, daß Nachschlagewerke einschlägiger Art ständig herangezogen wurden: ›Die Religion in Geschichte und Gegenwart‹ (RGG[2]), das ›Calwer Bibel-Lexikon‹ (Stuttgart 1959), das ›Lexikon zur Bibel‹ (Wuppertal 1967) und das ›Theologische Wörterbuch zum Neuen Testament‹, begründet von Gerhard Kittel.

Laufend wurden die einschlägigen neueren Kommentare benutzt, vor allem die Bände 5–8 des Göttinger Bibelwerkes ›Das Neue Testament Deutsch‹. Hier haben führende evangelische Theologen die Apostelgeschichte, die Briefe an die Römer und Korinther und die kleinen Briefe des Paulus kommentiert (Göttingen 1965). Durch die Literaturangaben dieses Handkommentars wird der Leser mit dem heutigen Stand der Forschung vertraut gemacht. Die apokryphen Evangelien, hier vor allem die Paulus-Akten, wurden unter Zugrundelegung der Ausgabe von Henri Daniel-Rops (Zürich 1956) herangezogen.

In der beigegebenen kommentierten Bibliographie biete ich wiederum, wie in der Bibliographie zu ›Bruder Jesus‹, nur eine kleine Auswahl aus der unübersehbaren einschlägigen Literatur. Da es sich bei meinem Versuch um keine fachwissenschaftliche Arbeit handelt, ist das Schwergewicht auf Bücher gelegt, die auch dem Laien ohne weiteres zugänglich sind. Der Theologe bedarf ohnedies dieser Handreichung nicht.

In dieser subjektiven Auswahl sind, wie bereits eingangs bemerkt, jüdische Autoren besonders berücksichtigt, um damit zu erweisen, daß sich der hier vorliegende Versuch in eine, wenn auch noch sehr junge und kleine, Tradition einreiht. Es liegt mir fern, den Eindruck erwecken zu wollen, als hätte *ich* das jüdische Schweigen um Paulus gebrochen.

Die Forschung der letzten Jahre hat uns immer wieder mit einem bisher fast unbekannten Judentum in Berührung gebracht, das uns in der Sekte von Qumran begegnet, von der wir ja erst seit rund zwei Jahrzehnten eine Ahnung haben. Auch in bezug auf Paulus kann Qumran nicht mehr übersehen werden; das gilt besonders für den Hebräerbrief, über dessen Zusammenhang mit Paulus hier gehandelt wurde. Die Qumrantexte wurden nach der Ausgabe von Eduard Lohse (München 1964) zitiert.

Ich lasse dieses Buch in der Hoffnung hinausgehen, daß es Paulus und seine Theologie stärker in das christlich-jüdische Gespräch hineinträgt. Alfons Rosenberg hat das letzte Kapitel seines Buches ›Das Experiment Christentum‹ (München 1969) mit der Frage überschrieben: ›Wer aber wirft Paulus heraus?‹ – Ich möchte lieber fragen: Wer aber nimmt Paulus wieder herein – in das ewige Gespräch um das Ewige?

Jerusalem, im Juli 1969 Schalom Ben-Chorin

Nachbemerkung zur fünften Auflage der Taschenbuchausgabe: Durch meinen Versuch, die Gestalt des Paulus aus einer jüdischen Sicht in das Bewußtsein zu heben, erwuchs eine neue Integration des Apostels. Ein schöner Beweis dafür ist die Publikation der Katholischen Akademie Hamburg: ›Paulus, Wegbereiter des Christentums. Zur Aktualität des Völkerapostels in ökumenischer Sicht‹ (München 1984). Diesem Buch liegt ein Symposion zugrunde, das in Hamburg an der Katholischen Akademie stattfand. Die katholische Theologie vertrat Eugen Biser, Professor für Christliche Weltanschauung und Religionsphilosophie der philosophischen Fakultät an der Universität München; die Orthodoxie war durch Anastasios Kallis repräsentiert, Professor für Orthodoxe Theologie an der Universität Münster, der Protestantismus durch Claus-Hunno Hunzinger, Professor für Neues Testament und Spätantike Religionsgeschichte an der Universität Hamburg. Der jüdische Part wurde mir übertragen: ›Paulus – Mittler zwischen Juden und Christen‹.

An sich ist dieses Thema mit einem großen Fragezeichen zu versehen, denn die Ambivalenz des Paulus zwischen tiefer Liebe zu Israel und jüdischem Selbsthaß ist offenbar. Dasselbe Thema durfte ich bei einer Gastvorlesung an der Evangelisch-Theologischen Fakultät in München behandeln.

Wesentlich ist für mich die Tatsache, daß bei einer heutigen ökumenischen Sicht des Paulus die jüdische Perspektive nicht mehr übersehen wird, was ich nicht zuletzt auf meine eigene Bemühung mit zurückführen darf.

Jerusalem, im Frühling 1986 Schalom Ben-Chorin

Kommentierte Bibliographie

Antijudaismus im Neuen Testament ...? München 1967.
Exegetische und systematische Beiträge, herausgegeben von W. Ekkert, N. P. Levinson und M. Stöhr.
In diesem Sammelband ist insbesondere der Beitrag von Otto Michel über ›Antijüdische Polemik bei Paulus‹ S. 50ff., der sich mit einer Exegese zu Fragen von 1 Thessalonicher 2, 14–16 beschäftigt, zu erwähnen.

Asch, Schalom: Der Apostel. Stockholm 1942.
Der große jiddische Erzähler hat hier in Fortsetzung seines Jesusbuches ›Der Nazarener‹ eine jüdische Darstellung des Paulus unternommen, die sich zwar im belletristischen Rahmen hält, aber auf der Grundlage vergleichender Studien aufgebaut ist.

Baeck, Leo: Paulus, die Pharisäer und das Neue Testament. Frankfurt am Main 1961.
In diesem Buche sind drei Aufsätze von Leo Baeck, dem Altmeister der liberalen jüdischen Theologie unserer Zeit, vereinigt. Für die hier vorliegende Arbeit ist der erste Aufsatz ›Der Glaube des Paulus‹ von grundlegender Bedeutung und wurde daher auch mehrfach herangezogen.

Barth, Karl: Der Römerbrief. München 1929 (5. Aufl.).
Dieser berühmteste Kommentar der neueren Zeit zum Römerbrief, mit dem eigentlich die dialektische Theologie beginnt, ist ein Schulbeispiel dafür, wie die jüdischen Grundlagen im Denken und Glauben des Paulus übergangen wurden. Das raubt dem Werk nicht seine Eigenständigkeit und Bedeutung, zeigt aber die Entfernung des Paulinismus von Paulus.

Bartsch, Hans-Werner: Anklage: Brandstiftung. Leben und Tod des Paulus von Tarsus. Wuppertal-Barmen 1969.
Der Verfasser, der zu den progressivsten evangelischen Theologen unserer Zeit gehört, versucht hier eine Aktualisierung des Paulus, wobei auch der Rückgriff auf jüdische Zusammenhänge versucht wird. Da Bartsch aber die sozial-revolutionäre Tendenz des Paulus aufspüren will, geht dies auf Kosten der konsequenten Eschatologie des Paulus.

Bornkamm, Günther: Paulus. Stuttgart 1969.
Bornkamm beschreibt den Weg des Apostels vom Pharisäer zu einem Verkünder des vom Gesetz befreiten Evangeliums. Besonders wird der Kampf des Paulus gegen traditionell jüdische und heidnische Vorstellungen dargestellt. Bornkamms Arbeit führt in den heutigen Stand der evangelischen Theologie ein. Der Verfasser lehnt es ab, das Leben des Paulus anhand der Apg. zu rekonstruieren und durch die Briefe zu ergänzen. Leben und Theologie

Pauli sind nicht zu trennen, so daß keine Biographie nach der Apostelgeschichte und eine Monographie nach den [echten] Briefen geschrieben werden kann. Nur die echten Briefe behalten Quellenwert.

Buber, Martin: Zwei Glaubensweisen. Zürich 1950.
Martin Buber unterscheidet in diesem einzigen seiner Bücher, das sich eingehend mit dem Neuen Testament beschäftigt, die hebräische Emuna und die griechische Pistis als zwei grundsätzlich verschiedene Glaubensweisen, wobei Jesus als Vertreter der hebräischen Emuna und Paulus als Vertreter der griechischen Pistis exemplifiziert werden. Emuna ist Glaube als schlechthinniger Vertrauensakt; Pistis ist ein Glaube, der intellektuell darauf reflektiert, daß bestimmte Inhalte heilsnotwendig sind. So fruchtbar die Unterscheidung ist, scheint mir diese Inanspruchnahme des Paulus für die griechische Pistis nicht haltbar.

Conzelmann, Hans: Grundriß der Theologie des Neuen Testaments. München 1967.
In diesem grundlegenden Werk ist es vor allem der dritte Hauptteil, ›Die Theologie des Paulus‹, der hier ausführlich zu Rate gezogen wurde. Der Verfasser bietet auch Einblick in die sehr umfangreiche Fachliteratur.

Davies, W. D: Paul und Rabbinic Judaism. London 1948.
Der Verfasser, der an der Universität von Nord-Carolina lehrt, bringt wertvolles Material zum Vergleich der paulinischen und der rabbinischen Theologie zur Darstellung.

Dibelius, Martin: Paulus. Berlin 1956.
Diese in der Sammlung Göschen (Bd. 1160) erschienene Studie ist eine der besten und geschlossensten Darstellungen von Leben und Werk des Paulus. W. G. Kümmel hat die Arbeit nach dem Tode des Verfassers sachkundig zu Ende geführt und herausgegeben.

Dilscheider, Otto A.: Christus Pantokrator. Berlin 1962.
Dieses Buch, das vom Kolosserbrief ausgeht, der wegen der umstrittenen Verfasserschaft hier nicht behandelt wurde, geht im Einleitungskapitel auf die Persönlichkeit des Paulus ein, wobei freilich die Halbwahrheit beibehalten wird: »Die Stunde von Damaskus hat den Juden Saulus in den Christen Paulus verwandelt«. Der Verfasser räumt aber ein, daß dieses Erlebnis in Paulus niemals den Saulus auslöschen konnte. Für sein eigenes Verständnis wird die jüdische Komponente jedoch zurückgedrängt, um so stärker wird das griechische Element betont.

Friedrich, Wolfgang: Der Zweite Korintherbrief. Stuttgart 1958.
Dieser Kommentar ist im Rahmen der Erklärung der neutestamentlichen Botschaft ›Christus heute‹ erschienen. Diese Reihe »will dem Bibelleser helfen, im stillen Umgange mit seiner Bibel Erfahrungen zu machen mit dem lebendigen Gott«. Es handelt sich hier um eine typische Art moderner Auslegung, die zeitnah sein will und damit den Blick auf den Ursprung und den jüdischen Mutterboden verliert.

Kommentare dieser Art haben mich bestärkt, meinen Versuch in entgegengesetzter Richtung durchzuführen.

Gutbrod, Karl: Die Apostelgeschichte. Stuttgart 1968.

Eine schlichte, klare Einführung in Aufbau und Komposition der Apostelgeschichte, die zu den unentbehrlichsten Quellen des Lebens Pauli gehört. In übersichtlicher Weise werden Briefstellen und Apostelgeschichte miteinander konfrontiert.

Klausner, Joseph: Von Jesus zu Paulus. Jerusalem 1950.

Das Buch erschien schon 1939 im hebräischen Original und wurde zehn Jahre später von Dr. Friedrich Thieberger unter Mitwirkung des Verfassers ins Deutsche übersetzt. Obwohl das Buch nun mehrere Jahrzehnte alt ist, hat es nichts an Wert verloren. Joseph Klausner, Professor für Geschichte des Zweiten Tempels und neuhebräische Literatur an der Hebräischen Universität in Jerusalem, führte mit diesem Werk sein 1922 veröffentlichtes hebräisches Buch ›Jesus von Nazareth‹ weiter. Die umfassenden Kenntnisse Klausners, vor allem auf dem Gebiet der jüdischen Traditionsliteratur, ermöglichten es ihm, auf Quellen zurückzugreifen, die bislang zur Erschließung des Paulus-Verständnisses nicht herangezogen werden konnten. Wenn heute die Forschung auch andere Wege eingeschlagen hat, so bleibt das umfangreiche Werk Klausners weiterhin als Quellensammlung unerreicht. Die Arbeitspläne gehen bis auf das Jahr 1907 zurück. 1929 hatte Klausner ein gewaltiges Material gesammelt, als am 24. August jenes Jahres arabische Banden sein Haus in Jerusalem-Talpioth stürmten und sinnlos zerfetzten und verwüsteten, was der emsige Forscher zusammengetragen hatte: »Nur wer ein Kind, die Freude und Hoffnung vieler Jahre, verloren hat, kann meinen Schmerz ermessen ...«, klagte Klausner im Vorwort zu seinem Werk, das er dann nochmals aufgebaut hat.

Die These Klausners läßt sich in dem Satz zusammenfassen: »So kann es mit Endgültigkeit gesagt werden: ohne Jesus kein Paulus und keine Nazarener; aber ohne Paulus kein Weltchristentum.« In einer großen kritischen Auseinandersetzung mit Klausner hat Werner Georg Kümmel (Judaica. Zürich 1948. Heft 1) vom christlichen Standpunkt aus zu bedenken gegeben, daß ein offenes Verständnis für die Gestalt und Forderung des Paulus von vornherein unmöglich ist, wenn aus der jüdischen Voraussetzung der Einheit von Nation und Religion heraus Gestalt und Forderung Jesu nicht akzeptiert werden können. Ich halte diese Einschränkung für ein Mißverständnis. Jesus sprengt diese Einheit nicht, und Paulus erweitert den Begriff Israel in Fortführung der jüdisch-hellenistischen Linie.

Kosmala, Hans: Hebräer – Essener – Christen. Leiden 1959.

Der Direktor des Schwedischen Theologischen Institutes in Jerusalem hat hier im Zusammenhang mit der Qumran-Forschung Einblicke vermittelt, die in meiner Arbeit, vor allem in der Darstellung des Hebräerbriefes, von Bedeutung waren. Kosmala widmet dieser

Frage das 1. Kapitel seines wichtigen Buches ›Der Hebräerbrief und seine Empfänger‹.

Kuhn, Peter: Gottes Selbsterniedrigung in der Theologie der Rabbinen. München 1968.
Diese Spezialarbeit eines jungen katholischen Theologen zeigt Zusammenhänge auf, die bisher zu wenig beachtet wurden. Der Gedanke der Selbsterniedrigung Gottes (im leidenden Christus) ist ein Kernstück der paulinischen Theologie. Durch die systematische Zusammenstellung von rabbinischen Texten, die Kuhn in seiner Untersuchung vornimmt, ist eine Eingliederung dieser paulinischen Doktrin in jüdische Traditionen möglich.

Lisowsky, Gerhard: Kultur- und Geistesgeschichte des jüdischen Volkes von Abraham bis Ben-Gurion. Stuttgart 1968.
Der bekannte Judaist überschreibt den größten Abschnitt über eine Einzelpersönlichkeit: ›Paulus und die Rabbinen‹ (S. 71 ff.). Das Judentum wird als Gesetzesreligion, der Paulinismus als Erlösungsreligion dargestellt. Für die Rabbinen war die Welt »gut«; für Paulus schlecht, im Kern verderbt. – In einem Vergleich mit Buddha stellt Lisowsky fest, daß Buddha den Menschen von der Lebensangst (ewige Wiedergeburt) befreien wollte, Paulus aber von der Todesangst. Wenn auch Paulus oft dieselbe Terminologie wie die Rabbinen gebraucht, so bedeuten dieselben Begriffe: Erlösung, Messias, Gesetz usw. bei beiden etwas Grundverschiedenes.

Löwenich, Walther von: Paulus. Witten/Ruhr 1949 (2. Aufl.).
Dieses Buch des Erlanger Kirchengeschichtlers ist besonders geschlossen und leicht lesbar und kann daher zur allgemeinen Orientierung über Paulus empfohlen werden. Die spezifisch jüdische Problematik des Paulus wird aber kaum erkannt. Der besondere Wert des Buches liegt in der leichtfaßlichen Darstellung der Theologie des Paulus, wie sie aus seinen Briefen ersichtlich wird, wobei die vorher gemachte Einschränkung gilt.

Montefiore, Claude G.: Judaism and St. Paul. London 1914.
Claude G. Montefiore, einer der geistigen Führer des jüdischen Liberalismus und Begründer der World Union for Progressive Judaism, ist einer der ersten jüdischen Theologen, die sich systematisch mit dem Neuen Testament befaßten. Sein Kommentar zu den Synoptikern kann als Standardwerk dieser Bemühungen angesehen werden. Auch in der Arbeit über Paulus versucht er nicht nur das Trennende, sondern auch das Verbindende darzustellen.

Müller, Karlheinz: Anstoß und Gericht. Eine Studie zum jüdischen Hintergrund des paulinischen Skandalon-Begriffes. München 1969.
In Spezialarbeiten dieser Art dokumentiert sich der ernste Wille, nunmehr auch in der katholischen Theologie die jüdischen Wurzeln im Denken des Paulus freizulegen. Der Begriff des Anstoßes oder Skandalon (Ärgernis) wird auf die korrespondierenden hebräischen Begriffe Mikhschol und Mokesch zurückgeführt. Dadurch wird der

paulinische Zentralbegriff »Ärgernis des Kreuzes« (Gal. 5,11) in seinem jüdischen Zusammenhange sichtbar.

Sandmel, Samuel: The Genius of Paul. New York 1958.
Professor Sandmel, Provost des Hebrew Union College – Jewish Institute of Religion, ist Spezialist für die hellenisch-jüdische Epoche, in die Paulus hier eingereiht wird. Das Buch ist für Laien geschrieben, aber auf Grund ernster neutestamentlicher Studien erarbeitet. Im 2. Kapitel wird Paulus, der Jude, dargestellt.

Schonfield, Hugh J.: Unerhört, diese Christen. Wien 1969.
Der Verfasser, der schon durch sein Buch ›The Passover Plot‹ über die Kreuzigung Jesu bekannt wurde, untersucht hier die Frage: Wie und warum ist das Christentum eine Religion geworden? Dabei wird offenbar, daß die Apostel Petrus, Johannes und vor allem Paulus – obwohl untereinander uneinig – aus dem Rabbi von Nazareth den Christus gemacht haben, den Gottessohn und Erlöser. Die innerjüdische Predigt Jesu wird zur Weltreligion. Der Verfasser zieht Quellenmaterial heran, neigt aber immer wieder zu sensationellen Schlüssen. Schonfield ist durch Herkunft und Studiengang mit den jüdischen Quellen vertraut.

Schoeps, Hans-Joachim: Paulus. Die Theologie des Apostels im Lichte der jüdischen Religionsgeschichte. Tübingen 1959.
Der Erlanger Professor für Religion und Geistesgeschichte und jüdische Theologe gibt hier weit mehr als eine konventionelle Untersuchung der historischen Schule. Vor allem ist es das Verdienst dieses Buches, die Äonentheologie des Paulus herausgearbeitet zu haben. Paulus wird hier als der Prediger einer Übergangsgeneration gesehen, die in unmittelbarer Erwartung der Parusie Jesu lebte. Schoeps zeigt in seinem Buch den hellenistisch-jüdischen und palästinensisch-jüdischen Hintergrund des Paulus auf. Es handelt sich hier um eine streng religionswissenschaftliche Arbeit, der aber doch das jüdische Engagement anzumerken ist.

Schubert, Kurt (Herausg.) : Der historische Jesus und der Christus unseres Glaubens. Wien 1962.
In dieser Sammlung, die aus der katholischen Auseinandersetzung mit den Folgen der Entmythologisierungstheorie Bultmanns hervorgegangen ist, setzt sich Alois Stöger mit der ›Christologie der paulinischen und von Paulus abhängigen Briefe‹ auseinander, wobei für unsere Arbeit besonders die Darstellung des Hebräerbriefes im Blick auf Qumran (S. 192) bedeutsam wurde.

Schweitzer, Albert: Die Mystik des Apostels Paulus. Tübingen 1930; 2. Aufl. 1954.

Schweitzer, Albert: Die Geschichte der paulinischen Forschung. Tübingen 1911.
Beide Werke sind noch für das heutige Verständnis des Paulus und der Paulus-Forschung unentbehrlich. In seinem Werk ›Die Mystik des Apostels Paulus‹ versucht Schweitzer als einer der ersten christlichen Theologen nachzuweisen, daß Paulus in der jüdischen, nicht in

der griechischen Gedankenwelt wurzelt. Schweitzer unterstrich diesen Kerngedanken in der Widmung, die er in das Martin Buber übersandte Exemplar schrieb. Für Schweitzer war allerdings der Unterschied zwischen hellenistischem und palästinensischem Judentum nicht so gravierend wie für Buber, der das hellenistische Judentum nur als randhaftes Judentum gelten ließ.

Tresmontant, Claude: Paulus. Hamburg 1959.
Hier handelt es sich um eine der bekannten Bilddokumentationen der ro-ro-ro-Reihe, die eine große Breitenwirkung haben. Der besondere Wert wird auf die Selbstzeugnisse gelegt, so daß der französische katholische Verfasser möglichst alle neutestamentlichen Quellen, leider völlig unkritisch, heranzieht. Die Darstellung ist dogmatisch so stark gebunden, daß die jüdische Komponente des Paulus hier zu kurz kommt. Von besonderem Wert ist der dokumentarische und bibliographische Anhang, bearbeitet von Paul Raabe, der Forschungsgeschichte, Gesamtdarstellungen des Paulus, Untersuchungen über Lebensweg und Persönlichkeit, Darstellungen der Zeit des Paulus, Kommentare zu den Briefen und schließlich theologische Arbeiten umfaßt und einen ausgezeichneten Überblick über die gesamte einschlägige Literatur bietet, soweit sie heute erreichbar ist. Aber auch in dieser Bibliographie werden relativ wenige jüdische Arbeiten erwähnt.

van Unnik, W. C.: Einführung in das Neue Testament. Wuppertal 1967.
Der holländische reformierte Neutestamentler gibt hier eine dem Laien leicht faßliche, auf den neuesten Stand gebrachte Darstellung, wobei vor allem (IV, 2) die Ausführungen über Paulus, seine Lebensgeschichte, Predigt und Briefe (S. 79 ff.) hier herangezogen wurden. Knappe Einführungen dieser Art können den jüdischen Hintergrund natürlich nicht genügend sichtbar machen.

Werfel, Franz: Paulus unter den Juden. Wien 1926.
Der Autor nannte diese Dichtung eine dramatische Legende, sie ist aber mehr als das: eine intuitive jüdische Sicht des Paulus, dem als Gegenspieler die Gestalt seines Lehrers Rabban Gamaliel gegenübergestellt wird. Im Nachwort bemerkt der Dichter: »Die Legende ist auf zwei Überlieferungen, der Apostel- und der jüdischen Geschichte, gebaut.« Mit dem untrüglichen Gespür für unterschwellige geistesgeschichtliche Zusammenhänge betont Werfel den tiefen Lehrer-Schüler-Konflikt zwischen Gamaliel und Paulus.

Die neuere Paulus-Forschung nimmt immer wieder auf die grundlegenden Arbeiten von Rudolf Bultmann Bezug, dem wir den Artikel über Paulus RGG[2] Bd. IV, Tübingen 1930. Sp. 1019–1045 verdanken. In seiner ›Theologie des Neuen Testaments‹, Tübingen 1953 (S. 183–348), gibt Bultmann seine Auffassung des Paulus, und in ›Jesus Christus im Zeugnis der Heiligen Schrift und der Kirche‹, München 1936 (S 68–90), geht Bultmann auf das Verhältnis zwischen Jesus und Paulus ein.

Register der Bibelstellen

Altes Testament

Nachbiblisches Schrifttum

Neues Testament

Personenregister

Eine Auswahl von Titeln für alle, die sich eingehender mit Ben-Chorin und seinem Werk beschäftigen wollen:

Der dreidimensionale Mensch. Der Mensch der Bibel und der Moderne. Trier 1971 (Paulinus-Verlag)

Ich lebe in Jerusalem. Ein Bekenntnis zu Geschichte und Gegenwart. Neuausgabe Gerlingen 1979 (Bleicher Verlags-KG)

Jüdischer Glaube. Strukturen einer Theologie des Judentums anhand des Maimonidischen Credo. Tübinger Vorlesungen. 2. erw. Aufl. Tübingen 1979 (J. C. B. Mohr)

Jugend an der Isar. Neuausgabe Gerlingen 1980 (Bleicher Verlags-KG)

Die Tafeln des Bundes. Das Zehnwort vom Sinai. Tübingen 1979 (J. C. B. Mohr)

Das weisse Licht. Zehn Erzählungen. Neuausgabe Hamburg 1979 (Lutherisches Verlagshaus)

Wünschet Jerusalem Friede. Hamburg 1967 (Herbert Reich. Evangelischer Verlag)

Zwiesprache mit Martin Buber. Erinnerungen an einen großen Zeitgenossen. Neuausgabe Gerlingen 1978 (Bleicher Verlags-KG)

Israel hat dennoch Gott zum Trost. Festschrift für Schalom Ben-Chorin. Herausgegeben von Gotthold Müller. Trier 1978 (Paulinus-Verlag)